C. Hensel

*Betriebswirtschaftslehre kompakt*

# Wirtschaftliches Handeln

Liebe Leserin, lieber Leser,

vielen Dank für den Kauf dieses Buches. Es soll Ihnen bei Ihrer Aus- oder Weiterbildung ein hilfreicher Begleiter sein. Dabei spielt es keine Rolle, ob Sie Fach- oder Betriebswirt, Meister oder Techniker werden wollen oder eine betriebswirtschaftliche Berufsausbildung absolvieren.

Dieses Buch ist nicht nur eine Formelsammlung, sondern auch ein praktisches Nachschlagewerk. Sie finden in ihm Erklärungen von Fachbegriffen und Sachverhalten, aber auch spezielle Formeln und anschauliche Beispielrechnungen. Darüber hinaus enthält es viele grafische Kurzdarstellungen, die den Text ergänzen und als Merkhilfe dienen. Sollten Sie einen bestimmten Begriff suchen, so werden Sie über das ausführliche Stichwortverzeichnis schnell fündig.

Ich wünsche Ihnen nun viel Erfolg beim Lernen und bei Ihrem Vorhaben!

C. Hensel

**HINWEISE ZUR BENUTZUNG DIESES BUCHES**

✔ Zur besseren Lesbarkeit wurde nur die männliche Form gewählt. Natürlich sind damit immer Frauen und Männer gemeint.

✔ Zum besseren Verständnis und Nachvollziehbarkeit wurden bei den Beispielen immer die gleichen Ausgangsdaten verwendet. So stammen beispielsweise alle Bilanzzahlen aus der Beispielbilanz von Seite 92. Wurden sonstige Werte in Beispielen errechnet, so werden diese auch in allen anderen Beispielen ebenfalls verwendet.

✔ Die Beispiele wurden alle maschinell berechnet und anschließend mit zwei Nachkommastellen angezeigt. Daher kann es zu minimalen Abweichungen durch die Rundung kommen.

✔ Die Einheit in den eckigen Klammern hinter dem Formelname ist die Einheit des Ergebnisses. So bedeutet z. B. Stückakkord [€], dass der Stückakkord in Euro angegeben wird. Steht keine Einheit dabei, handelt es sich um eine einfache Zahl bzw. ein Faktor oder ein einfaches Verhältnis.

# Wirtschaftliches Handeln

- mathematische Grundlagen
- Finanzierung
- Investition
- Rechnungswesen
- Kosten- und Leistungsrechnung
- Steuern

C. Hensel

**Aktiva** (Vermögen)  **Bilanz zum 31.12.20**

**...gevermögen (AV)**
**...mmaterielle**
**Vermögensgegenstände**
- selbst erschaffene gewerbliche Schutzrechte
- entgeltlich erworbene gewerbliche Schutzrechte
- **Sachanlagen**
  - Grundstücke und Gebäude
  - technische Anlagen und Maschinen
  - Betriebs- und Geschäftsausstattung
- **Finanzanlagen**
  - Anteile an Unternehmen
  - Beteiligungen sonstiger Art
  - langfristige Wertpapiere

**Eigenkap...**
- gezeic...
- Kapita...
- Gewin...
- Gewin...
- Jahres...

**Fremdka...**
- **langfr...**
  - Rück...
    - Rü...
    - Ste...
    - sor...
  - Verb...
    Kred...
- **kurzfr...**
  - erha...

*Danksagung:*

*Der besondere Dank gilt Tanja Mühlhäuser,*
*die bei der Erstellung dieses Buches mitgewirkt hat.*

*Bibliografische Information der Deutschen Nationalbibliothek*

*Die Deutsche Nationalbibliothek verzeichnet diese Publikation in der Deutschen Nationalbibliografie; detaillierte bibliografische Daten sind im Internet über www.dnb.de abrufbar.*

*1. Auflage: August 2018*

*ISBN: 9783752831429*

*Betriebswirtschaftslehre kompakt - Band 1*

*Herstellung und Verlag: BoD – Books on Demand, Norderstedt*

# INHALTSVERZEICHNIS

Dialog zwischen einem Chef und seinem Buchhalter

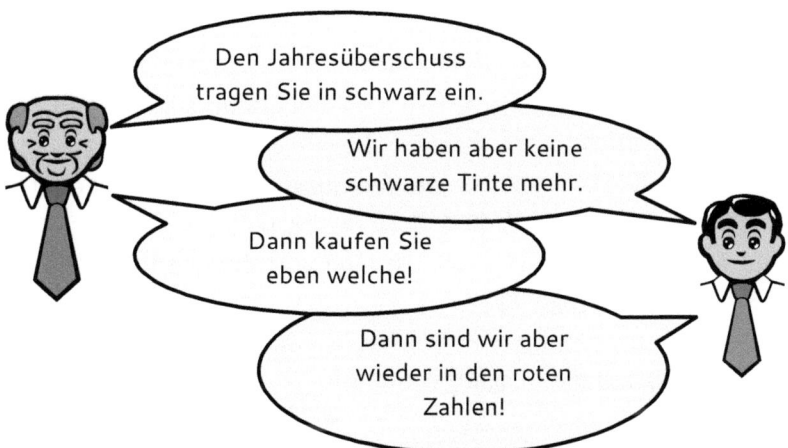

# TIPPS FÜR DIE PRÜFUNG

Da es in der Prüfung auf jeden Punkt ankommt, sollten Sie Folgendes beachten:

☑ Legen Sie sich eine Bearbeitungsreihenfolge fest:

- ☑ Nehmen Sie sich kurz Zeit, um alle Aufgaben durchzulesen und so einen Überblick über alle geforderten Fragen zu erhalten.

- ☑ Stürzen Sie sich nicht sofort auf die erste Aufgabe, sondern beginnen Sie mit der Aufgabe, bei der Sie sich sicher sind und somit die ersten Punkte holen können.

- ☑ Bearbeiten Sie anschließend die schwierigeren Aufgaben.

- ☑ Markieren oder haken Sie bereits gelöste Aufgaben bzw. Teilaufgaben ab.

☑ Lesen Sie die komplette Fragestellung genau durch, oftmals ist die gesuchte Antwort nicht das, was Sie auf den ersten Blick meinen.

☑ Wählen Sie den Antwortumfang richtig aus:

- ☑ Bei Nennen Sie… genügt eine Antwort im Telegrammstil oder nur die Nennung des zutreffenden Begriffes.

- ☑ Bei Nennen Sie drei Merkmale… werden nur die ersten drei Nennungen berücksichtigt. Achten Sie daher darauf, dass diese richtig sind.

- ☑ Bei Erklären Sie…/Begründen Sie… ist eine ausführliche Beschreibung in ausformulierten Sätzen notwendig.

- ☑ Bei Beschreiben Sie anhand eines Beispiels… muss ein Beispiel gebildet werden (am Besten mit Bezug auf die Ausgangssituation).

- ☑ Bei Beschreiben Sie und bilden Sie ein Beispiel… ist eine allgemeine Beschreibung und danach ein konkretes Beispiel notwendig (am Besten mit Bezug auf die Ausgangssituation).

☑ Schreiben Sie auch bei Berechnungen immer einen kurzen Antwortsatz.

☑ Markieren Sie die gegebenen und die gesuchten Daten, so können Sie stets sehen, was Sie schon haben und was Sie noch berechnen müssen.

☑ Wenn eine Rechenaufgabe auf ein Ergebnis aus vorherigen Aufgaben aufbaut, Sie diese aber nicht lösen konnten, berechnen Sie die anschließende Aufgabe mit einem ausgedachten, plausiblen Wert. So erhalten Sie Teilpunkte für den richtigen Rechenweg.

☞ **Ergebnisse kurz überprüfen**, ob sie realistisch sind. So lassen sich Fehler gleich beheben (wenn der Gewinn höher ist als die Einnahmen, stimmt etwas nicht).

☞ Fordert ein Sachverhalt Vor- und Nachteile, gliedern Sie diese:

| Vorteile: | 1. … | Nachteile: | 1. … |
|-----------|------|-----------|------|
|           | 2. … |           | 2. … |

> **HINWEIS**
> *Schreiben Sie die Vor- und Nachteile noch einmal hin, auch wenn die Vorteile des einen die Nachteile des anderen sind.*

☞ **Immer die Uhr im Blick behalten.** Wenn Sie nicht weiterkommen, gehen Sie zur nächsten Aufgabe. Kontrollieren Sie in den letzten 15 bis 20 Minuten, ob Sie alle Aufgaben bearbeitet haben.

☞ Beschriften Sie zu Beginn der Prüfung Ihre Blätter mit Namen/persönlicher Prüfnummer, Datum und Prüfungsfach. Sortieren Sie erst am Ende der Prüfung Ihre Blätter.

☞ Schreiben Sie trotz Prüfungsstress und Zeitdruck lesbar, nachvollziehbar und verständlich. Schreiben Sie zur Veranschaulichung immer den kompletten Lösungsweg auf, wie Sie auf Ihre Lösung gekommen sind, denn der Prüfungskorrektor kann nur das bewerten, was er lesen und verstehen kann.

Der Autor wünscht Ihnen viel Erfolg bei Ihrer Prüfung!

# 1 MATHEMATISCHE

# GRUNDLAGEN

$$K_{fix1} + (db_1 \cdot x) = K_{fix2} + (db_2 \cdot x)$$

$$26.472 \text{ € } + (1{,}54 \text{ €/St.} \cdot x) = 41.392 \text{ € } + (1{,}40$$

$$26.472 \text{ € } + (1{,}54 \text{ €/St.} \cdot x) = 41.392 \text{ € } + (1{,}40$$

$$(1{,}54 \text{ €/St.} \cdot x) = 41.392 \text{ € } + (1{,}40 \text{ €/St.} \cdot x) -$$

$$(1{,}54 \text{ €/St.} \cdot x) = 41.392 \text{ € } + (1{,}40 \text{ €/St.} \cdot x) -$$

$$(1{,}54 \text{ €/St.} \cdot x) - (1{,}40 \text{ €/St.} \cdot x) = 41.392 \text{ € } -$$

$$(0{,}14 \text{ €/St.} \cdot x) = 14.920 \text{ €}$$

$$(0{,}14 \text{ €/St.} \cdot x) = 14.920 \text{ €} \qquad | : (0{,}14$$

$$x = 14.920 \text{ € } : (0{,}14 \text{ €/St.})$$

$$x = 106.571{,}42857142 \text{ St. } \approx 106.572 \text{ St.}$$

# 1.1  Vorsätze

Vorsätze zur Bezeichnung von dezimalen Vielfachen bzw. Teilen der Einheit:

| | Vorsatz | Zeichen | Faktor | Zahlenwert | Bedeutung |
|---|---|---|---|---|---|
| *Vielfaches größer Eins* | Tera | T | $10^{12}$ | 1.000.000.000.000 | Billion |
| | Giga | G | $10^{9}$ | 1.000.000.000 | Milliarde |
| | Mega | M | $10^{6}$ | 1.000.000 | Million |
| | Kilo | K | $10^{3}$ | 1.000 | Tausend |
| | Hekto | h | $10^{2}$ | 100 | Hundert |
| | Deka | da | $10^{1}$ | 10 | Zehn |
| | Eins | | $10^{0}$ | 1 | Eins |
| *Vielfaches kleiner Eins* | Dezi | d | $10^{-1}$ | 0,1 | Zehntel |
| | Zenti | c | $10^{-2}$ | 0,01 | Hundertstel |
| | Milli | m | $10^{-3}$ | 0,001 | Tausendstel |
| | Mikro | µ | $10^{-6}$ | 0,000001 | Millionstel |
| | Nano | n | $10^{-9}$ | 0,000000001 | Milliardstel |
| | Piko | p | $10^{-12}$ | 0,000000000001 | Billionstel |

*Tabelle 1: Vorsätze*

---

**Beispiel 1: Vorsätze**

Vielfaches **größer** Eins:  5 **Kilo**meter (km) = 5 · **$10^{3}$** m = 5 · 1.000 m = **5.000 m**

Vielfaches **kleiner** Eins:  5 **Milli**meter (mm) = 5 · **$10^{-3}$** m = 5 · 0,001 m = **0,005 m**

---

# 1.2  Einheiten umrechnen

- **Längeneinheiten** (Grundeinheit: m (Meter); Umrechnungsfaktor: 10)

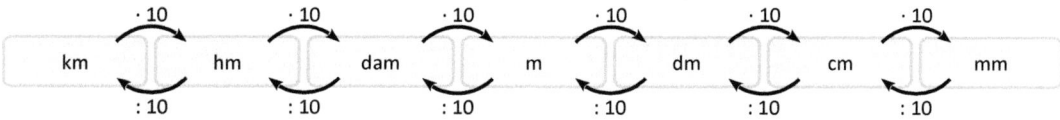

*hm = Hektometer (100 m);   dam = Dekameter (10 m)*

- **Flächeneinheiten** (Grundeinheit: m² (Quadratmeter); Umrechnungsfaktor: 100)

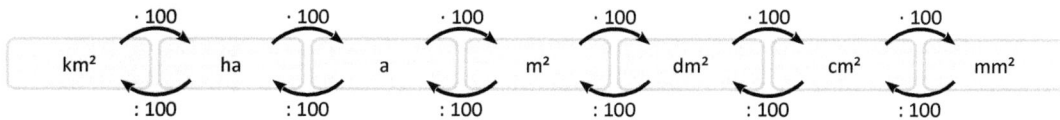

*ha = Hektar (10.000 m²);   a = Ar (100 m²)*

- **Volumeneinheiten** (Grundeinheit: m³ (Kubikmeter); Umrechnungsfaktor: 1.000)

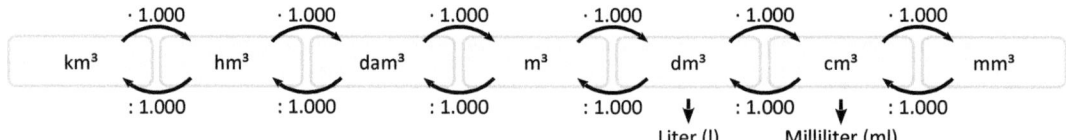

- **Gewichteinheiten** (Grundeinheit: g (Gramm); Umrechnungsfaktor: 1.000)

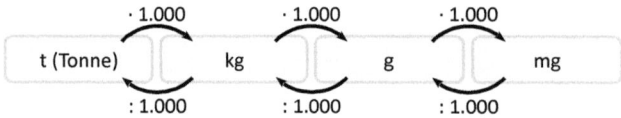

*t = Tonne (1.000 kg)*

- **Zeiteinheiten** (Grundeinheit: sek (Sekunde); kein einheitlicher Umrechnungsfaktor)

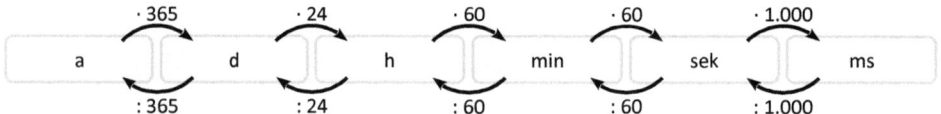

*a = Jahr (365 d);   d = Tag (24 h)*

> **HINWEIS**
> *0,5 Stunden = 30 Minuten (0,5 Stunden · 60 Minuten = 30 Minuten)*

---

**Beispiel 2: Einheiten umrechnen**

2 Stunden (h) sollen in Sekunden (sek) umgerechnet werden. Da von einer größeren auf eine kleinere Einheit umgerechnet wird, werden die oberen Pfeile benötigt. Zwischen Stunden und Sekunden liegen zwei »· 60-Pfeile«. Die Stunden müssen daher mit 60 · 60 = 3.600 multipliziert werden:
2 h · 3.600 = 7.200 sek (2 h· 60 = 120 min · 60 = 7.200 sek)

→ *2 Stunden entsprechen **7.200 Sekunden**.*

## 1.3   Runden von Dezimalzahlen

Runden ist eine Zahl ungefähr angeben. Dies wird dort angewendet, wo eine gewisse Genauigkeit ausreicht. Dazu ist die Ziffer entscheidend, die zuerst weggelassen wird.

- ist diese Ziffer eine 0, 1, 2, 3 oder 4, so wird abgerundet (↓), d.h. alle Stellen (Ziffern) nach dieser Ziffer fallen weg (die gerundete Zahl ist kleiner)
- ist diese Ziffer eine 5, 6, 7, 8 oder 9 wird aufgerundet (↑), d.h. alle Stellen (Ziffern) danach entfallen und die Ziffer davor wird um 1 erhöht (die gerundete Zahl ist größer)

**Beispiel 3: Runden von Dezimalzahlen**

Die Zahl 4,6609571 soll gerundet werden:

- auf 2 Kommastellen: Entscheidend ist die 3. Stelle (4,66**0**9571): Bei einer 0 wird abgerundet, d.h. die 0 selber und alle Stellen (Ziffern) danach fallen weg → 4,6609571 ≈ **4,66**
- auf 4 Kommastellen: Entscheidend ist die 5. Stelle (4,6609**5**71): Bei einer 5 wird aufgerundet d.h. die 5 selber und alle Stellen (Ziffern) danach entfallen und die Ziffer davor wird um 1 erhöht (aus 09 wird 10) → 4,6609571 ≈ **4,6610**

# 1.4  Dreisatz

Beim Dreisatz wird von einem Vielfachen (mehrere Stücke) auf die Einheit (1 Stück) gerechnet, um dann von dort wieder auf das neue, gesuchte Vielfache zu rechnen.

## *Gerades Verhältnis (proportionales Verhältnis)*

Beide Seiten verändern sich gleich, d.h. vermehrt sich die eine Seite, so vermehrt sich auch die andere Seite um das gleiche Verhältnis.

**Beispiel 4: gerades Verhältnis beim Dreisatz** *(proportionaler Dreisatz)*

8 Hosen benötigen 12 m² Stoff. Wie viel m² Stoff benötigen 22 Hosen? (Hosen ↑, Stoff ↑)

| | | |
|---|---|---|
| : 8 ( | **8 Hosen** benötigen **12 m² Stoff** ) : 8 | *beidseitige Division durch 8, um auf die Einheit (1 Hose) zu kommen* |
| · 22 ( | **1 Hose** benötigt **1,5 m² Stoff** ) · 22 | |
| | **22 Hosen** benötigen **33 m² Stoff** | *beidseitige Multiplikation mit 22, um auf das Vielfache (22 Hosen) zu kommen* |

→ *22 Hosen benötigen **33 m² Stoff**.*

## *Ungerades Verhältnis (indirekt proportionales Verhältnis)*

Beide Seiten verändern sich gegenläufig, d.h. verringert sich die eine Seite, so vermehrt sich die andere Seite um das gleiche Verhältnis.

**Beispiel 5: ungerades Verhältnis beim Dreisatz** *(umgekehrt proportionaler Dreisatz)*

10 Arbeiter benötigen 240 min. Wie lange benötigen 15 Arbeiter? (Arbeiter ↑, Minuten ↓)

| | | |
|---|---|---|
| : 10 ( | **10 Arbeiter** benötigen **240 min** ) · 10 | *links Division durch 10, um auf die Einheit (1 Arbeiter) zu kommen, rechts Multiplikation mit 10* |
| · 15 ( | **1 Arbeiter** benötigt **2.400 min** ) : 15 | |
| | **15 Arbeiter** benötigen **160 min** | *links Multiplikation mit 15, um auf das Vielfache (15 Arbeiter) zu kommen, rechts Division durch 15* |

→ *15 Arbeiter benötigen für diese Arbeit **160 min**.*

### Zusammengesetzter Dreisatz

Dieser Dreisatz besteht aus drei Größen, von denen sich zwei ändern. Dies wird über zwei nacheinander folgende Dreisätze gelöst:

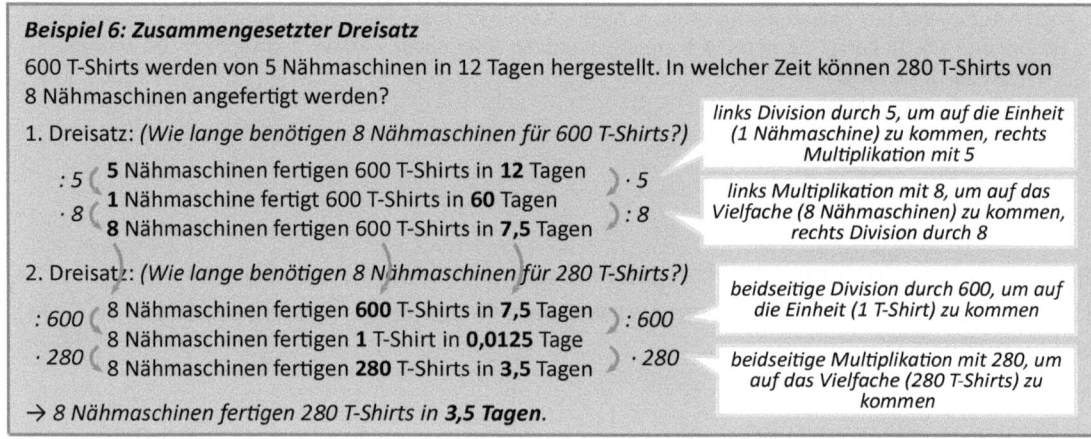

**Beispiel 6: Zusammengesetzter Dreisatz**

600 T-Shirts werden von 5 Nähmaschinen in 12 Tagen hergestellt. In welcher Zeit können 280 T-Shirts von 8 Nähmaschinen angefertigt werden?

1. Dreisatz: *(Wie lange benötigen 8 Nähmaschinen für 600 T-Shirts?)*

: 5 ( **5** Nähmaschinen fertigen 600 T-Shirts in **12** Tagen ) · 5
· 8 ( **1** Nähmaschine fertigt 600 T-Shirts in **60** Tagen ) : 8
( **8** Nähmaschinen fertigen 600 T-Shirts in **7,5** Tagen )

*links Division durch 5, um auf die Einheit (1 Nähmaschine) zu kommen, rechts Multiplikation mit 5*

*links Multiplikation mit 8, um auf das Vielfache (8 Nähmaschinen) zu kommen, rechts Division durch 8*

2. Dreisatz: *(Wie lange benötigen 8 Nähmaschinen für 280 T-Shirts?)*

: 600 ( **8** Nähmaschinen fertigen **600** T-Shirts in **7,5** Tagen ) : 600
· 280 ( **8** Nähmaschinen fertigen **1** T-Shirt in **0,0125** Tage ) · 280
( **8** Nähmaschinen fertigen **280** T-Shirts in **3,5** Tagen )

*beidseitige Division durch 600, um auf die Einheit (1 T-Shirt) zu kommen*

*beidseitige Multiplikation mit 280, um auf das Vielfache (280 T-Shirts) zu kommen*

→ *8 Nähmaschinen fertigen 280 T-Shirts in **3,5 Tagen**.*

# 1.5 Gleichung umstellen

Nicht immer passt die gefundene Formel genau zur Aufgabenstellung, sodass nur noch die Werte eingesetzt werden können. Meistens steckt das Gesuchte irgendwo in der Formel. Sie muss daher umstellt werden, damit das Gesuchte alleine steht. Die Werte beider Seiten sind zu jeder Zeit gleich groß.

**Beispiel 7: Gleichung umstellen am Beispiel der kritischen Menge** *(siehe auch Seite 65 und 146)*

die Formel für den Break-Even-Point lautet: $K_{fix1} + (db_1 \cdot x) = K_{fix2} + (db_2 \cdot x)$

gegebene Werte: $db_1$: 1,54 €/St.; $K_{fix1}$: 26.472 €; $db_2$: 1,40 €/St.; $K_{fix2}$: 41.392 €

1. *gegebene Werte einsetzen:*
   26.472 € + (1,54 €/St. · x) = 41.392 € + (1,40 €/St. · x)

2. *die 26.472 € kommen mit − 26.472 € auf die rechte Seite:*
   26.472 € + (1,54 €/St. · x) = 41.392 € + (1,40 €/St. · x)          | − 26.472 €

   26.472 € − 26.472 € + (1,54 €/St. · x) = 41.392 € + (1,40 €/St. · x) − 26.472 €
   0 + (1,54 €/St. · x) = 41.392 € + (1,40 €/St. · x) − 26.472 €

4. *die + (1,40 €/St. · x) kommen mit − (1,40 €/St. · x) auf die linke Seite:*
   (1,54 €/St. · x) = 41.392 € + (1,40 €/St. · x) − 26.472 €          | − (1,40 €/St. · x)

   (1,54 €/St. · x) − (1,40 €/St. · x) = 41.392 € + (1,40 €/St. · x) − (1,40 €/St. · x) − 26.472 €
   (1,54 €/St. · x) − (1,40 €/St. · x) = 41.392 € + 0 − 26.472 €

6. *jede Seite wird für sich zusammengerechnet:*
   $(1,54 \text{ €/St.} \cdot x) - (1,40 \text{ €/St.} \cdot x) = 41.392 \text{ €} - 26.472 \text{ €}$

   $0,14 \text{ €/St.} \cdot x = 14.920 \text{ €}$

8. *um das x zu berechnen, muss es alleine stehen, daher wird durch 0,14 €/St. dividiert (geteilt):*

   $0,14 \text{ €/St.} \cdot x = 14.920 \text{ €}$             **| : 0,14 €/St.**

   $$\frac{0{,}14\text{ €/St.} \cdot x}{0{,}14\text{ €/St.}} = \frac{14.920\text{ €}}{0{,}14\text{ €/St.}}$$

9. *der Wert für x lautet:*

   $x = \dfrac{14.920\text{ €}}{0{,}14\text{ €/St.}} = 106.571{,}42\ldots \text{ St.} \approx 106.572 \text{ St.}$ *(→ bei der kritischen Menge wird immer aufgerundet ↑ )*

   → *Die kritische Menge liegt bei **106.572 Stück.***

# 1.6   Prozentrechnung

Prozent bedeutet »Teil von Hundert«. In der Prozentrechnung werden Größen oder Zahlen ins Verhältnis gesetzt, um sie anschaulich miteinander zu vergleichen. Diese Verhältnisse sind in der Regel kleiner als 1. Sie werden daher mit 100 % multipliziert, um sie konkreter zu machen. 0,25 entsprechen somit 25 %.

| | |
|---|---|
| **Grundwert [Zahl] =** $\dfrac{\text{Prozentwert}}{\text{Prozentsatz}} \cdot 100\ \%$ | *ist die Ausgangsgröße, auf die sich die Prozentangabe (Prozentsatz) bezieht* |
| **Prozentwert [Zahl] =** $\dfrac{\text{Grundwert} \cdot \text{Prozentsatz}}{100\ \%}$ | *die absolute Bestimmung des Prozentsatzes am Grundwert* |
| **Prozentsatz [%] =** $\dfrac{\text{Prozentwert}}{\text{Grundwert}} \cdot 100\ \%$ | *stellt den prozentualen Anteil des Prozentwertes am Grundwert dar* → *gibt an, wie viele Hundertstel des Grundwertes der Prozentwert beträgt* |

---

**Beispiel 8: Prozentrechnung**

Grundwert: 200 €; Prozentsatz: 12 %; Prozentwert: 24 €

Grundwert:    $\dfrac{\text{Prozentwert}}{\text{Prozentsatz}} \cdot 100\ \% = \dfrac{24\text{ €}}{12\ \%} \cdot 100\ \% = \textbf{200 €}$

Prozentwert:    $\dfrac{\text{Grundwert} \cdot \text{Prozentsatz}}{100\ \%} = \dfrac{200\text{ €} \cdot 12\ \%}{100\ \%} = \textbf{24 €}$

Prozentsatz:    $\dfrac{\text{Prozentwert}}{\text{Grundwert}} \cdot 100\ \% = \dfrac{24\text{ €}}{200\text{ €}} \cdot 100\ \% = \textbf{12 \%}$

## Prozentsatz hinzu addieren

Auf eine Zahl, die den Grundwert G darstellt, wird ein Prozentsatz $p^+$ aufgeschlagen, der den Grundwert vermehrt. Der neue Grundwert wird als $G^+$ bezeichnet.

| | |
|---|---|
| **vermehrter Grundwert $G^+$ [Zahl] =** | *Grundwert G wird um den Prozentsatz $p^+$ vermehrt* |
| $\text{Grundwert} \cdot (1 + \dfrac{\text{Prozentsatz in \%}}{100}) = G \cdot (1 + \dfrac{p^+}{100})$ | |

---

*Beispiel 9: vermehrter Grundwert (z. B. Materialkosten)*

Materialeinzelkosten (G): 20,54 €; Materialgemeinkostenzuschlagssatz ($p^+$): 8,45 %

Materialkosten: $G \cdot (1 + \dfrac{p^+}{100}) = 20,54\ € \cdot (1 + \dfrac{8,45\ \%}{100}) = 20,54\ € \cdot (1 + 0,0845) = 20,54\ € \cdot 1,0845 = 22,28\ €$

→ *Die Materialkosten betragen **22,28 €**.*

---

## Prozentsatz abziehen

Von einer Zahl, die den Grundwert G darstellt, wird ein Prozentsatz $p^-$ abgezogen, der den Grundwert vermindert. Der neue Grundwert wird als $G^-$ bezeichnet.

| | |
|---|---|
| **verminderter Grundwert $G^-$ [Zahl] =** | *Grundwert G wird um den Prozentsatz $p^-$ vermindert* |
| $\text{Grundwert} \cdot (1 - \dfrac{\text{Prozentsatz in \%}}{100}) = G \cdot (1 - \dfrac{p^-}{100})$ | |

---

*Beispiel 10: verminderter Grundwert (z. B. neuer Verkaufspreis nach Rabattgewährung)*

alter Verkaufspreis (G): 148,75 €; Rabatt ($p^-$): 8 %

neuer Verkaufspreis: $G \cdot (1 - \dfrac{p^-}{100}) = 148,75\ € \cdot (1 - \dfrac{8\ \%}{100}) = 148,75\ € \cdot (1 - 0,08) = 148,75\ € \cdot 0,92 = 136,85\ €$

→ *Der neue Verkaufspreis nach Gewährung des Rabattes in Höhe von 8 % beträgt **136,85 €**.*

---

# 1.7 Bruchrechnung

Ein Bruch ist ein Teil eines Ganzen. Die untere Zahl (Nenner) gibt an, in wie viele Teile geteilt wurde. Die obere Zahl (Zähler) gibt an, wie viele davon gemeint sind. Die Abbildung zeigt den Bruch zwei Fünftel, d.h. es wurde in 5 Teile geteilt (Nenner) und 2 Teile sind davon gemeint (Zähler).

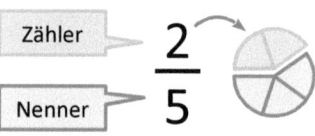

## Erweitern und Kürzen von Brüchen

Erweitern bzw. Kürzen bedeutet den Zähler <u>und</u> den Nenner mit der <u>gleichen Zahl</u> zu multiplizieren bzw. zu dividieren. Dabei wird nur das Aussehen des Bruches geändert, der Wert des Bruches bleibt gleich, er verändert sich nicht.

---
**Beispiel 11: Erweitern und Kürzen von Brüchen**

$\frac{2}{5}$ wird mit 4 **erweitert** $\rightarrow \frac{2 \cdot 4}{5 \cdot 4} = \frac{8}{20}$ | $\frac{8}{20}$ wird mit 4 **gekürzt** $\rightarrow \frac{8 : 4}{20 : 4} = \frac{2}{5}$
---

 **TIPP**
*Brüche sollten immer so weit es geht gekürzt werden, denn dadurch werden die Zahlen im Bruch kleiner und mit kleineren Zahlen lässt es sich leichter rechnen!*

## Addition und Subtraktion von Brüchen

Sind die Nenner unterschiedlich, so müssen diese zuerst durch Erweitern bzw. Kürzen gleichnamig (gleicher Nenner) gemacht werden. Beim Addieren bzw. Subtrahieren werden nur die Zähler addiert bzw. subtrahiert, der gleichnamige Nenner wird beibehalten.

---
**Beispiel 12: Addition von Brüchen**

$\frac{3}{4} + \frac{5}{6} = \frac{3 \cdot 3}{4 \cdot 3} + \frac{5 \cdot 2}{6 \cdot 2} = \frac{9}{12} + \frac{10}{12} = \frac{9 + 10}{12} = \frac{19}{12} \rightarrow \frac{19}{12} = 1\frac{7}{12}$

> unechten Bruch in einen gemischten Bruch umwandeln

> der gemeinsame Nenner ist 12, der erste Bruch wird mit 3, der zweite mit 2 erweitert
---

## Multiplikation von Brüchen

Ein Bruch wird mit einem anderen Bruch multipliziert, indem die Zähler miteinander und die Nenner miteinander multipliziert werden.

---
**Beispiel 13: Multiplikation von Brüchen**

$\frac{3}{4} \cdot \frac{5}{6} = \frac{3 \cdot 5}{4 \cdot 6} = \frac{15}{24} \rightarrow \frac{15 : 3}{24 : 3} = \frac{5}{8}$

> Brüche immer so weit wie möglich kürzen
---

## Division von Brüchen

Ein Bruch wird durch einen Bruch dividiert, indem der erste Bruch mit dem Kehrwert (Zähler- und Nennerwert vertauschen) des zweiten Bruches multipliziert wird.

---
**Beispiel 14: Division von Brüchen**

$\frac{3}{4} : \frac{5}{6} = \frac{3 \cdot 6}{4 \cdot 5} = \frac{18}{20} \rightarrow \frac{18 : 2}{20 : 2} = \frac{9}{10}$

> Brüche immer so weit wie möglich kürzen
---

# $2$ FINANZIERUNG

Die Finanzierung ist ein Bereich der Finanzwirtschaft und stellt alle finanziellen Mittel zur Beschaffung und Aufrechterhaltung der betrieblichen Geschäftsausstattung zur Verfügung, die für die Investitionen benötigt werden.

| Jahr | Schuld Jahresanfang | Zinsen | |
|------|---------------------|--------|------|
| 1 | 300.000,00 € | 18.000,00 € | 53.2 |
| 2 | 246.781,08 € | 14.806,86 € | 56.4 |
| 3 | 190.369,02 € | 11.422,14 € | 59.7 |
| 4 | 130.572,25 € | 7.834,33 € | 63.3 |
| 5 | 67.187,66 € | 4.031,26 € | 67.1 |
| Gesamtbetrag | | 56.094,60 € | 300.0 |

Die Finanzierung ist ein Bereich der Finanzwirtschaft und stellt alle finanziellen Mittel (Eigen- und Fremdkapital) zur Beschaffung und Aufrechterhaltung der betrieblichen Geschäftsausstattung (Kapital) zur Verfügung, die für die  Investitionen benötigt werden. Es werden finanzielle Mittel beschafft und bis zur Rückzahlung organisiert. Die zentrale Frage lautet »Woher bekomme ich das benötigte Geld?«.

## 2.1 Finanzwirtschaft

Zur Finanzwirtschaft gehören alle Maßnahmen, die ergriffen werden, um eine geeignete Kapitalausstattung für das Unternehmen zu erhalten. Das Hauptziel der Finanzwirtschaft ist es, die zur Verfügung stehenden begrenzten Finanzmittel (Geld) richtig einzusetzen, damit das Unternehmen stets genügend liquide Mittel hat, um seiner Zahlungspflicht nachzukommen und seine Verbindlichkeiten (Schulden) zu begleichen (Liquiditätspostulat), sowie um die Existenz des Unternehmens zu erhalten.

Wichtige unternehmerische Entscheidungen werden häufig durch den finanziellen Hintergrund entschieden, z. B. ob ein Projekt (beispielsweise die Finanzierung einer neuen Fertigungsmaschine) realisiert wird oder es sich eher als unwirtschaftlich erweist.

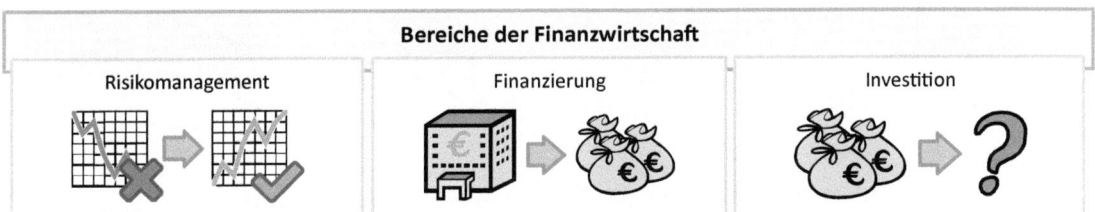

*Abbildung 1: Überblick über die Bereiche der Finanzwirtschaft*

## Risikomanagement

Das Risikomanagement ist ein Bereich in der Organisation eines Unternehmens und findet hauptsächlich bei Unternehmens-, Umwelt-, Kredit- und technischen Risiken sowie bei Rendite- und Gewinnrisiken statt. Mit ihm werden Risiken (mögliche negative Abweichungen) analysiert, bewertet und überwacht, 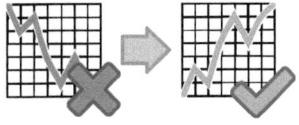 die die festgelegten Ziele bei ihrer Erreichung negativ beeinflussen. Solche Risiken entstehen durch unternehmerische Tätigkeiten, meist durch einen Mangel an Informationen und Unsicherheiten der zukünftigen Ereignisse.

Werden diese Risiken nicht ernst genommen oder nicht rechtzeitig erkannt und keine ent-sprechenden Maßnahmen zur Beseitigung eingeleitet, gefährden sie im schlimmsten Fall den Erfolg des Unternehmens.

**Ziele des Risikomanagements:**
- ✓ mögliche Risiken erkennen
- ✓ Risiken untersuchen und Auswirkungen bewerten
- ✓ entwickeln von Gegenmaßnahmen zur Korrektur bzw. Bewältigung
- ✓ überwachen der Risiken und der Gegenmaßnahmen

| Gefahr identifizieren und beschreiben | Gefahr analysieren, ob sie auftritt oder nicht | Festlegung der Maßnahmen zur Beseitigung der Risiken | Risiken überwachen | Dokumentation der Vorgänge zur Risikobehebung |

*Abbildung 2: Prozessablauf des Risikomanagements*

## Ziele der Finanzwirtschaft

| Ziele der Finanzwirtschaft | | | |
|---|---|---|---|
| Liquidität | Rentabilität | Sicherheit | Unabhängigkeit |

*Abbildung 3: Ziele der Finanzwirtschaft*

- ✓ **Liquidität:** Das oberste und wichtigste Ziel ist immer über genügend Zah-lungsmitteln zu verfügen, um in jeder Lage den Zahlungsverpflichtungen pünktlich und in vollem Umfang nachzukommen.

 *Siehe auch unter 2.2.2 Liquidität auf Seite 25.*

- ✓ **Rentabilität:** Es soll ein möglichst großer Gewinn erzielt werden, um damit eine größtmögliche Rendite (Verhältnis aus erzieltem Gewinn zum einge-setzten Kapital) zu erreichen.

 *Siehe auch unter 2.2.1 Rentabilitätskennzahlen auf Seite 22.*

- ✓ **Sicherheit:** Es wird versucht, Verluste zu vermeiden (z. B. durch eine Geld-anlage in risikobehaftete Aktienfonds oder Gewährung von Kundenkrediten an insolvente Kunden), um angemessene Gewinne zu erreichen.

✔ **Unabhängigkeit**: Die unternehmerische Entscheidungsfreiheit wird durch zu viele Kreditaufnahmen eingeschränkt, da bei einer großen Kreditanzahl die Zinsen für weitere Kredite steigen, bzw. gar keine mehr gewährt werden. Des Weiteren kann ein weitreichendes Mitspracherecht der Fremdkapitalgeber die eigene Entscheidungsfreiheit des Unternehmens stark einengen.

## Zielkonflikte in der Finanzwirtschaft

In der Finanzwirtschaft können verschiedene Zielkonflikte auftreten, die zum Teil erheblichen Einfluss auf die Gestaltung der Finanzpolitik haben können. Das Erreichen des einen Ziels kann das Erreichen des anderen Ziels beeinflussen oder sogar behindern. Letztendlich entscheidet der Eigentümer, wie risikofreudig er ist. Die optimale Liquidität nennt man rentabilitätsmaximale Zahlungsbereitschaft, d.h. es wird versucht, so viel Geld wie möglich anzulegen, aber noch so viel Geld wie nötig parat zu halten, um stets den Zahlungsverpflichtungen nachkommen zu können.

### Zielkonflikt zwischen Rentabilität und Liquidität
Ein hoher Bestand an liquiden Mitteln (Geld) kann nicht gewinnbringend angelegt werden und verringert so die Rentabilität. Ein geringer Bestand an liquiden Mitteln erhöht die Rentabilität, da die liquiden Mittel gewinnbringend angelegt werden können, das aber wiederum zu Lasten der Liquidität geht.

### Zielkonflikt zwischen Rentabilität und Sicherheit
Ein hoher Bestand an liquiden Mitteln (Geld) dient zwar der Sicherung der Liquidität, geht aber zu Lasten der Rentabilität. Ein geringer Bestand an liquiden Mitteln gefährdet die Sicherheit, fördert aber die Rentabilität.

### Zielkonflikt zwischen Eigenkapitalrendite und Verschuldungsgrad
Ein hoher Verschuldungsgrad kann sich positiv auf die Eigenkapitalrendite auswirken, führt aber zu einer starken Abhängigkeit von den Kapitalgebern.

# 2.2 Grundlagen der Finanzierung

## 2.2.1 Rentabilitätskennzahlen

Sie sind Kennzahlen für den Erfolg eines Unternehmens.

| | |
|---|---|
| **Gewinn [€] =** <br> Umsatz (Einnahmen) − Kosten (Ausgaben) | *zeigt, was vom Umsatz nach Abzug der gesamten Kosten noch übrig bleibt* |
| **Rentabilität [%] =** <br> $\dfrac{\text{Gewinn}}{\text{Kapitaleinsatz}} \cdot 100\,\%$ | *zeigt das Verhältnis des Gewinns zum eingesetzten Kapital* <br> → *je höher, desto erfolgreicher wurde gewirtschaftet* |
| **Eigenkapital [€] =** <br> gezeichnetes Kapital (Grundkapital) <br> + Kapitalrücklage (gesetzlich vorgeschriebene Rücklage) <br> + Gewinnrücklage (Teil des Gewinns, der im Unternehmen verbleibt) <br> + Gewinnvortrag (restlicher Gewinn nach der Gewinnverwendung) <br> − Verlustvortrag (noch nicht beglichener Verlust) <br> + Jahresüberschuss (Gewinn des aktuellen Wirtschaftsjahres) <br> − Jahresfehlbetrag (Verlust des aktuellen Wirtschaftsjahres) | *das Kapital, das dem Unternehmen gehört* |
| **Eigenkapitalrentabilität (EKR) [%] =** <br> $\dfrac{\text{Gewinn}}{\text{Eigenkapital}} \cdot 100\,\%$ | *zeigt, wie hoch sich das vom Kapitalgeber investierte Kapital verzinst hat* <br> → *je höher, desto bessere Verzinsung des Eigenkapitals* |
| **Umsatzkapitalrentabilität (UR) [%] =** <br> $\dfrac{\text{Gewinn}}{\text{Umsatz}} \cdot 100\,\%$ | *zeigt das Verhältnis des Gewinns zum Umsatz* <br> → *je höher, desto höher der Gewinnanteil am Umsatz* |
| **Fremdkapitalrentabilität (FKR) [%] =** <br> $\dfrac{\text{Fremdkapitalzinsen}}{\text{Fremdkapital}} \cdot 100\,\%$ | *zeigt das Verhältnis der Fremdkapitalzinsen zum eingesetzten Fremdkapital* <br> → *je geringer, desto weniger Zinsen sind angefallen* |
| **Gesamtkapitalrentabilität (GKR) [%] =** <br> $\dfrac{\text{Gewinn + Fremdkapitalzinsen}}{\text{Gesamtkapital bzw. Bilanzsumme}} \cdot 100\,\%$ | *zeigt, wie wirtschaftlich der Kapitaleinsatz war* <br> → *je höher, desto erfolgreicher wurde gewirtschaftet* |

# Return on Investment

Der Return on Investment (RoI = Rückfluss des investierten Kapitals) wird zur Investitionsentscheidung herangezogen und zeigt wie viel vom eingesetzten Kapital wieder ins Unternehmen  zurück fließt. Er wird auch als Anlagenrendite, Rentabilität, Kapitalrendite oder Kapitalverzinsung bezeichnet und erteilt Auskunft, ob eine Veränderung der Gesamtkapitalrentabilität auf einer Veränderung der Umsatzrendite oder des Kapitalumschlags beruht.

## Maßnahmen zur Verbesserung des Return on Investments:

- ☑ Aufwand (Kosten) senken
- ☑ Forderungsbestände senken (z. B. Kunden früher mahnen)
- ☑ Umsatz oder Gewinn steigern
- ☑ Verbindlichkeiten steigern

 **HINWEIS**
*Der Return on Investment sinkt, wenn sich die oben genannten Maßnahmen gegensätzlich verhalten, z. B. der Umsatz sinkt oder sich der Kapitaleinsatz erhöht.*

| | |
|---|---|
| **Return on Investment (RoI)** *[%]* =<br>Umsatzrendite · Kapitalumschlag<br><br>*alternative Formeln:*<br><br>$\dfrac{Gewinn}{Gesamtkapital} \cdot 100\,\%$  oder  $\dfrac{Cashflow}{Gesamtkapital} \cdot 100\,\%$ | *zeigt die Beziehungen zwischen Gewinn, Umsatz und eingesetztem Kapital durch Einbeziehung der Umschlaghäufigkeit des investierten Kapitals* |
| **Umsatzrendite** *[%]* =<br>$\dfrac{Gewinn}{Umsatz} \cdot 100\,\%$ | *zeigt das Verhältnis des Gewinns zum Umsatz innerhalb einer Abrechnungsperiode* |
| **Kapitalumschlag** *[Zahl]* =<br>$\dfrac{Umsatz}{investiertes\ Kapital}$ | *zeigt die Geschwindigkeit des Umsatzprozesses eines Unternehmens*<br><br>→ *je häufiger ein Umsatzprozess erfolgt, umso wahrscheinlicher wird die Finanzierung der Kapitalzinsen* |

## Leverage effect (Hebelwirkung wachsender Verschuldung)

Die Eigenkapitalrentabilität (EKR) wächst mit zunehmendem Fremdkapitalanteil. Der Leverage effect tritt aber nur auf, solange der Zinssatz für das Fremdkapital unter der Investitionsrendite liegt. So können die Zinsen mit dem Gewinn abgedeckt werden und es bleibt noch ein Überschuss. Die Hebelwirkung kann umgekehrt sein, wenn die Zinsen für das Fremdkapital steigen oder die Gesamtkapitalrendite sinkt.

> **HINWEIS**
>
> *Die Maximierung des Fremdkapitals ist trotzdem **nicht empfehlenswert**, da bei steigendem Fremdkapitalanteil sich andere Kennzahlen erheblich verschlechtern und die Abhängigkeit von den Kreditgebern steigt.*

### Voraussetzungen für den Leverage effect:

- ☑ Höhe des eingesetzten Fremdkapitals ist variabel
- ☑ konstanter Eigenkapitaleinsatz
- ☑ konstanter Zinssatz für das zusätzliche Fremdkapital
- ☑ Zinssatz liegt unter der Investitionsrendite (Gesamtkapitalrentabilität)

---

**Beispiel 15: Leverage effect** *(Hebelwirkung wachsender Verschuldung)*

Gesamtkapitalrentabilität: 15 % (= 0,15); Zinssatz für Fremdkapital: 10 % (= 0,1);
Gewinn vor Fremdkapitalzinsen: 1.500 €

|  | Fall 1 | Fall 2 | Fall 3 | Fall 4 |
|---|---|---|---|---|
| Eigenkapital | 10.000 € | 7.000 € | 4.000 € | 1.000 € |
| + Fremdkapital | 0 € | 3.000 € | 6.000 € | 9.000 € |
| = **Gesamtkapital** | **10.000 €** | **10.000 €** | **10.000 €** | **10.000 €** |
| Gewinn vor Fremdkapitalzinsen | 1.500 € | 1.500 € | 1.500 € | 1.500 € |
| − Zinsen für Fremdkapital | 0 € | -300 € | -600 € | -900 € |
| = **Reingewinn** | **1.500 €** | **1.200 €** | **900 €** | **600 €** |
| **Eigenkapitalrendite** | **15,0%** | **17,1%** | **22,5%** | **60,0%** |

Berechnung der Eigenkapitalrentabilität im 4. Fall: $\dfrac{\text{Reingewinn}}{\text{Eigenkapital}} \cdot 100\,\% = \dfrac{600\,\text{€}}{1.000\,\text{€}} \cdot 100\,\% = 60{,}0\,\%$

→ *Das bedeutet, dass mit einem Eigenkapital von 1.000 € ein Gewinn von 1.500 € erzielt wurde. Im 4. Fall verbleibt nach Abzug der Fremdkapitalzinsen in Höhe von 900 € ein Reingewinn von 600 €. Im Verhältnis zu dem selber eingesetzten Kapital (den 1.000 €) entspricht der Reingewinn von 600 € stolzen 60,0 %, während im 1. Fall bei 10.000 € Eigenkapital ebenfalls ein Reingewinn von 1.500 € erzielt wurde, was lediglich 15,0 % des eingesetzten Kapitals (den 10.000 €) entspricht.*

## 2.2.2  Liquidität

Liquidität ist die Fähigkeit, jederzeit seinen Zahlungspflichten nachzukommen. Ihr liegen alle Ausgaben und Einnahmen zugrunde und sie sollte mit Investitionen gesichert und gefördert werden. Je höher die Liquidität, desto sicherer ist das Unternehmen.

| Liquiditätsausmaße | Merkmale |
|---|---|
| Überliquidität | Unternehmen hat Kapital übrig, dieses sollte zinsbringend angelegt werden |
| Unterliquidität | Unternehmen ist nur in eingeschränktem Rahmen zahlungsfähig |
| Illiquidität | führt zur Insolvenz (Zahlungsunfähigkeit = Mangel an Zahlungsmitteln) |

*Tabelle 2: Ausmaße der Liquidität*

Die Liquiditätspolitik soll eine drohende Unterliquidität oder gar Illiquidität vorbeugen oder beseitigen durch:

- ✔ erhöhen und beschleunigen der Einnahmen
- ✔ senken und verzögern der Ausgaben

**Arten der Liquidität:**

- Die strukturelle Liquidität wird auf lange Sicht betrachtet und geht auf strukturelle Zusammenhänge ein z. B. Kapitalbeschaffung und Kapitalverwendung.
- Bei der natürlichen Liquidität werden Vermögensobjekte (z. B. Rohstoffe) mit Hilfe des betrieblichen Leistungsprozesses über die Umsatzerlöse (Verkauf) wieder in flüssige Mittel umgewandelt.
- Bei der künstlichen Liquidität werden Vermögensobjekte vorzeitig, eventuell auch mit Verlust, verkauft, um sie wieder in liquide Mittel umzuwandeln.
- Die absolute Liquidität ist die Eigenschaft eines Vermögensobjektes, wenn es als Zahlungsmittel verwendet wird (je höher die Liquidierbarkeit, desto schneller lässt es sich in Zahlungsmittel umwandeln).
- Die relative Liquidität sagt aus, ob ein Unternehmen allen Zahlungsverpflichtungen fristgerecht nachkommen kann.
- Die dynamische Liquidität ist eine Zeitraumbetrachtung und betrachtet den Geldbestand einer Finanzperiode von Beginn bis zum Ende mit allen Einnahmen und Ausgaben (das Ergebnis sollte größer oder mindestens (≥) 0 sein)

**dynamische Liquidität *[%]* =**

$$\frac{\text{Zahlungsmittel + kurzfristige Forderungen + geschätzte Umsätze}}{\text{kurzfristige Verbindlichkeiten}} \cdot 100\,\%$$

→ *Zahlungsmittelbestand + Einnahmen – Ausgaben ≥ 0*

*betrachtet den Geldbestand einer Finanzperiode von Beginn bis zum Ende mit allen Einnahmen und Ausgaben*

> **Beispiel 16: dynamische Liquidität**
>
> Zahlungsmittel: 291.700 €; kurzfristige Forderungen: 782.548 €; geschätzte Umsätze: 8.200.000 €; kurzfristige Verbindlichkeiten: 741.072 €
>
> dynamische Liquidität:
>
> $$\frac{\text{Zahlungsmittel + kurzfristige Forderungen + geschätzte Umsätze}}{\text{kurzfristige Verbindlichkeiten}} \cdot 100\ \%$$
>
> $$= \frac{291.700\ \text{€} + 782.548\ \text{€} + 8.200.000\ \text{€}}{741.072\ \text{€}} \cdot 100\ \% = \frac{9.274.248\ \text{€}}{741.072\ \text{€}} \cdot 100\ \% = 1.251,46\ \% \quad (\rightarrow \checkmark)$$
>
> → Die dynamische Liquidität beträgt **1.251,46 %**.

- Die statische Liquidität ist eine Zeit<u>punkt</u>betrachtung (Liquidität zum Bilanzstichtag) und beschreibt das Verhältnis zwischen Zahlungsmitteln, kurzfristigen Forderungen, Vorräten und den kurzfristigen Verbindlichkeiten und wird in die nachstehenden drei Liquiditätsgrade unterschieden.

## Liquiditätsgrade

Die drei Liquiditätsgrade sind betriebswirtschaftliche Kennzahlen, mit denen beurteilt wird, ob ein Unternehmen seinen Zahlungsverpflichtungen fristgerecht nachkommt. Da die hierfür benötigten Zahlen aus der Bilanz stammen, sind sie eine statische Liquiditätsbetrachtung.

- Die Liquidität 1. Grades (Barliquidität, Cash Ratio) zeigt, ob die vorhandenen Zahlungsmittel ausreichend sind, um die derzeitig fälligen kurzfristigen Zahlungsverpflichtungen (Verbindlichkeiten) sofort nur mittels liquider Mittel zu begleichen.

| Liquidität 1. Grades [%] = $\dfrac{\text{Zahlungsmittel}}{\text{kurzfristige Verbindlichkeiten}} \cdot 100\ \%$ | *zeigt, inwieweit das Unternehmen seine derzeitigen kurzfristigen Zahlungsverpflichtungen nur durch die liquiden Mittel erfüllen kann*<br>→ *Sollgröße: 20 bis 80 %* |
| --- | --- |

***Zahlungsmittel***
*Alle liquiden Mittel wie das Guthaben in der Kasse, Bankguthaben, Schecks, Wechsel und Wertpapiere des Umlaufvermögens.*

***kurzfristige Verbindlichkeiten***
*Sie sind innerhalb von 3 Monaten fällig und können Verbindlichkeiten aus Warenlieferungen und Leistungen, Schuldwechsel, erhaltene Anzahlungen, Verbindlichkeiten gegenüber Kreditinstituten, Lohnverbindlichkeiten, ein bereits verplanter Gewinn, passive Rechnungsabgrenzungsposten, Steuerrückstellungen sowie sonstige Rückstellungen sein.*

---

**Beispiel 17: Liquidität 1. Grades**

Zahlungsmittel: 291.700 €; kurzfristige Verbindlichkeiten: 741.072 €

Liquidität 1. Grades: $\dfrac{\text{Zahlungsmittel}}{\text{kurzfristige Verbindlichkeiten}} \cdot 100\,\% = \dfrac{291.700\ \text{€}}{741.072\ \text{€}} \cdot 100\,\% = 39{,}36\,\%$  (→ ✓)

→ *Die Liquidität 1. Grades beträgt* **39,36 %**.

---

- Bei der Liquidität 2. Grades (Einzugsliquidität, Acid Test Ratio, Quick Ratio) werden die Zahlungsmittel um die kurzfristigen Forderungen erweitert. Sie gibt an, wie hoch der Anteil des kurzfristigen Umlaufvermögens (Zahlungsmittel und kurzfristige Forderungen) am kurzfristigen Fremdkapital ist und gibt dadurch Auskunft, ob das Unternehmen seine kurzfristigen Verbindlichkeiten bezahlen kann.

| | |
|---|---|
| **Liquidität 2. Grades [%] =** <br> $\dfrac{\text{Zahlungsmittel} + \text{kurzfristige Forderungen}}{\text{kurzfristige Verbindlichkeiten}} \cdot 100\,\%$ | *zeigt, ob das Unternehmen in der Lage ist, seine kurzfristigen Verbindlichkeiten zu bezahlen* <br> → *Sollgröße: 100 bis 150 %* |

---

**kurzfristige Forderungen**

*Sie sind innerhalb 3 Monate fällig und stellen noch offene Rechnungen an die Kunden dar.*

---

**Beispiel 18: Liquidität 2. Grades**

Zahlungsmittel: 291.700 €; kurzfristige Forderungen: 782.548 €; kurzfristige Verbindlichkeiten: 741.072 €

Liquidität 2. Grades:

$\dfrac{\text{Zahlungsmittel} + \text{kurzfristige Forderungen}}{\text{kurzfristige Verbindlichkeiten}} \cdot 100\,\% = \dfrac{291.700\ \text{€} + 782.548\ \text{€}}{741.072\ \text{€}} \cdot 100\,\%$

$= \dfrac{1.074.248\ \text{€}}{741.072\ \text{€}} \cdot 100\,\% = 144{,}96\,\%$  (→ ✓)

→ *Die Liquidität 2. Grades beträgt* **144,96 %**.

---

- Bei der Liquidität 3. Grades (Umsatzliquidität, Current Ratio) werden die Zahlungsmittel um die kurzfristigen Forderungen und den Vorräten (Vorratsvermögen) erweitert. Sie gibt Auskunft, wie viel des kurzfristigen Fremdkapitals durch das Umlaufvermögen gedeckt ist (ist es kleiner als 1, wird ein Teil des kurzfristigen Fremdkapitals nicht durch das Umlaufvermögen gedeckt).

| | |
|---|---|
| **Liquidität 3. Grades [%] =** <br> $\dfrac{\text{Zahlungsmittel} + \text{kurzfristige Forderungen} + \text{Vorräte}}{\text{kurzfristige Verbindlichkeiten}} \cdot 100\,\%$ | *zeigt, ob das kurzfristige Fremdkapital durch das Umlaufvermögen gedeckt werden kann* <br> → *Sollgröße: 200 bis 250 %* |

> **Beispiel 19: Liquidität 3. Grades**
>
> Zahlungsmittel: 291.700 €; kurzfristige Forderungen: 782.548 €; Vorräte: 969.076 €;
> kurzfristige Verbindlichkeiten: 741.072 €
>
> Liquidität 3. Grades:
>
> $$\frac{\text{Zahlungsmittel + kurzfristige Forderungen + Vorräte}}{\text{kurzfristige Verbindlichkeiten}} \cdot 100\ \%$$
>
> $$= \frac{291.700\ € + 782.548\ € + 969.076\ €}{741.072\ €} \cdot 100\ \% = \frac{2.043.324\ €}{741.072\ €} \cdot 100\ \% = 275,73\ \% \quad (\rightarrow\ \checkmark)$$
>
> → *Die Liquidität 3. Grades beträgt **275,73 %**.*

 *Siehe auch unter Working Capital weiter unten auf dieser Seite.*

>  **HINWEIS**
> *Pensionsrückstellungen oder sonstige Rückstellungen sowie langfristige Bankkredite (Darlehen)
> sind immer **langfristig ausgelegt** und zählen daher **nie** zum kurzfristigen Fremdkapital.*

## *Working Capital*

Das Working Capital errechnet sich aus dem Umlaufvermögen abzüglich der kurzfristigen
Verbindlichkeiten (es sollte immer positiv sein). Es ermöglicht eine Aussage über die
Expansionskraft, sowie über die Liquiditätssituation eines Unternehmens und ist für die
Kreditwürdigkeit wichtig.

| | |
|---|---|
| **Working Capital *[€]* =**<br>Umlaufvermögen – kurzfristige Verbindlichkeiten | *Überschuss des Umlaufvermögens, der nicht zur Deckung der kurzfristigen Verbindlichkeiten gebunden ist*<br>→ *sollte positiv sein* |
| **Working Capital Ratio *[%]* =**<br>$\dfrac{\text{Umlaufvermögen}}{\text{kurzfristige Verbindlichkeiten}} \cdot 100\ \%$ | *zeigt, welcher Anteil der kurzfristigen Verbindlichkeiten durch das Umlaufvermögen finanziert werden kann*<br>→ *sollte größer 100 % sein* |

 *Siehe auch unter Liquidität 3. Grades auf Seite 27.*

**Beispiel 20: Working Capital**

| | positives Working Capital | negatives Working Capital |
|---|---|---|
| Vorräte | 969.076 € | 581.446 € |
| + Forderungen | 782.548 € | 313.019 € |
| + Zahlungsmittel | 291.700 € | 175.020 € |
| = **Umlaufvermögen** | **2.043.324 €** | **1.069.485 €** |
| − kurzfristiges Fremdkapital | -741.072 € | -1.259.822 € |
| = **Working Capital** | **1.302.252 €** | **-190.338 €** |
| | → Umlaufvermögen wird teilweise durch langfristiges Kapital finanziert | → Teile des Anlagevermögens sind mit kurzfristigem Kapital finanziert |
| Liquidität 3. Grades → *Sollgröße: 200 bis 250 %* | $\frac{2.043.324\ €}{741.072\ €} \cdot 100\ \% = 275{,}73\ \%$ | $\frac{1.069.485\ €}{1.259.822\ €} \cdot 100\ \% = 84{,}89\ \%$ |

## 2.2.3 Cashflow

Er zeigt auf, wie viel das Unternehmen in der vergangenen Abrechnungsperiode erwirtschaftet hat und inwieweit es in der Lage sein wird, aus selbst erwirtschafteten Mitteln sein Wachstum an Investitionen zu steigern (Finanzkraft des Unternehmens). Er wird auch zur Entscheidungsfindung über Investitionen, Schuldentilgung, Steuerzahlung und für die Gewinnausschüttung herangezogen.

| | |
|---|---|
| **Cashflow [€] =** <br> Jahresüberschuss <br> + nicht zahlungswirksame Aufwendungen <br> − nicht zahlungswirksame Erträge | *zeigt den Endbestand an Bar- und Buchgeld* <br> → *sollte positiv sein* |

**Beispiel 21: Cashflow**

| | |
|---|---|
| Jahresüberschuss (Gewinn) | 2.766.956,48 € |
| + nicht zahlungswirksame Aufwendungen | 1.714.293,10 € |
| − nicht zahlungswirksame Erträge | -383.031,90 € |
| = **Endbestand an Bar- und Buchgeld (Cashflow)** | **4.098.217,68 €** |

→ *Der Endbestand an Bar- und Buchgeld (Cashflow) beträgt* **4.098.217,68 €**.

**nicht zahlungswirksame Aufwendungen bzw. Erträge**
*Diese Zahlungen werden nur auf dem Papier getätigt, es fließen hierbei keine liquiden Mittel. Zu den nicht zahlungswirksamen Aufwendungen gehören beispielsweise Abschreibungen, Erhöhung von Rückstellungen/Rücklagen, Bestandsminderung an Erzeugnissen oder periodenfremde und außerordentliche Aufwendungen. Zu den nicht zahlungswirksamen Erträge gehören beispielsweise Auflösung von Rückstellungen/Rücklagen, Bestandserhöhung an Erzeugnissen, periodenfremde und außerordentliche Erträge, Auflösung von Wertberichtigungen oder aktivierte Eigenleistungen.*

## Cashflow im weiteren Sinne

*Er erfasst neben den Selbstfinanzierungsmittel auch Fremdfinanzierungsmittel.*

---

**Beispiel 22: Cashflow im weiteren Sinne**

| | |
|---|---:|
| Jahresgewinn/Jahresfehlbetrag | 2.766.956,48 € |
| − Gewinnvortrag (Rest des Jahresgewinns, der nach der Gewinnverwendung übrig bleibt) | -644.212,00 € |
| + Verlustvortrag (noch nicht beglichener Verlust aus früheren Wirtschaftsjahren) | 0,00 € |
| + Erhöhung der Rücklagen zu Lasten des Ergebnisses | 208.405,80 € |
| − Auflösung der Rücklagen zugunsten des Ergebnisses | -86.835,75 € |
| + Erhöhung der langfristigen Rückstellungen | 306.425,52 € |
| − Auflösung langfristiger Rückstellungen zugunsten des Ergebnisses | -95.757,98 € |
| + Abschreibungen und Wertberichtigungen auf Sachanlagen und Beteiligungen | 64.300,68 € |
| − Zuschreibungen (Erhöhung bilanzieller Buchwerte gegenüber dem Vorjahr) | -168.522,50 € |
| + außerordentliche, betriebs- oder periodenfremde Aufwendungen | 538.275,45 € |
| − außerordentliche, betriebs- oder periodenfremde Erträge | -287.080,24 € |
| = **Cashflow im weiteren Sinne** | **2.601.955,46 €** |

→ *Der Cashflow im weiteren Sinne beträgt 2.601.955,46 €.*

---

| | |
|---|---|
| **Umsatz-Cashflow-Rate [%] =** $\dfrac{\text{Cashflow}}{\text{Umsatz}} \cdot 100\,\%$ | *sagt aus, wie viel Prozent vom Netto-umsatz für Investitionen zur Verfügung stehen*<br><br>→ *je höher, desto höher ist der finanzielle Überschuss der Abrechnungsperiode* |
| **Nettoinvestitionsdeckung [%] =** $\dfrac{\text{Cashflow}}{\text{Nettoinvestition des Sachanlagevermögens}} \cdot 100\,\%$ | *zeigt, in wie weit das Unternehmen Investitionen selbst finanzieren kann* |
| **Entschuldungsgrad [%] =** $\dfrac{\text{Cashflow}}{\text{Effektivverschuldung}} \cdot 100\,\%$ | *zeigt, in wie weit das Unternehmen seine Schulden mit selbst erwirtschafteten Mitteln zurückzahlen kann*<br><br>→ *sollte größer 1 sein* |
| **dynamischer Verschuldungsgrad [%] =** $\dfrac{\text{Effektivverschuldung}}{\text{Cashflow}} \cdot 100\,\%$ | *zeigt, um wie viel die Effektivverschuldung den Cashflow übersteigt*<br><br>→ *100 % = 1 Jahr, d.h. 250 % entsprechen einer Tilgungsdauer von 2,5 Jahren bei gleichbleibendem Cashflow* |

# 2.2.4 Kapitalbedarf

## Kapitalbedarfsrechnung

Der Kapitalbedarf ist der Bedarf an finanziellen Mitteln, die benötigt werden, um eine Investition zu tätigen und um das dazugehörige Anlage- und Umlaufvermögen zu finanzieren.

### Vorgehensweise zur Berechnung des Kapitalbedarfes:

1. Zuerst wird der Anlagekapitalbedarf ermittelt. Er ergibt sich durch das Anlagevermögen, denn für alle benötigten Anlagegüter müssen die Anschaffungskosten ermittelt werden. Dazu gehören auch die Nebenanschaffungskosten, wie z. B. Kosten für den Transport oder für die Montage.

| **Anlagekapitalbedarf [€] =** | *zeigt den Kapitalbedarf für das* |
|---|---|
| Grundstücke | *Anlagevermögen einer Investition* |
| + Gebäude | |
| + Maschinen und Anlagen | |
| + Fahrzeuge | |
| + Betriebs- und Geschäftsausstattung (BGA) | |

| *Beispiel 23: Anlagekapitalbedarf* | | |
|---|---|---|
| Grundstücke | *für diese Investition werden keine neuen Grundstücke und Gebäude benötigt, daher 0 €* | 0 € |
| + Gebäude | | 0 € |
| + Maschinen und Anlagen | | 850.000 € |
| + Fahrzeuge | | 80.000 € |
| + Betriebs- und Geschäftsausstattung | | 50.000 € |
| = **Anlagekapitalbedarf** | | **980.000 €** |

→ *Für diese Investition wird ein Anlagekapitalbedarf von **980.000 €** benötigt.*

2. Anschließend wird der Umlaufkapitalbedarf ermittelt. Er entsteht aus dem Umlaufvermögen und dient zur Sicherstellung der Durchführung des Leistungsprozesses, z. B. der Herstellung von Kleidung.

| **Umlaufkapitalbedarf [€] =** | *zeigt den Kapitalbedarf für das* |
|---|---|
| Kapitalbindungsdauer der Werkstoffe · Werkstoffkosten pro Tag | *Umlaufvermögen einer Investition* |
| + Kapitalbindungsdauer der Lohnkosten · Lohnkosten pro Tag | |
| + Kapitalbindungsdauer der Gemeinkosten · Gemeinkosten pro Tag | |

**Beispiel 24: Berechnung des Umlaufkapitalbedarfs**

Werkstoffkosten pro Tag: 5.000 €; Lohnkosten pro Tag: 15.000 €; Gemeinkosten pro Tag: 8.000 €

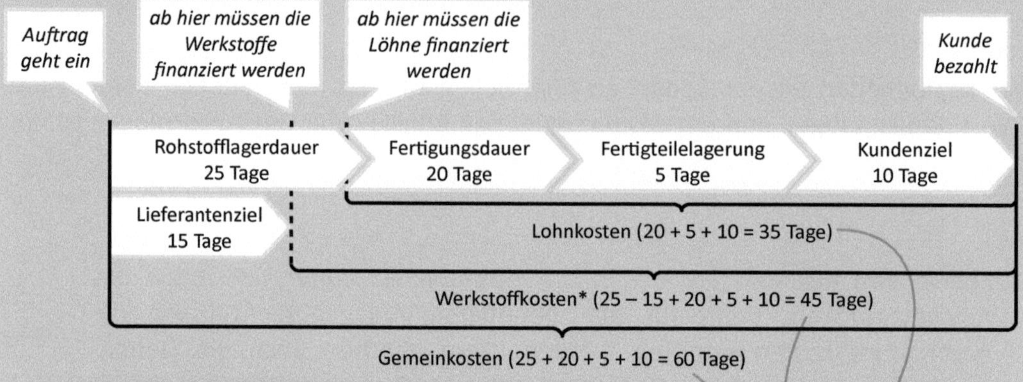

| Auftrag geht ein | ab hier müssen die Werkstoffe finanziert werden | ab hier müssen die Löhne finanziert werden | | Kunde bezahlt |

| Rohstofflagerdauer 25 Tage | Fertigungsdauer 20 Tage | Fertigteilelagerung 5 Tage | Kundenziel 10 Tage |

Lieferantenziel 15 Tage

Lohnkosten (20 + 5 + 10 = 35 Tage)

Werkstoffkosten* (25 − 15 + 20 + 5 + 10 = 45 Tage)

Gemeinkosten (25 + 20 + 5 + 10 = 60 Tage)

| Kapitalbindung | pro Tag | Tage | Gesamt |
|---|---|---|---|
| Kapitalbindung Lohnkosten | 15.000 € | 35 | 525.000 € |
| + Kapitalbindung Werkstoffkosten | 5.000 € | 45 | 225.000 € |
| + Kapitalbindung Gemeinkosten | 8.000 € | 60 | 480.000 € |
| = **Umlaufkapitalbedarf** | | | **1.230.000 €** |

→ Für diese Investition wird ein Umlaufkapitalbedarf von **1.230.000 €** benötigt.

*HINWEIS*

*Lieferantenziele (Zahlungspause des Rechnungsbetrages bis zur endgültigen Zahlung an den Lieferanten) sind von der Rohstofflagerdauer abzuziehen.*

3. Zum Schluss wird der Gesamtkapitalbedarf ermittelt. Er ergibt sich aus der Addition des Anlagekapitalbedarfs (Schritt 1) und des Umlaufkapitalbedarfs (Schritt 2).

| Gesamtkapitalbedarf [€] = Anlagekapitalbedarf + Umlaufkapitalbedarf | zeigt den kompletten Kapitalbedarf einer Investition |
|---|---|

**Beispiel 25: Gesamtkapitalbedarf**

| | |
|---|---|
| Anlagekapitalbedarf (siehe Beispiel 23 auf Seite 31) | 980.000 € |
| + Umlaufkapitalbedarf (siehe Beispiel 24) | 1.230.000 € |
| = **Gesamtkapitalbedarf** | **2.210.000 €** |

→ Für diese Investition ist ein Gesamtkapitalbedarf von **2.210.000 €** notwendig.

# Kapitalbedarfsdeckung (Finanzierungsregeln)

Finanzierungsregeln sind Mindestanforderungen an die aus der Bilanz ersichtliche Kapital-struktur des Unternehmens und haben folgende Aufgaben:

- wichtige Entscheidungsgrundlage bei der Kreditwürdigkeitsprüfung für die Kreditgewährung der Banken
- Prüfung der Finanzierungsmöglichkeiten für verschiedene Investitionen
- Betriebsvergleiche innerhalb einer Branche oder ganze Branchenvergleiche

## horizontale Finanzierungsregeln (Aktiva ↔ Passiva)

Sie betrachtet die Aktiv- und Passivseite (linke und rechte Seite der Bilanz). Es werden Verhältniszahlen gebildet, die aussagen, in welcher Form die Vermögenswerte finanziert werden (Betrachtung der Kapital-Vermögensstruktur).

| | |
|---|---|
| **goldene Finanzierungsregel (»goldene Bankregel«) *[Zahl]* =** <br><br> $\dfrac{\text{langfristiges Vermögen}}{\text{langfristiges Kapital}} \leq 1$ | *die Dauer der Kapitalbindung sollte der Dauer der Kapitalüberlassung entsprechen* <br><br> → *sollte kleiner oder maximal 1 sein* |
| $oder \quad \dfrac{kurzfristiges\ Vermögen}{kurzfristiges\ Kapital} \geq 1$ | → *sollte größer oder mindestens 1 sein* |

> **Fristenkongruenz**
> *Die Dauer der Kapitalbindung hat mit der Dauer der Kapitalüberlassung übereinzustimmen, das heißt, langfristig gebundenes Vermögen sollte über langfristiges Kapital und kurzfristig gebundenes Vermögen sollte über kurzfristiges Kapital finanziert werden.*

| | |
|---|---|
| **Anlagendeckungsgrad 1; Anlagendeckungsgrad A (»goldene Bilanzregel 1«) *[%]* =** <br><br> $\dfrac{\text{Eigenkapital}}{\text{Anlagevermögen}} \cdot 100\ \% \geq 100\ \%$ | *zeigt, inwieweit das Anlagevermögen komplett mit Eigenkapital finanziert wurde* <br><br> → *sollte größer oder mindestens 100 % sein* |
| $oder \quad \dfrac{Anlagevermögen}{Eigenkapital} \leq 1$ | → *sollte kleiner oder maximal gleich 1 sein* |
| **Anlagendeckungsgrad 2; Anlagendeckungsgrad B (»goldene Bilanzregel 2«) *[%]* =** <br><br> $\dfrac{\text{Eigenkapital + langfristiges Fremdkapital}}{\text{Anlagevermögen}} \cdot 100\ \% \geq 100\ \%$ | *zeigt, inwieweit das Anlagevermögen mit Eigenkapital und langfristigem Fremdkapital finanziert wurde* <br><br> → *sollte größer oder mindestens 100 % sein* |
| $oder \quad \dfrac{Anlagevermögen}{Eigenkapital + langfristiges\ Fremdkapital} \leq 1$ | → *sollte kleiner oder maximal gleich 1 sein* |

| **Anlagendeckungsgrad 3; Anlagendeckungsgrad C**<br>(**»goldene Bilanzregel 3«**) *[%]* =<br>$$\frac{\text{Eigenkapital + langfristiges Fremdkapital}}{\text{Anlagevermögen + langfristiges Umlaufvermögen}} \cdot 100\ \% \geq 100\ \%$$ | *zeigt, inwieweit das Anlagevermögen und langfristiges Vorratsvermögen durch Eigenkapital und langfristiges Fremdkapital finanziert wurde*<br><br>→ *sollte größer oder mindestens 100 % sein* |
|---|---|
| $$oder\quad \frac{\text{Anlagevermögen + langfristiges Umlaufvermögen}}{\text{Eigenkapital + langfristiges Fremdkapital}} \leq 1$$ | → *sollte kleiner oder maximal gleich 1 sein* |

**HINWEIS**

*Zum langfristigen Fremdkapital gehören neben langfristigen Krediten (z. B. Darlehen) auch die Pensionsrückstellungen.*

## vertikale Finanzierungsregeln (Eigenkapital ↔ Fremdkapital)

Sie geben eine Aussage über das Verhältnis der Finanzierungsstruktur (Passivseite der Bilanz) und werden bei der Kreditwürdigkeitsprüfung von den Banken herangezogen. Sie werden auch als Kapitalstrukturregeln bezeichnet.

| **1:1-Regel; Verschuldungskoeffizient; Verschuldungsgrad**<br>(**»Bankers Rule«**) *[Zahl]* =<br>$$\frac{\text{Fremdkapital}}{\text{Eigenkapital}} \leq 1$$ | → *das Fremdkapital darf maximal so groß sein wie das Eigenkapital* |
|---|---|
| **2:1-Regel** *[Zahl]* =<br>$$\frac{\text{Fremdkapital}}{\text{Eigenkapital}} \leq 2$$ | → *das Fremdkapital darf das zweifache des Eigenkapitals nicht übersteigen* |
| **3:1-Regel** *[Zahl]* =<br>$$\frac{\text{Fremdkapital}}{\text{Eigenkapital}} \leq 3$$ | → *das Fremdkapital darf das dreifache des Eigenkapitals nicht übersteigen* |

Das Verhältnis Fremdkapital zu Eigenkapital wird auch Verschuldungskoeffizient (Verschuldungsgrad) genannt und stellt eine Kennzahl zur Analyse der Finanzierungsstruktur dar. Sie zeigt das Verhältnis des Fremdkapitals zum Eigenkapitalanteil der Unternehmenseigentümer.

 *Siehe auch unter 4.10 Finanzierungsanalyse auf Seite 111.*

# 2.3 Arten der Finanzierung

## Finanzierungsarten

| Außenfinanzierung *(externe Finanzierung)* | Innenfinanzierung *(interne Finanzierung)* | Sonderformen |
|---|---|---|
| ✓ Eigenfinanzierung (Beteiligungs-finanzierung durch Gesellschafter)<br>✓ Fremdfinanzierung (Kreditfinan-zierung durch Banken und Börse)<br>✓ Mezzanine Finanzierungen | ✓ verrechneter Aufwand (z. B. Ab-schreibungen)<br>✓ Selbstfinanzierung aus Gewinnen (Gewinnthesaurie)<br>✓ Verkauf von Produktionsfaktoren | ✓ Leasing<br>✓ Factoring<br>✓ Forfaitierung<br>✓ Asset-Backed-Securities |

*Abbildung 4: Überblick über die verschiedenen Finanzierungsarten*

## 2.3.1 Außenfinanzierung

Das Kapital fließt **von außen** zu und ist nicht durch die Leistungs-erstellung aus der betrieblichen Tätigkeit entstanden. Dies kann z. B. durch eine Geldeinlage eines Gesellschafters oder durch eine Aufnahme eines Kredites bei der Bank erfolgen.

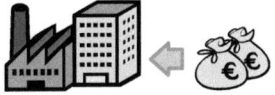

### Arten der Außenfinanzierung

| Eigenfinanzierung *(Beteiligungsfinanzierung)* | Fremdfinanzierung *(Kreditfinanzierung)* | Mezzanine Finanzierungen |
|---|---|---|

*Abbildung 5: Überblick über die verschiedenen Arten der Außenfinanzierung*

## 2.3.1.1 Eigenfinanzierung

Die Zuführung von finanziellen Mitteln erfolgt in Form von Eigenkapital von außerhalb des Unternehmens und steht zeitlich unbegrenzt zur Verfügung. Dies kann als Geld- oder Sacheinlage oder in Form von Rechten erfolgen. Sie ist möglich durch die bisherigen oder durch Aufnahme neuer Gesellschafter. Daher spricht man auch von einer Beteiligungsfinanzierung.

| Eigenfinanzierungsarten | |
|---|---|
| durch Einlagen der **bisherigen** Gesellschafter | durch Aufnahme von **neuen** Gesellschaftern |

Abbildung 6: Überblick über die Arten der Eigenfinanzierung

| Vorteil der Eigenfinanzierung | Nachteil der Eigenfinanzierung |
|---|---|
| ✓ Eigenkapitalquote erhöht sich (Verbesserung der Bonität und des Ratings) | ✗ gegebenenfalls Mitspracherechte der Geldgeber bei Entscheidungen des Unternehmens |

Tabelle 3: Vor- und Nachteil der Eigenfinanzierung

## Finanzierung durch Aktien

Eine Aktie ist ein Bruchteil des Grundkapitals einer Kapitalgesellschaft, der durch Wertpapiere verbrieft wird. Nur Kapitalgesellschaften (Kommanditgesellschaft auf Aktien (KG a.A.) und Aktiengesellschaften (AG)) dürfen Aktien ausgeben, um deren Grundkapital zu erhöhen.

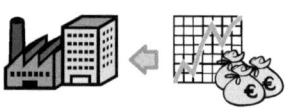

| Aktien | | | |
|---|---|---|---|
| **Wertbezeichnung** | **Übertragungsmöglichkeit** | **Rechtsumfang** | **Ausgabezeitpunkt** |
| ✓ **Nennwertaktien** (Nominalaktien): haben einen festen Nennbetrag (min. 1 €)<br>✓ **Stückaktien** (nennwertlose Aktien): haben keinen festen Nennbetrag; alle Stückaktien haben den gleichen Anteil am Grundkapital | ✓ **Inhaberaktien**: tragen keinen Namen des Aktionärs (der jeweilige Inhaber ist der Berechtigte)<br>✓ **Namensaktien**: tragen den Namen des Aktionärs | ✓ **Stammaktien**: gleiches Recht auf Dividende, Stimmabgabe und Bezugsrecht<br>✓ **Vorzugsaktien**: erhöhter Dividendenanspruch, aber meist kein Stimmrecht | ✓ **junge Aktien** (neue Aktien): werden bei einer Kapitalerhöhung ausgegeben<br>✓ **alte Aktien**: waren bereits vor der Kapitalerhöhung im Umlauf |

Abbildung 7: Unterscheidung der Aktien

## Kurse der Aktien

- Der Aktienkurs (Börsenkurs) ist der Wert, mit dem eine Aktie an der Börse gehandelt wird. Die Höhe des Aktienkurses wird von Angebot und Nachfrage bestimmt.

- Der Bilanzkurs zeigt, wie viele Rücklagen eine Aktiengesellschaft im Verhältnis zum gezeichneten Kapital hat.

| | |
|---|---|
| **Bilanzkurs [%] =** $\frac{\text{bilanziertes Eigenkapital}}{\text{gezeichnetes Kapital (Grundkapital)}} \cdot 100\,\%$ | *zeigt, wie viele Rücklagen eine Aktiengesellschaft im Verhältnis zum gezeichneten Kapital hat* |
| **korrigierter Bilanzkurs [%] =** $\frac{\text{bilanziertes Eigenkapital + stille Rücklagen}}{\text{gezeichnetes Kapital (Grundkapital)}} \cdot 100\,\%$ | *berücksichtigt zusätzlich noch die stillen Rücklagen* |

## bilanziertes Eigenkapital

Es errechnet sich aus verschiedenen Positionen der Bilanz:

| | |
|---|---|
| gezeichnetes Kapital (Grundkapital) | 17.769.600 € |
| + Kapitalrücklage (gesetzlich vorgeschriebene Rücklagen) | 1.736.715 € |
| + Gewinnrücklage (Teil des Jahresgewinns, der im Unternehmen verbleibt) | 1.217.471 € |
| + Gewinnvortrag (Rest des Jahresgewinns, der nach der Gewinnverwendung übrig bleibt) | 644.212 € |
| − Verlustvortrag (noch nicht beglichener Verlust aus früheren Wirtschaftsjahren) | 0 € |
| = **bilanziertes Eigenkapital** *[€]* | **21.367.998 €** |

## Bezugsrecht

Es steht den bisherigen Aktionären zu und soll eventuelle Stimmrechts- und Vermögensnachteile bei der Ausgabe neuer Aktien verhindern. Der tatsächliche Wert eines Bezugsrechtes ergibt sich aus Angebot und Nachfrage.

| | |
|---|---|
| **Bezugsrecht [Zahl] =** $\frac{\text{Kurs der alten Aktien} - \text{Kurs der neuen Aktien}}{\left(\frac{\text{Anzahl der alten Aktien}}{\text{Anzahl der neuen Aktien}} + 1\right)}$ | *steht den bisherigen Aktionären zu und soll Stimmrechts- und Vermögensnachteile bei der Ausgabe neuer Aktien verhindern* |
| **Bezugsverhältnis [Zahl → x:1] =** $\frac{\text{Anzahl der alten Aktien}}{\text{Anzahl der neuen Aktien}}$ | *gibt das Verhältnis an, wie viele „alte" Aktien man besitzen muss, um eine „neue" zu erwerben* |

> **Beispiel 26: Bezugsverhältnis**
>
> Eine Aktiengesellschaft gibt neue Aktien mit einem Bezugsverhältnis von **4:1** aus. Das bedeutet, man muss **4** „alte" Aktien besitzen, um **1** „neue" Aktie erwerben zu können.

*weitere Formeln zu Berechnung mit Aktien:*

| | |
|---|---|
| **Dividendenrendite *[%]* =** $\dfrac{\text{Dividende je Aktie}}{\text{Börsenkurs}} \cdot 100\ \%$ | *Verzinsung des in Aktien angelegten Kapitals* |
| **Ausgabekurs *[€]* =** Nennwert + Agio | *Kurs der jungen (neuen) Aktien bei der Ausgabe* |
| **Grundkapital; Nominalkapital; gezeichnetes Kapital *[€]* =** Anzahl der Aktien · Nennwert | *Kapital einer Aktiengesellschaft* |
| **Liquiditätszufluss bei Ausgabe junger Aktien *[€]* =** Anzahl der jungen (neuen) Aktien · Ausgabekurs | *das Kapital, das bei der Ausgabe junger (neuer) Aktien zufließt* |
| **Kapitalrücklage *[€]* =** Anzahl der Aktien · Agio | *gesetzlich vorgeschriebene Rücklage* |
| **Bezugskurs; Ausgabekurs; Emissionskurs *[€]* =** $\dfrac{\text{Investitionsvolumen (gewünschter Geldzufluss)}}{\text{Anzahl der jungen (neuen) Aktien}}$ | *Kurs, zu dem die neu ausgegebenen Wertpapiere angeboten werden* |
| **Anzahl der Aktien *[Stück]* =** $\dfrac{\text{gezeichnetes Kapital (Grundkapital)}}{\text{Nennwert pro Aktie}}$ | *Anzahl der Aktien, die aktuell im Umlauf sind* |
| **Durchschnittskurs; Mittelkurs *[€]* =** $\dfrac{\text{bisheriges Aktienkapital + Kapitalerhöhung}}{\text{Anzahl alte Aktien + Anzahl junge (neue) Aktien}}$ | *Durchschnittskurs der alten und jungen (neuen) Aktien* |
| **Gewinn pro Aktie; Dividende *[€]* =** $\dfrac{\text{Jahresüberschuss}}{\text{Anzahl der Aktien}}$ | *Gewinn pro Aktie* |

**Agio**
*Ausgabeaufschlag auf den Nennwert, der oft in Prozent angegeben und z. B. bei der Wertpapierausgabe verrechnet wird.*

---

**Beispiel 27: Berechnung der Anzahl der jungen Aktien**

Grundkapital: 18.895.908 €, Nennwert pro Stück: 17 €/St.; Ausgabeverhältnis: 4:1 (= 4)

Nennwert aller jungen (neuen) Aktien: $\dfrac{\text{Grundkapital}}{\text{Ausgabeverhältnis}} = \dfrac{18.895.908\ €}{4} = 4.723.977\ €$

Anzahl junge (neue) Aktien: $\dfrac{\text{Nennwert aller jungen (neuen) Aktien}}{\text{Nennwert einer Aktie}} = \dfrac{4.723.977\ €}{17\ €/\text{St.}} = 277.881\ \text{Stück}$

→ Es werden **277.881** junge (neue) Aktien ausgegeben.

## 2.3.1.2 Fremdfinanzierung

Dem Unternehmen wird von **außen** über Kreditmärkte (Banken) oder Kapitalmärkte (Börse) **Fremdkapital** zugeführt, das nur für eine begrenzte Zeit zur Verfügung steht. Daher spricht man auch von einer **Kreditfinanzierung**.

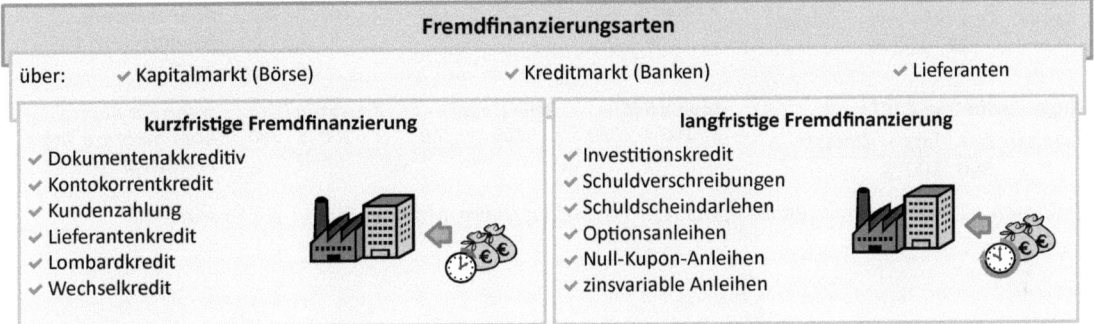

*Abbildung 8: Überblick über die Arten der Fremdfinanzierung*

## Ablauf einer Fremdfinanzierung über ein Kreditinstitut

Das Kreditinstitut (Bank) holt sich mehrere Informationen über den Kreditnehmer ein, um dessen wirtschaftliche Lage einschätzen und somit eine Entscheidung über die Kreditvergabe treffen zu können.

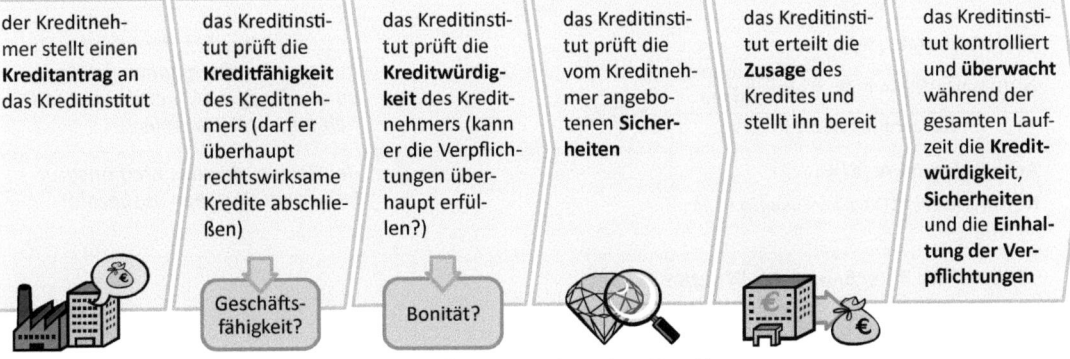

*Abbildung 9: Ablauf einer Fremdfinanzierung über ein Kreditinstitut (Bank)*

## Zinsformeln

Die verschiedenen Zinsformeln mit den jeweiligen Umstellungen:

| Jahreszinsbetrag Z [€] = $\dfrac{\text{Kapital} \cdot \text{Zeit (Jahre)} \cdot \text{Zinssatz}}{100\%}$ | Kapital K [€] = $\dfrac{Z \cdot 100\%}{i \cdot p}$ | Zeit i [Jahre] = $\dfrac{Z \cdot 100\%}{K \cdot p}$ | Zinssatz p [%] = $\dfrac{Z \cdot 100\%}{K \cdot i}$ | wenn ein Kapital **über mehrere Jahre** verzinst wird |
|---|---|---|---|---|
| Monatszinsbetrag Z [€] = $\dfrac{\text{Kapital} \cdot \text{Zeit (Monate)} \cdot \text{Zinssatz}}{12 \cdot 100\%}$ | Kapital K [€] = $\dfrac{Z \cdot 100\% \cdot 12}{i \cdot p}$ | Zeit i [Monate] = $\dfrac{Z \cdot 100\% \cdot 12}{K \cdot p}$ | Zinssatz p [%] = $\dfrac{Z \cdot 100\% \cdot 12}{K \cdot i}$ | wenn ein Kapital **über mehrere Monate** verzinst wird |
| Tageszinsbetrag Z [€] = $\dfrac{\text{Kapital} \cdot \text{Zeit (Tage)} \cdot \text{Zinssatz}}{360 \cdot 100\%}$ | Kapital K [€] = $\dfrac{Z \cdot 100\% \cdot 360}{i \cdot p}$ | Zeit i [Tage] = $\dfrac{Z \cdot 100\% \cdot 360}{K \cdot p}$ | Zinssatz p [%] = $\dfrac{Z \cdot 100\% \cdot 360}{K \cdot i}$ | wenn ein Kapital **über mehrere Tage** verzinst wird |

Z = Zinsen [€];   K = zu verzinsende Kapital [€];   i = Laufzeit [Jahre, Monate, Tage];   p = Zinssatz [%]

## nominelle Zinsen/effektive Zinsen

- Die nominellen Zinsen sind vertraglich vereinbarte Zinsen (stehen so im Kreditvertrag).
- Die effektiven Zinsen sind höher und entstehen dem Kreditnehmer tatsächlich. Sie kommen zustande, da das Disagio (Abgeld) vom Kreditnehmer zusätzlich zurückzuzahlen ist.

> **Disagio**
> Ein Abgeld (ähnlich einer Bearbeitungsgebühr), das entweder in Prozent des Kreditbetrages oder als Auszahlungsbetrag angegeben wird. Bei einem Auszahlungskurs von 97 % werden nur 97 % der Darlehenssumme ausbezahlt (der einbehaltene Rest ist das Disagio). Der Kreditnehmer muss aber insgesamt 100 % verzinsen und zurückzahlen.

| Effektivzinssatz [%] = $\dfrac{\text{Nominalzinssatz in \%} + \left(\dfrac{\text{Disagio in \%}}{\text{Laufzeit}}\right)}{\text{Auszahlungskurs in \%}} \cdot 100\%$ | entstehen letztlich dem Kreditnehmer und kommen daher zustande, da das Disagio (Abgeld) vom Kreditnehmer zurückzuzahlen ist |
|---|---|
| Auszahlungskurs [€] = Nominalwert (100 %) − Disagio in % | der Betrag, den das Kreditinstitut bei einem Darlehen ausbezahlt |

> **Beispiel 28: Berechnung des Disagios in Euro**
> Disagio: 3 % (= 0,03); Kreditsumme: 300.000 €
> Disagio: 300.000 € · 0,03 = 9.000 €
>
> → Das Disagio beträgt **9.000 €**. Diese Summe wird bei der Auszahlung nicht ausbezahlt, sondern vom Kreditinstitut einbehalten, d.h. der Kreditnehmer bekommt nur 291.000 € ausbezahlt, muss aber die vollen 300.000 € verzinsen und zurückbezahlen.

**Beispiel 29: Effektivzinssatz**

Disagio: 3 %; Nominalzinssatz: 6 %; Laufzeit: 5 Jahre

Auszahlungskurs: Nominalwert − Disagio = 100 % − 3 % = 97 %

$$\text{Effektivzinssatz:}\ \frac{\text{Nominalzinssatz in \% } +\left(\frac{\text{Disagio in \%}}{\text{Laufzeit}}\right)}{\text{Auszahlungskurs in \%}} \cdot 100\ \% = \frac{6\ \% +\left(\frac{3\ \%}{5\ \text{Jahre}}\right)}{97\ \%} \cdot 100\ \% = 6,8\ \%$$

→ *Dem Darlehensnehmer entstehen effektive Zinsen in Höhe von **6,8 %**.*

| | |
|---|---|
| **Effektivzinssatz bei gleichen Rückzahlungsraten [%] =** $$\frac{\text{Nominalzinssatz in \% } +\left(\frac{\text{Disagio in \%}}{\text{mittlere Laufzeit}}\right)}{\text{Auszahlungskurs in \%}} \cdot 100\ \%$$ | *entstehen letztlich dem Kreditnehmer und kommen daher zustande, da das Disagio (Abgeld) von ihm zurückzuzahlen ist* |
| **mittlere Laufzeit bei Darlehen ohne tilgungsfreie Zeit ($t_m$) [Jahre] =** $$\frac{\text{gesamte Laufzeit} + 1}{2}$$ | *durchschnittliche Laufzeit des Darlehens ohne tilgungsfreie Zeit* |
| **mittlere Laufzeit bei Darlehen mit tilgungsfreier Zeit ($t_m$) [Jahre] =** $$\text{tilgungsfreie Zeit} + \frac{(\text{gesamte Laufzeit} - \text{tilgungsfreie Zeit}) + 1}{2}$$ | *durchschnittliche Laufzeit des Darlehens mit tilgungsfreier Zeit* |

## 2.3.1.2.1  Kurzfristige Fremdfinanzierung

Dem Unternehmen wird von außen Fremdkapital zugeführt, das in der Regel innerhalb eines Jahres wieder zurückgezahlt werden muss.

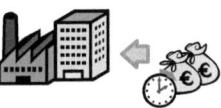

**Formen der kurzfristigen Fremdfinanzierung:**

- Akkreditiv ist ein spezieller Kredit für Importeure für die Zeit zwischen Kaufvertragsabschluss und Eingang der Erlöse aus den eingeführten Waren.

- Bei einem Avalkredit übernimmt das Kreditinstitut als Bürgschaft die Haftung für die Verbindlichkeiten eines Kunden. Die Verbindlichkeit wird für das Kreditinstitut nur dann zu einer Verbindlichkeit, wenn der Kreditnehmer seine Leistungen nicht erbringt.

- Bei einem Buchkredit kann die Rückzahlung innerhalb eines kurzen Zeitraumes (Skontofrist) mit Skonto (italienisch *sconto* = „abziehen"; Preisnachlass bei sofortiger Zahlung) oder innerhalb der längeren Zahlungsfrist ohne Skonto vorgenommen werden.

| | |
|---|---|
| **Jahresprozentsatz [%] =** $$\frac{\text{Skontosatz (in \%)} \cdot 360\ \text{Tage}}{\text{Zahlungsziel in Tage} - \text{Skontofrist in Tage}}$$ | *Effektivverzinsung eines Skonto* → *Nutzung des Skontos würde diesem Zinssatz entsprechen* |

**Beispiel 30: Effektivverzinsung eines Buchkredites in Form eines Skontos**

Skontosatz: 3 %; Skontofrist: 14 Tage; Zahlungsziel: 30 Tage

$$\text{Jahresprozentsatz: } \frac{\text{Skontosatz (in \%)} \cdot 360 \text{ Tage}}{\text{Zahlungsziel} - \text{Skontofrist}} = \frac{3\% \cdot 360 \text{ Tage}}{30 \text{ Tage} - 14 \text{ Tage}} = \frac{1.080 \text{ Tage} \cdot \%}{16 \text{ Tage}} = 67{,}5\%$$

→ Der Skonto entspricht einem effektiven Zinssatz von **67,5 %** pro Jahr.

- Bei einem Diskontkredit kauft das Kreditinstitut noch nicht fällige Wechsel auf und stellt bis zum Verfalltag ihrem Kunden einen Kredit zur Verfügung. Der Diskontbetrag entspricht den Zinsen für den Wechsel, die Diskontspesen sind die „Bearbeitungsgebühr".

| | |
|---|---|
| **Jahreszins für den Diskontkredit [%] =** <br> $\dfrac{\text{Diskontbetrag} + \text{Diskontspesen}}{\text{effektiv verfügbarer Kreditbetrag}} \cdot \dfrac{360 \cdot 100\%}{\text{Wechsellaufzeit}}$ | *Zinssatz für den Diskontkredit* |
| **effektiv verfügbarer Kreditbetrag [€] =** <br> Wechselbetrag − Diskontbetrag − Diskontspesen | *verfügbarer Kreditbetrag nach Abzug der Kapitalkosten* |

- Ein Handelskredit ist ein Kredit zwischen Handelspartnern.
- Bei einem Kundenkredit (Vorauszahlungskredit, Anzahlung) wird zwischen Kunde (Kreditgeber) und Lieferant (Kreditnehmer) eine vertragliche Vereinbarung festgelegt. Er wird hauptsächlich genutzt, wenn zwischen Planung und Fertigstellung einer Leistung ein großer Zeitraum liegt und die Leistungserstellung auf Kundenbedürfnisse basiert.
- Bei einem Kontokorrentkredit kann der Kreditnehmer innerhalb eines vereinbarten Maximalbetrages und Laufzeit (Kreditlinie) frei verfügen, um zeitlich begrenzte Kapitalbedarfsschwankungen auszugleichen.
- Beim Lieferantenkredit liegt ein Kaufvertrag zwischen Lieferant (Kreditor) und Abnehmer (Debitor) zugrunde, der die Zahlung des Kaufpreises auf Ziel enthält.

*Kreditor und Debitor*

*Kreditoren (Kreditgeber) sind Gläubiger, die als Lieferanten oder Dienstleister tätig sind*

→ *Beispiel: ich als Lieferant (Kreditgeber) gewähre meinem Kunden (Kreditnehmer) ein Zahlungsziel; der Kunde hat nun* <u>Schulden bei mir</u>.

*Debitoren (Kreditnehmer) sind Schuldner von Forderungen, die z. B. bei Lieferantenkrediten entstehen, wenn der Rechnungsbetrag nicht sofort beglichen wird*

→ *Beispiel: ich als Kunde (Kreditnehmer) nehme das Zahlungsziel meines Lieferanten (Kreditgeber) in Anspruch; ich habe nun* <u>Schulden bei ihm</u> *(bei meinem Lieferanten).*

- Bei einem Lombardkredit stellt das Kreditinstitut dem Kreditnehmer gegen Verpfändung (Pfandgegenstände werden jedoch nicht in voller Werthöhe beliehen) von z. B. Wertpapieren, Forderungen oder Edelmetallen einen Kredit zur Verfügung, der zu einem festen Termin komplett bereitgestellt bzw. zurückgezahlt wird.

- Bei einem Wechselkredit vereinbart der Lieferant als Kreditgeber einen Wechsel mit dem Abnehmer (Kunde) als Kreditnehmer. Ein Wechsel ist ein Wertpapier, das die unbedingte Anweisung des Ausstellers an einen Bezogenen enthält, eine bestimmte Geldsumme zu einem festgelegten Zeitpunkt an ihn oder eine im Wechsel genannte Person zu zahlen.

| Vorteile für den Kreditnehmer (Kunde) | Nachteile für den Kreditnehmer |
|---|---|
| ✓ entlastet die eigene Kreditlinie<br>✓ Kreditbesicherung durch Eigentumsvorbehalt<br>✓ schnelle und formlose Kreditgewährung<br>✓ systematische Kreditprüfung entfällt<br>✓ zusätzliche Kreditgewährung | ✗ Abhängigkeit vom Lieferanten<br>✗ hohe Kapitalkosten<br>✗ effektiver Zinssatz meist nicht bekannt |

*Tabelle 4: Vor- und Nachteile eines Wechselkredites für den Kreditnehmer (Kunde)*

## 2.3.1.2.2 Langfristige Fremdfinanzierung

Die Zuführung von Fremdkapital erfolgt mit einer Laufzeit von mehr als 4 Jahren. Diese Art der Fremdfinanzierung erfolgt meist über Darlehen.

| gebräuchliche Darlehensarten | | | |
|---|---|---|---|
| Tilgungsdarlehen<br>*(Abzahlungsdarlehen)* | Tilgungsdarlehen mit tilgungsfreier Zeit | Annuitätendarlehen | Festdarlehen<br>*(endfälliges Darlehen)* |

*Abbildung 10: Überblick über die gebräuchlichen Darlehensarten*

Bei einem Darlehen (mittelhochdeutsch *darlīhen* = „leihweise überlassen") überlässt ein Darlehensgeber einem Darlehensnehmer Geld zur vorübergehenden Überlassung. Der Darlehensnehmer ist verpflichtet, bei der Fälligkeit des Darlehens den Darlehensnennbetrag (Gesamtsumme, bestehend aus Zins- und Tilgungsanteil) zurückzuzahlen.

> **Unterschied zwischen Darlehen und Kredit**
> *Die Begriffe Darlehen und Kredit werden meist gleich verwendet. Ein Darlehen hat in der Regel die höhere Summe und eine längere Laufzeit im Vergleich zu einem Kredit.*

## Tilgungsdarlehen (Abzahlungsdarlehen)

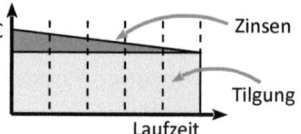

Die zu leistenden Rückzahlungsbeträge (Kapitaldienst, Raten) fallen jährlich. Dabei bleibt der Tilgungsanteil bei jeder Rate gleich hoch, nur die Zinsanteile sinken, da sich mit jeder Tilgung (Abzahlung) die Restschuld verringert. Die gesamte finanzielle Belastung ist bei dieser Darlehensart am geringsten.

*Abbildung 11: Zins und Tilgungsverlauf*

| | |
|---|---|
| **Zinsen [€] =** <br> Restschuld am Jahresanfang · Zinssatz *[Dezimalform = 0,...]* | *Zinsen auf die Restschuld am Jahresanfang* <br> *→ sinken im Verlauf der Darlehenslaufzeit* |
| **Tilgung [€] =** <br> $\dfrac{\text{Darlehenssumme}}{\text{Laufzeit}}$ | *Anteil, der die Restschuld verringert* <br> *→ bleibt im Verlauf der Darlehenslaufzeit gleich* |
| **Kapitaldienst (die zu zahlende Rate) [€] =** <br> Zinsen + Tilgung | *jährlich fallender Rückzahlungsbetrag (Rate), bestehend aus sinkendem Zinsanteil und gleichbleibendem Tilgungsanteil* |
| **Restschuld am Jahresende [€] =** <br> Restschuld am Jahresanfang − Tilgung | *restliche Schuld am Ende des Jahres nach Zahlung der Tilgung (entspricht der Restschuld am Jahresanfang des Folgejahres)* |
| **Gesamtsumme zum Zurückzahlen [€] =** <br> Addition der einzelnen Kapitaldienste (Raten) | *komplette Belastung durch das Darlehen* <br> *→ diese Summe muss insgesamt zurückgezahlt werden (Darlehensnennbetrag)* |

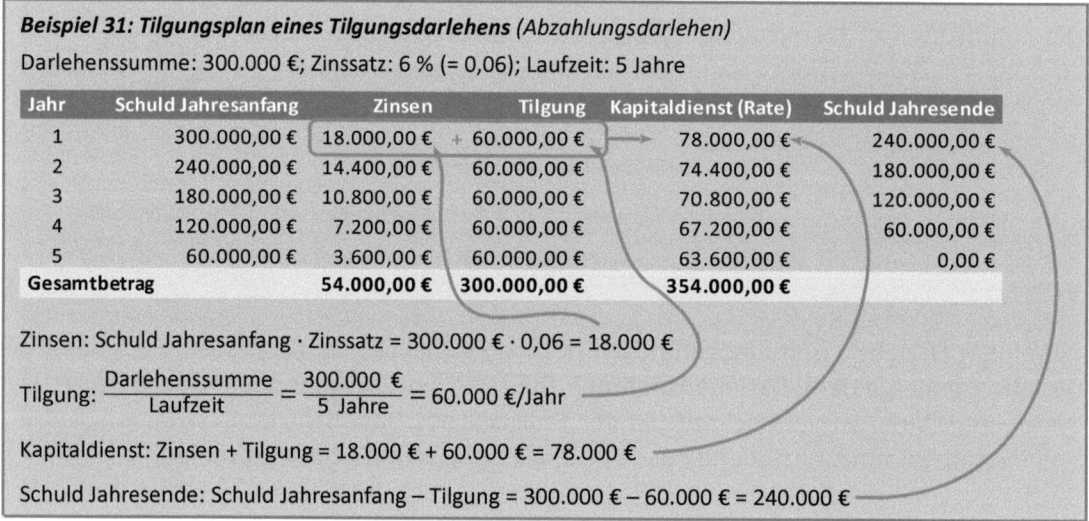

**Beispiel 31: Tilgungsplan eines Tilgungsdarlehens** *(Abzahlungsdarlehen)*

Darlehenssumme: 300.000 €; Zinssatz: 6 % (= 0,06); Laufzeit: 5 Jahre

| Jahr | Schuld Jahresanfang | Zinsen | Tilgung | Kapitaldienst (Rate) | Schuld Jahresende |
|---|---|---|---|---|---|
| 1 | 300.000,00 € | 18.000,00 € | + 60.000,00 € | 78.000,00 € | 240.000,00 € |
| 2 | 240.000,00 € | 14.400,00 € | 60.000,00 € | 74.400,00 € | 180.000,00 € |
| 3 | 180.000,00 € | 10.800,00 € | 60.000,00 € | 70.800,00 € | 120.000,00 € |
| 4 | 120.000,00 € | 7.200,00 € | 60.000,00 € | 67.200,00 € | 60.000,00 € |
| 5 | 60.000,00 € | 3.600,00 € | 60.000,00 € | 63.600,00 € | 0,00 € |
| **Gesamtbetrag** | | **54.000,00 €** | **300.000,00 €** | **354.000,00 €** | |

Zinsen: Schuld Jahresanfang · Zinssatz = 300.000 € · 0,06 = 18.000 €

Tilgung: $\dfrac{\text{Darlehenssumme}}{\text{Laufzeit}} = \dfrac{300.000 \ €}{5 \ \text{Jahre}} = 60.000 \ €/\text{Jahr}$

Kapitaldienst: Zinsen + Tilgung = 18.000 € + 60.000 € = 78.000 €

Schuld Jahresende: Schuld Jahresanfang − Tilgung = 300.000 € − 60.000 € = 240.000 €

## Tilgungsdarlehen mit tilgungsfreier Zeit

Während der tilgungsfreien Zeit werden <u>nur die Zinsen auf die Restschuld bezahlt</u>. Da in dieser Zeit nichts getilgt (abbezahlt) wird, bleibt die Darlehenssumme gleich. Daher sind die zu zahlenden Zinsen im tilgungsfreien Zeitraum gleich hoch. Erst nach der tilgungsfreien Zeit wird zu den Zinszahlungen der Tilgungsanteil gezahlt, der mit jeder Rate die Restschuld verringert.

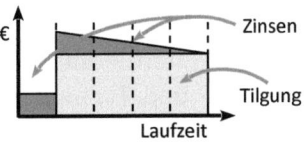

*Abbildung 12: Zins und Tilgungsverlauf*

| | |
|---|---|
| **Zinsen [€] =**<br>Restschuld am Jahresanfang · Zinssatz *[Dezimalform = 0,...]* | *Zinsen auf die Restschuld am Jahresanfang*<br>→ *sinken im Verlauf der Darlehenslaufzeit* |
| **Tilgung [€] =**<br>$\dfrac{\text{Darlehenssumme}}{\text{Gesamtlaufzeit} - \text{tilgungsfreie Jahre}}$ | *Anteil, der die Restschuld verringert*<br>→ *bleibt im Verlauf der Darlehenslaufzeit*<br>  *gleich (während der tilgungsfreien Zeit: 0 €)* |
| **Kapitaldienst (die zu zahlende Rate) [€] =**<br>Zinsen + Tilgung | *jährlich fallender Rückzahlungsbetrag (Rate),*<br>*bestehend aus sinkendem Zinsanteil und*<br>*gleichbleibendem Tilgungsanteil* |
| **Restschuld am Jahresende [€] =**<br>Restschuld am Jahresanfang − Tilgung | *restliche Schuld am Ende des Jahres nach Zah-*<br>*lung der Tilgung (entspricht der Restschuld am*<br>*Jahresanfang des Folgejahres)* |
| **Gesamtsumme zum Zurückzahlen [€] =**<br>Addition der einzelnen Kapitaldienste (Raten) | *komplette Belastung durch das Darlehen*<br>→ *diese Summe muss insgesamt zurückge-*<br>  *zahlt werden (Darlehensnennbetrag)* |

---

**Beispiel 32: Tilgungsplan eines Tilgungsdarlehen mit tilgungsfreier Zeit**

Darlehenssumme: 300.000 €; Zinssatz: 6 % (= 0,06); Laufzeit: 5 Jahre (1. Jahr davon ist tilgungsfrei)

| Jahr | Schuld Jahresanfang | Zinsen | Tilgung | Kapitaldienst (Rate) | Schuld Jahresende |
|---|---|---|---|---|---|
| 1 | 300.000,00 € | 18.000,00 € + | 0,00 € | 18.000,00 € | 300.000,00 € |
| 2 | 300.000,00 € | 18.000,00 € | 75.000,00 € | 93.000,00 € | 225.000,00 € |
| 3 | 225.000,00 € | 13.500,00 € | 75.000,00 € | 88.500,00 € | 150.000,00 € |
| 4 | 150.000,00 € | 9.000,00 € | 75.000,00 € | 84.000,00 € | 75.000,00 € |
| 5 | 75.000,00 € | 4.500,00 € | 75.000,00 € | 79.500,00 € | 0,00 € |
| **Gesamtbetrag** | | **63.000,00 €** | **300.000,00 €** | **363.000,00 €** | |

Zinsen: Schuld Jahresanfang · Zinssatz = 300.000 € · 0,06 = 18.000 €

Tilgung: $\dfrac{\text{Darlehenssumme}}{\text{Gesamtlaufzeit} - \text{tilgungsfreie Jahre}} = \dfrac{300.000\ €}{5 - 1\ \text{Jahre}} = \dfrac{300.000\ €}{4\ \text{Jahre}} = 75.000\ €/\text{Jahr}$

Kapitaldienst: Zinsen + Tilgung = 18.000 € + 75.000 € = 93.000 €

Schuld Jahresende: Schuld Jahresanfang − Tilgung = 300.000 € − 75.000 € = 225.000 €

## Annuitätendarlehen

Ein Darlehen mit <u>jährlich gleichbleibenden Rückzah-lungsbeträgen</u> (Raten, Annuität). Die Annuität setzt sich aus einem Zins- und Tilgungsanteil zusammen. Da mit jeder Rate ein Teil der Restschuld getilgt wird, verringert sich der Zinsanteil und der Tilgungsanteil steigt.

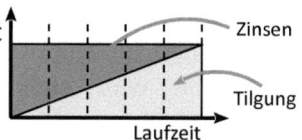

*Abbildung 13: Zins und Tilgungsverlauf*

| | |
|---|---|
| **Annuität [€] =** <br> Barwert · Kapitalwiedergewinnungsfaktor | *jährlich gleichbleibender Rückzahlungsbetrag (Rate), bestehend aus Zinsen und Tilgung* |
| **Kapitalwiedergewinnungsfaktor [Zahl] =** <br> $\dfrac{q^n \cdot (q-1)}{q^n - 1}$ *oder* $\dfrac{i \cdot (1+i)^n}{(1+i)^n - 1}$ <br> *Eingabe in den Taschenrechner (bei i = 0,1 und n = 4):* <br> $0,1 \times ((1+0,1)\,y^x\,4) = \div (((1+0,1)\,y^x\,4)-1) =$ | *gibt an, mit welcher Zahl eine fällige Zahlung zu multiplizieren ist, wenn sie nicht auf einmal, sondern in gleichen Annuitäten (Raten) beglichen wird* |
| **Tilgung [€] =** <br> Annuität − Zinsen | *Anteil, der die Restschuld verringert* <br> → *steigt im Verlauf der Darlehenslaufzeit* |
| **Zinsen [€] =** <br> Restschuld am Jahresanfang · Zinssatz *[Dezimalform = 0,...]* | *Zinsen auf die Restschuld am Jahresanfang* <br> → *sinken im Verlauf der Darlehenslaufzeit* |
| **Restschuld am Jahresende [€] =** <br> Restschuld am Jahresanfang − Tilgung | *restliche Schuld am Ende des Jahres nach Zahlung der Tilgung (entspricht der Restschuld am Jahresanfang des Folgejahres)* |
| **Gesamtsumme zum Zurückzahlen [€] =** <br> Annuität · Laufzeit | *komplette Belastung durch das Darlehen* <br> → *diese Summe muss insgesamt zurückgezahlt werden (Darlehensnennbetrag)* |

*i = Zinssatz [Dezimalform = 0,...]; n = Laufzeit [Jahre, Monate]; q = (1 + i)*

---

**Beispiel 33: Tilgungsplan eines Annuitätendarlehens**

Darlehenssumme: 300.000 €; Zinssatz: 6 % (= 0,06); Laufzeit: 5 Jahre

Kapitalwiedergewinnungsfaktor: $\dfrac{0,06 \cdot (1+0,06)^5}{(1+0,06)^5 - 1} = 0,23739640... \approx 0,23740$

Annuität (gilt für die komplette Laufzeit): 300.000 € · 0,23740 = 71.218,92 €

| Jahr | Schuld Jahresanfang | Zinsen | Tilgung | Kapitaldienst (Rate) | Schuld Jahresende |
|---|---|---|---|---|---|
| 1 | 300.000,00 € | 18.000,00 € | 53.218,92 € | 71.218,92 € | 246.781,08 € |
| 2 | 246.781,08 € | 14.806,86 € | 56.412,06 € | 71.218,92 € | 190.369,02 € |
| 3 | 190.369,02 € | 11.422,14 € | 59.796,78 € | 71.218,92 € | 130.572,25 € |
| 4 | 130.572,25 € | 7.834,33 € | 63.384,59 € | 71.218,92 € | 67.187,66 € |
| 5 | 67.187,66 € | 4.031,26 € | 67.187,66 € | 71.218,92 € | 0,00 € |
| **Gesamtbetrag** | | **56.094,60 €** | **300.000,00 €** | **356.094,60 €** | |

Zinsen: Schuld Jahresanfang · Zinssatz = 300.000 € · 0,06 = 18.000 €

Tilgung: Annuität − Zinsen = 71.218,92 € − 18.000 € = 53.218,92 €

Schuld Jahresende: Schuld Jahresanfang − Tilgung = 300.000 € − 71.218,92 € = 246.781,08 €

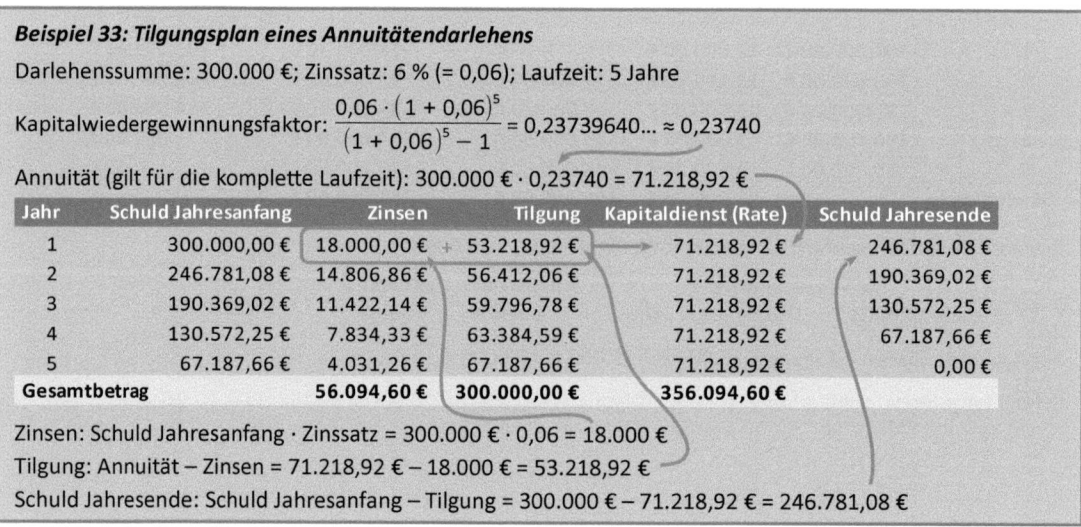

## Festdarlehen (endfälliges Darlehen)

Die Tilgung erfolgt am Ende der Laufzeit und dann wird die komplette Darlehenssumme auf einmal zurückgezahlt (Tilgung während der Laufzeit: 0 €). Während der gesamten Laufzeit werden daher nur die Zinsen auf die Darlehenssumme (Restschuld) gezahlt. Die gesamte finanzielle Belastung ist bei dieser Dar-

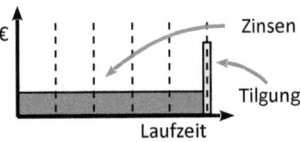

*Abbildung 14: Zins und Tilgungsverlauf*

lehensart am größten. Dies kommt durch die lang anhaltende fehlende Tilgung zustande, da die Zinsen auf die komplette Darlehenssumme gezahlt werden müssen.

| | |
|---|---|
| **Zinsen [€] =** <br> Restschuld am Jahresanfang · Zinssatz [Dezimalform = 0,...] | *Zinsen auf die Restschuld am Jahresanfang* <br> → *bleiben gleich, da nichts getilgt wird* |
| **Kapitaldienst (die zu zahlende Rate) [€] =** <br> Zinsen + Tilgung (im letzten Jahr) | *besteht bis auf das letzte Jahr nur aus Zinszah-lungen, im letzten Jahr zusätzlich aus der Til-gung der kompletten Darlehenssumme* |
| **Gesamtsumme zum Zurückzahlen [€] =** <br> Addition der einzelnen Kapitaldienste (Raten) | *komplette Belastung durch das Darlehen* <br> → *diese Summe muss insgesamt zurückge-zahlt werden (Darlehensnennbetrag)* |

**Beispiel 34: Tilgungsplan eines Festdarlehens** (endfälliges Darlehen)

Darlehenssumme: 300.000 €; Zinssatz: 6 % (= 0,06); Laufzeit: 5 Jahre

| Jahr | Schuld Jahresanfang | Zinsen | Tilgung | Kapitaldienst (Rate) | Schuld Jahresende |
|---|---|---|---|---|---|
| 1 | 300.000,00 € | 18.000,00 € + | 0,00 € | 18.000,00 € | 300.000,00 € |
| 2 | 300.000,00 € | 18.000,00 € | 0,00 € | 18.000,00 € | 300.000,00 € |
| 3 | 300.000,00 € | 18.000,00 € | 0,00 € | 18.000,00 € | 300.000,00 € |
| 4 | 300.000,00 € | 18.000,00 € | 0,00 € | 18.000,00 € | 300.000,00 € |
| 5 | 300.000,00 € | 18.000,00 € | 300.000,00 € | 318.000,00 € | 0,00 € |
| **Gesamtbetrag** | | **90.000,00 €** | **300.000,00 €** | **390.000,00 €** | |

Zinsen: Schuld Jahresanfang · Zinssatz = 300.000 € · 0,06 = 18.000 €

Kapitaldienst im 1. Jahr: Zinsen + Tilgung = 18.000 € + 0 € = 18.000 €

## 2.3.1.3 Mezzanine Kapital

Es zählt zwar zum Eigenkapital, ist jedoch eine Mischform zwischen Eigen- und Fremdkapital. Einem Unternehmen wird Eigenkapital zuge-führt, ohne dem Kapitalgeber dafür Stimm- oder Einflussnahmerechte zu gewähren. Im Insolvenzfall wird ein Mezzanine-Kapitalgeber nach-

rangig behandelt, das bedeutet, zuerst werden die Fremdkapitalgeber entschädigt. Gegen-über den „echten" Eigenkapitalgeber werden sie jedoch vorrangig behandelt und bekom-men zuerst ihren Anteil.

## 2.3.2  Innenfinanzierung

Das Unternehmen stellt Geldmittel bereit z. B. durch Einbehaltung vergangener Gewinne (nicht ausbezahlte Gewinne) oder durch den Verkauf von nicht mehr benötigten Betriebsmitteln. Das Kapital fließt von innen (aus dem Unternehmen) zu.

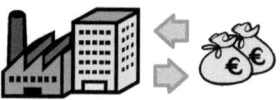

| Arten der Innenfinanzierung | | |
|---|---|---|
| **Finanzierung aus verrechnetem Aufwand** | **Finanzierung aus Gewinnen** *(Gewinnthesaurie)* | **Verkauf von Produktionsfaktoren** |
| ✓ Abschreibungen<br>✓ Rückstellungen | ✓ offene Gewinnthesaurie<br>✓ stille Gewinnthesaurie | ✓ betriebsnotwendig<br>✓ nicht betriebsnotwendig |

*Abbildung 15: Überblick über die Arten der Innenfinanzierung*

### 2.3.2.1  Finanzierung aus verrechnetem Aufwand

• Bei der Finanzierung aus Abschreibungen werden Abschreibungen in den Angebotspreis einkalkuliert. Werden sie über den Verkauf wieder eingenommen, stehen sie für Finanzierungszwecke zur Verfügung.

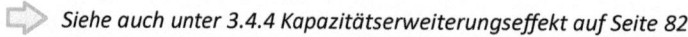

> Siehe auch unter 3.4.4 Kapazitätserweiterungseffekt auf Seite 82.

• Bei der Finanzierung aus Rückstellungen befinden sich Rückstellungen auf der Passivseite der Bilanz. Sie sind spezielle Verbindlichkeiten, die den Gewinn verringern, da es sich um einen Aufwand des Unternehmens handelt. Rückstellungen werden mit großer Wahrscheinlichkeit erwartet, die Fälligkeit und die Höhe sind aber noch ungewiss.

| Rückstellungsart | Merkmale |
|---|---|
| Pensionsrückstellungen | werden zur Absicherung der unternehmerischen Altersvorsorge an die Mitarbeiter gebildet z. B. Betriebsrente |
| Steuerrückstellung | eine Rückstellung für eine zukünftige Steuerzahlung |
| sonstige Rückstellungen | für z. B. Drohverlust-, Prozess- oder Kulanzrückstellungen |

*Tabelle 5: Arten der Rückstellungen*

zeitliche Anlagedauer von Rückstellungen:

• kurzfristige Rückstellungen werden schnell wieder aufgelöst und sind daher nur bedingt geeignet z. B. Steuerrückstellungen oder Rückstellung für unterlassene Instandhaltung

- **mittelfristige Rückstellungen** sind für die Verwendung besser geeignet, z. B. Rückstellungen für Prozessrisiken
- **langfristige Rückstellungen** haben ihre Fälligkeit erst in ferner Zukunft und sind daher am Besten geeignet, z. B. Pensionsrückstellungen

> **Rücklagen** *(nicht verwechseln mit Rückstellungen)*
> *Rücklagen sind Bestandteile des Eigenkapitals, die weder als gezeichnetes Kapital, Gewinnvortrag oder Jahresüberschuss ausgewiesen werden. Sie werden auf Rücklagenkonten bilanziert (offene Rücklagen) oder sind in der Bilanz nicht erkennbar (stille Rücklagen). Durch ihre Zugehörigkeit zum Eigenkapital sind sie zusätzliches Haftungskapital, das im Verlustfall vor dem gezeichneten Kapital zur Abdeckung der Verluste herangezogen wird. Für Kapitalgesellschaften ist die Bildung von Rücklagen vorgeschrieben (gesetzliche Rücklagen). Bei Personengesellschaften ist die Bildung gesetzlich nicht vorgesehen, da sie bereits unbeschränkt persönlich haften.*

## 2.3.2.2  Finanzierung aus Gewinnen

Die Finanzierung aus Gewinnen wird auch Gewinnthesaurierung genannt.

- Die **offene Selbstfinanzierung** erfolgt aus Gewinnen, die nicht ausbezahlt werden. Über die Höhe wird bei der Aufstellung des Jahresabschlusses entschieden. Die einbehaltenen Gewinne werden in der Bilanz unter der Position »andere Gewinnrücklagen« ausgewiesen.
- Die **stille Selbstfinanzierung** erfolgt durch Bildung stiller Reserven (sind nicht aus der Bilanz ersehbar, z. B. durch eine Aufwertung des Grundstückes).

> **stille Reserven**
> *Kapitalreserven, die ihre Entstehung einer positiven Wertdifferenz zwischen dem Tagesbeschaffungswert und dem Buchwert verdanken.*

## 2.3.2.3  Verkauf von Produktionsfaktoren

Eine einfache und unkomplizierte Art an liquide Mittel zu gelangen, ist der Verkauf von vorhandenen Produktionsfaktoren. Vorrangig werden nicht mehr betriebsnotwendige Produktionsfaktoren (z. B. leerstehende Lagerhallen oder nicht mehr zur Produktion benötige Maschinen) verkauft. Problematisch ist die Lage des Unternehmens, wenn betriebsnotwendige Produktionsfaktoren verkauft werden müssen.

## 2.3.3 Sonderformen

Die Sonderformen der Finanzierung sind eine immer häufiger genutzte Form der Finanzierung, da sie individuell genutzt werden können und sich nicht auf das Mitspracherecht im Unternehmen auswirken.

| Sonderformen der Finanzierung | | |
|---|---|---|
| Factoring | Franchise | Leasing |

*Abbildung 16: Sonderform der Finanzierung*

### Factoring

Beim Factoring (lateinisch *factura* = „Rechnung") verkauft das Unternehmen (Klient) einem Finanzierungsinstitut (Factor) seine noch ausstehenden Forderungen gegenüber Kunden.

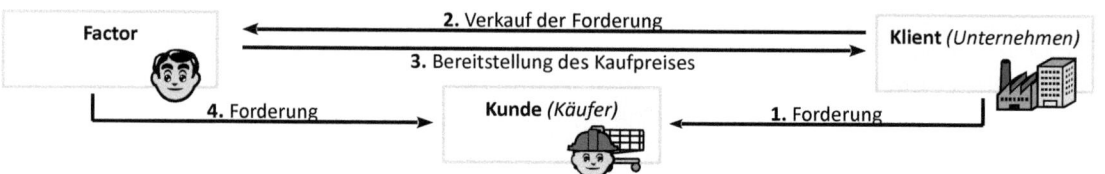

*Abbildung 17: Ablauf des Factorings*

| Formen des Factorings | Merkmale |
|---|---|
| offenes Factoring | Kunde wird über den Verkauf der Forderung informiert und muss die Zahlung an den Factor entrichten |
| halboffenes Factoring | Kunde wird über die Zusammenarbeit mit dem Factor informiert und kann wahlweise an den Factor oder den Klient bezahlen |
| stilles Factoring | Forderungsabtretung wird nicht offen gelegt |

*Tabelle 6: Formen des Factorings*

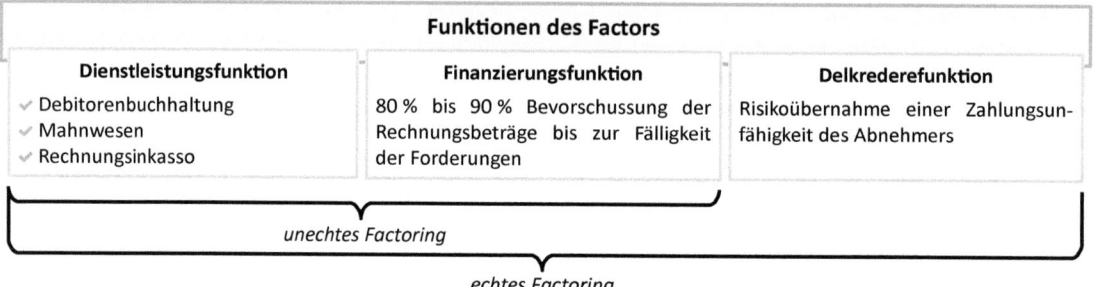

*Abbildung 18: Funktionen des Factors*

## *Franchising*

Ein Franchise-Geber überlässt einem Franchise-Nehmer gegen Geld die Rechte über ein Geschäftskonzept, eigene Waren oder Dienstleistungen unter Verwendung von Namen, Warenzeichen und Ausstattung des Franchise-Gebers anzubieten z. B. Fast-Food-Ketten. Der Franchise-Nehmer bleibt rechtlich selbstständig, bekommt durch den Franchise-Geber Unterstützung beim Aufbau und Führung der Betriebe.

## *Leasing*

Der Leasingnehmer (englisch *leasing* = „mieten") bezahlt regelmäßige Leasingraten über eine vereinbarte Laufzeit und bekommt dafür ein Wirtschaftsgut zur Nutzung überlassen.

| Vorteile des Leasings | Nachteile des Leasings |
|---|---|
| ✔ Finanzmittel können für andere Investitionen verwendet werden<br>✔ Kreditlinie wird nicht beansprucht<br>✔ Verbesserung des Bilanzbildes | ✖ geringerer Cashflow wegen fehlender Abschreibung<br>✖ Leasingkosten sind höher als die Finanzierungskosten bei eigener Anschaffung<br>✖ starre Bindung bei langfristigen Verträgen |

*Tabelle 7: Vor- und Nachteile des Leasings*

# *2.4 Rating*

Im Rating (englisch *rating* = „bewerten") wird die Bonität (Kreditwürdigkeit) eines Schuldners bewertet und eingeschätzt. Hat ein Unternehmen ein schlechtes Rating, erhält es von der Bank nur einen Kredit mit einem hohen Zinssatz oder es wird gar kein Kredit eingeräumt. Das eigene Rating sollte deshalb mit geeigneten Maßnahmen verbessert werden, um die eigene Bonität zu steigern. Die Hard- und Soft-Facts (Ratingfaktoren) werden sorgfältig überprüft und gewichtet, bevor ein Kredit von einem Kreditinstitut gewährt wird.

| Hard-Facts | Soft-Facts |
|---|---|
| *lassen sich eindeutig in Zahlen ausdrücken* | *lassen sich nicht eindeutig in Zahlen ausdrücken* |
| • Analyse des Kontokorrents<br>• Angebot an Sicherheiten<br>• Ertrags-/Finanzlage des Unternehmens<br>• Kennzahlen aus der Bilanz<br>• Kennzahlen aus der GuV<br>• Vergleich in der Branche<br>• Vermögenslage des Unternehmens | • Abhängigkeit von Lieferanten/Banken<br>• Anzahl und Art der Produkte<br>• Aufbau des Managements<br>• Beziehung zu Kreditinstituten<br>• Potenzial der eigenen Mitarbeiter<br>• Regelung der Managementnachfolge<br>• Stellung und Aktivitäten im Marketing |

*Tabelle 8: Hard- und Soft-Facts (Ratingfaktoren)*

## Bonität

Die Bonität (lateinisch *bona* = „Vermögen") beschreibt, ob ein Kreditnehmer (natürliche Person oder Unternehmen) kreditwürdig ist und ob der Kreditnehmer in der Lage ist, die aufgenommenen Schulden zurückzahlen zu können (wirtschaftliche Rückzahlungsfähigkeit) und zurückzahlen zu wollen (Zahlungswilligkeit). Durch geeignete Maßnahmen bzw. spezielles Verhalten kann die eigene Bonität gesteigert und verbessert werden.

Die einzelnen Einstufungen reichen von AAA bis D, dazwischen gibt es weitere Unterteilungen wie AA+, AA und AA– bzw. A+, A und A–. Mit zunehmender Verschlechterung der Bonität wird weniger stark unterteilt.

| Bonitäteinstufung | Merkmale |
|---|---|
| AAA | Schuldner höchster Bonität, sehr geringes Ausfallrisiko (beste Bonität) |
| BBB | durchschnittliche Investitionsanlage, bei Verschlechterung ist mit Ausfällen zu rechnen |
| CCC | hohe Wahrscheinlichkeit eines Zahlungsverzug oder Insolvenzverfahren |
| D | Zahlungsausfall (schlechteste Bonität) |

*Tabelle 9: verschiedene Einstufungen der Bonität (Ratingcodes)*

## BASEL II

BASEL II (Eigenkapitalvorschriften des Basler Ausschuss für Bankenaufsicht) ist ein Risikomanagement bei der Vergabe von Krediten, bei der Eigenkapitalregeln festgelegt wurden. Diese Regeln müssen bei der Kreditvergabe von den Kreditinstituten und den Finanzdienstleistungsinstituten angewendet und eingehalten werden. Ziel dieser Regeln ist die Gestaltung einheitlicher Wettbewerbsbedingungen, so wie die Sicherung einer angemessenen Eigenkapitalausstattung von Kreditinstituten.

BASEL II besteht aus drei sich gegenseitig ergänzenden Säulen:

| BASEL II | | |
|---|---|---|
| **Mindesteigenkapitalforderung** | **Bankaufsicht der Überprüfungsprozesse** | **erweiterte Offenlegung** |
| Ziel ist eine Berücksichtigung der Risiken, z. B. Kreditausfallrisiken, Marktpreisrisiken und sonstige Risiken, die dem Unternehmen schaden | Beurteilung, ob die Kapitalausstattung im Verhältnis zum Risikoprofil sinnvoll ist (es sind gegebenenfalls Aufsichtsmaßnahmen erforderlich) | Offenlegung von Informationen z. B. im Jahresabschluss, Quartalsberichten oder Lageberichten; es wird auf eine vernünftige Eigen- und Risikokapitalstruktur geachtet |

*Abbildung 19: Säulen des BASEL II*

# 2.5 Grundpfandrecht

Die Grundpfandrechte sind ein Pfandrecht an Grundstücken oder grundstücksgleichen Rechten (z. B. Immobilien) zur Sicherung von Darlehensforderungen. Erfüllt der Schuldner die gesicherte Forderung nicht, so ist der Gläubiger berechtigt, durch eine Zwangsvollstreckung den Versteigerungserlös zur Tilgung heranzuziehen. Die Grundpfandrechte werden über einen Notar ins Grundbuch eingetragen.

| Grundpfandrechte | | |
|---|---|---|
| Grundschuld | Hypothek | Rentenschuld |
| (§ 1191 BGB) | (§ 1113 BGB) | (§ 1199 BGB) |

*Abbildung 20: Unterteilung der Grundpfandrechte*

## Grundschuld

Sie ist in ihrer Höhe nicht an die abgesicherte Forderung gebunden (nicht-akzessorisch = fiduziarisch). Das bedeutet, die im Grundbuch eingetragene Grundschuldsumme ist unabhängig von der abgesicherten Darlehenssumme (Geldschuld). Der Kreditgeber hat hierbei dennoch das Recht, die volle eingetragene Grundschuld als Versteigerungserlös zu verlangen, auch wenn der Kreditnehmer nicht die volle Darlehenssumme benötigt oder bereits Teile

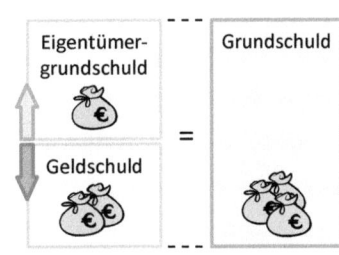

*Abbildung 21: Grundschuld*

davon getilgt hat. Daher wird dem Kreditnehmer die Höhe des nicht genutzten Grundschuldbetrages als Eigentümergrundschuld anerkannt. Ist das Darlehen komplett zurückgezahlt, so ist die Grundschuld zur kompletten Eigentümergrundschuld geworden und kann als Sicherheit für neue Kredite verwenden werden.

## Hypothek

Sie ist in ihrer Höhe an die abgesicherte Forderung gebunden (akzessorisch). Das bedeutet, dass die Höhe der Hypothek immer der Höhe der Forderung entspricht. Wird durch Tilgung die Restschuld verringert, sinkt auch der Wert der eingetragenen Hypothek, bis sie erlischt.

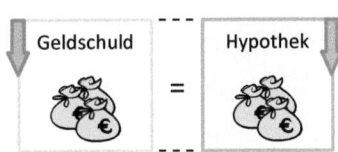

*Abbildung 22: Hypothek*

## Rentenschuld

Bei ihr werden in regelmäßigen Zeitintervallen bestimmte Geldsummen (Rente) aus dem Grundstück gezahlt.

# 3 INVESTITION

Die Investition ist ein Bereich der Finanzwirtschaft und beschäftigt sich mit der Frage der optimalen Finanzmittelverwendung.

| Jahr | Rückfluss | Barwertfaktor | Ba |
|------|-----------|---------------|-----|
| 0 | 0 € | 1,00000 | |
| 1 | 15.000 € | 0,90909 | 13 |
| 2 | 25.000 € | 0,82645 | 20 |
| 3 | 35.000 € | 0,75131 | 26 |
| 4 | 50.000 € | 0,68301 | 34 |
| 5 | 60.000 € | 0,62092 | 37 |
| ... | ... | ... | ... |

Die Investition ist ein Bereich der Finanzwirtschaft und beschäftigt sich mit der Frage der optimalen Finanzmittelverwendung. Es wird dabei nach Möglichkeiten gesucht, das beschaffte Kapital (Eigen- wie auch Fremdkapital) so zu inves-

tieren, dass dabei die größtmögliche Rendite erwirtschaftet wird. Investitionen sind finanzielle Aufwendungen für den Kauf, Erneuerung oder Ersetzung von benötigter Betriebs- und Geschäftsausstattung mit dem Ziel, Gewinn bzw. Einnahmen zu erwirtschaften. Die zentrale Frage lautet »Was mache ich am Besten mit dem Geld?«.

| Investitionen | | | |
|---|---|---|---|
| **nach Zweck** | **nach Funktion** | **nach Interdependenz** *(wechselseitige Abhängigkeit)* | **nach Gegenstand** |
| ✓ Brutto-/Nettoinvestition<br>✓ Ersatzinvestition<br>✓ Gründungsinvestition<br>✓ Reinvestition<br>✓ Erweiterungsinvestition<br>✓ Rationalisierungs-<br>   investition<br>✓ Desinvestition | ✓ Forschungsinvestition<br>✓ Fertigungsinvestition<br>✓ Absatzinvestition | ✓ Substitutivinvestition<br>✓ Komplementär-<br>   investition<br>✓ Direktinvestition | ✓ Sachinvestition<br>✓ immaterielle Investition<br>✓ Finanzinvestition |

*Abbildung 23: Unterscheidung der Investitionen*

# 3.1  Finanzmathematische Grundlagen

## Barwert (Gegenwartswert)

Eine in der Zukunft liegende Zahlung ($t_n$) wird auf den Betrachtungszeitpunkt ($t_0$) abgezinst. Der Barwert gibt den Wert einer zukünftigen Zahlung im Betrachtungszeitpunkt $t_0$ an. Frage: »Welchen Wert hat eine zukünftige Zahlung, wenn ich sie heute in bar (ohne Zinsen) bezahlen würde?«.

| | |
|---|---|
| **Abzinsungsfaktor; Barwertfaktor; Gegenwartswert *[Zahl]* =**<br><br>$\dfrac{1}{(1+i)^n}$ *oder* $\dfrac{1}{q^n}$ | *Abzinsungsfaktor bei einmaliger Ein- bzw. Auszahlung*<br><br>→ *muss kleiner (<) 1 sein; je kleiner, desto längere Laufzeit (n)* |
| **kumulativer Barwertfaktor; kumulativer Abzinsungsfaktor; Kapitalisierungsfaktor *[Zahl]* =**<br><br>$\dfrac{(1+i)^n - 1}{i \cdot (1+i)^n}$ *oder* $\dfrac{q^n - 1}{q^n \cdot (q-1)}$ | *Abzinsungsfaktor bei mehrmaliger Ein- bzw. Auszahlung in gleicher Höhe*<br><br>→ *oder aufaddieren (kumulieren) der einzelnen Barwertfaktoren* |

*i = Kalkulationszinssatz [Dezimalform = 0,...];   n = Laufzeit [Jahre, Monate];   q = (1 + i);*

| **Barwert $C_0$ im Zeitpunkt $t_0$ bei einmaliger Zahlung [€] =** $$C_n \cdot \frac{1}{\left(1+i\right)^n} \quad oder \quad C_n \cdot \frac{1}{q^n}$$ | Wert einer einmaligen in der Zukunft liegenden Ein- bzw. Auszahlung im Betrachtungszeitpunkt $t_0$ → *Kapital wird kleiner* |
|---|---|
| **Barwert $C_0$ im Zeitpunkt $t_0$ bei mehrmaliger Zahlung mit gleich hohen Beträgen [€] =** $$e \cdot \frac{\left(1+i\right)^n - 1}{i \cdot \left(1+i\right)^n} \quad oder \quad e \cdot \frac{q^n - 1}{q^n \cdot \left(q-1\right)}$$ | Wert einer mehrmaligen in der Zukunft liegenden Ein- bzw. Auszahlung im Betrachtungszeitpunkt $t_0$ → *oder aufaddieren (kumulieren) der einzelnen Barwerte* |

*$i$ = Kalkulationszinssatz [Dezimalform = 0,...];   $n$ = Laufzeit [Jahre, Monate];   $q = (1 + i)$;*
*$C_n$ = Kapital am Jahresende des n. Jahres [€];   $e$ = Einzahlungen pro Jahr [€]*

### *kumulativer Wert*
*Kumulieren ist das Aufaddieren (Aufsummieren) aller Werte. Sind die Werte z. B. 2, 3 und 7, so beträgt der kumulative Wert 12 (2 + 3 + 7 = 12).*

---

**Beispiel 35: Barwertfaktor** *(Abzinsungsfaktor)*

Zinssatz ($i$): 8 % (= 0,08); Laufzeit ($n$): 20 Jahre

Barwertfaktor: $\dfrac{1}{\left(1+i\right)^n} = \dfrac{1}{\left(1 + 0,08\right)^{20}} = 0,2145482074... \approx 0,21455$

→ *Der Barwertfaktor (Abzinsungsfaktor) beträgt* **0,21455**.

---

**ALLGEMEINER HINWEIS ZUR RUNDUNG**
*4 bis 5 Dezimalstellen reichen oftmals aus. Wenn es möglich ist, sollte das Ergebnis im Taschenrechner gespeichert und mit dem ungerundeten Wert weiter gerechnet werden.*

## *Endwert (Zukunftswert)*

Eine heutige Zahlung ($t_0$) wird auf einen in der Zukunft liegenden Betrachtungszeitpunkt ($t_n$) aufgezinst. Der Endwert gibt den Wert einer heutigen Zahlung im zukünftigen Betrachtungszeitpunkt $t_n$ an. Frage: »Welchen Wert hat eine heutige Zahlung in der Zukunft mit den Zinsen am Ende?«.

| | |
|---|---|
| **Aufzinsungsfaktor; Endwertfaktor [Zahl] =** $(1 + i)^n$ oder $q^n$ | *Aufzinsungsfaktor bei einmaliger Ein- bzw. Auszahlung* <br> *→ muss größer (>) 1 sein; je größer, desto längere Laufzeit (n)* |
| **kumulativer Endwertfaktor; kumulativer Aufzinsungsfaktor [Zahl] =** $\dfrac{(1 + i)^n - 1}{i}$ oder $\dfrac{q^n - 1}{q - 1}$ | *Aufzinsungsfaktor bei mehrmaliger Ein- bzw. Auszahlung in gleicher Höhe* <br> *→ oder aufaddieren (kumulieren) der einzelnen Endwertfaktoren* |
| **Endwert $C_n$ bei einmaliger Zahlung [€] =** $C_0 \cdot (1 + i)^n$ oder $C_0 \cdot q^n$ | *Endwert einer einmaligen jetzigen Ein- bzw. Auszahlung im in der Zukunft liegenden Betrachtungszeitpunkt $t_n$* <br> *→ Kapital wird größer* |
| **Endwert $C_n$ bei mehrmaliger Zahlung mit gleich hohen Beträgen am Ende einer Zinsperiode [€] =** $e \cdot \dfrac{(1 + i)^n - 1}{i}$ oder $e \cdot \dfrac{q^n - 1}{q - 1}$ | *Endwert einer mehrmaligen jetzigen Ein- bzw. Auszahlung im in der Zukunft liegenden Betrachtungszeitpunkt $t_n$* <br> *→ oder aufaddieren (kumulieren) der einzelnen Endwerte* |

*i = Kalkulationszinssatz [Dezimalform = 0,…];   n = Laufzeit [Jahre, Monate];   q = (1 + i);*
*$C_0$ = Barwert in $t_0$ [€];   e = Einzahlungen pro Jahr [€]*

---

**Beispiel 36: Endwertfaktor** *(Aufzinsungsfaktor)*

Zinssatz (i): 8 % (= 0,08); Laufzeit (n): 20 Jahre

Endwertfaktor: $(1 + i)^n = (1 + 0,08)^{20} = 4,6609571438… ≈ 4,66096$

*→ Der Endwertfaktor (Aufzinsungsfaktor) beträgt **4,66096**.*

---

## Zinseszinsrechnung

Die Zinsen einer Kapitalanlage werden über die gesamte Laufzeit in festgelegten Abschnitten dem Kapital zugeführt und im weiteren Verlauf mit verzinst.

| | |
|---|---|
| **Endkapital $C_n$ im Zeitpunkt $t_n$ [€] =** $C_0 \cdot (1 + i)^n$ oder $C_0 \cdot q^n$ | *Endkapital nach n Jahren* <br> *→ Zinsen werden mit verzinst und erhöhen dadurch das zu verzinsende Kapital* |

*$C_0$ = Ausgangskapital im Zeitpunkt $t_0$ [€];   i = Zinssatz [Dezimalform = 0,…];   n = Laufzeit [Jahre, Monate]*

---

**Beispiel 37: Zinseszinsrechnung**

Ausgangskapital ($C_0$): 48.000 €; Laufzeit (n): 20 Jahre; Zinssatz (i): 8 % (= 0,08)

Endkapital: $C_0 \cdot (1 + i)^n = 48.000\ € \cdot (1 + 0,08)^{20} = 48.000\ € \cdot 1,08^{20} = 48.000\ € \cdot 4,66096 = 223.725,94\ €$

*→ Das Endkapital beträgt am Ende der Laufzeit von 20 Jahren **223.725,94 €**.*

## Rentenrechnung

Renten sind regelmäßige Zahlungen, die immer in der gleichen Höhe gezahlt werden.

- **Zeitrenten** sind regelmäßige, zeitlich begrenzte Rentenzahlungen, die im Verlauf ihr Kapital aufbrauchen.
- Bei einer **nachschüssigen Zeitrente** erfolgen die einzelnen Rentenzahlungen immer <u>am Ende</u> der Vertragsjahre.

| | |
|---|---|
| **Barwert $C_n$ am Ende der Laufzeit [€] =** | *Barwert der Rente nach n Jahren* |
| $e \cdot \dfrac{(1+i)^n - 1}{i \cdot (1+i)^n}$  *oder*  $e \cdot \dfrac{q^n - 1}{q^n \cdot (q-1)}$ | *→ von diesem Kapital werden die Rentenzahlungen gezahlt* |

*e = jährliche Rentenzahlung [€];   i = Zinssatz [Dezimalform = 0,...];   n = Laufzeit [Jahre]*

---

**Beispiel 38: Rentenrechnung einer zeitlich befristeten nachschüssigen Rente** *(Zahlung am Jahresende)*

jährliche Rentenzahlung (e): 48.000 €; Zinssatz (i): 8 % (= 0,08); Laufzeit (n): 20 Jahre

Barwert: $e \cdot \dfrac{(1+i)^n - 1}{i \cdot (1+i)^n} = 48.000\ € \cdot \dfrac{(1 + 0,08)^{20} - 1}{0,08 \cdot (1 + 0,08)^{20}} = 48.000\ € \cdot 9,81815 = 471.271,08\ €$

→ *Der Barwert der gesamten Rente beträgt **471.271,08 €**.*

---

- Bei einer **vorschüssigen Zeitrente** erfolgen die einzelnen Rentenzahlungen immer <u>am Anfang</u> der Vertragsjahre.

| | |
|---|---|
| **Barwert $C_n$ am Ende der Laufzeit [€] =** | *Barwert der Rente nach n Jahren* |
| $e \cdot (1+i) \cdot \dfrac{(1+i)^n - 1}{i \cdot (1+i)^n}$  *oder*  $e \cdot q \cdot \dfrac{q^n - 1}{q^n \cdot (q-1)}$ | *→ von diesem Kapital werden die Rentenzahlungen gezahlt* |

*e = jährliche Rentenzahlung [€];   i = Zinssatz [Dezimalform = 0,...];   n = Laufzeit [Jahre]*

---

**Beispiel 39: Rentenrechnung einer zeitlich befristeten vorschüssigen Rente** *(Zahlung am Jahresbeginn)*

jährliche Rentenzahlung (e): 48.000 €; Zinssatz (i): 8 % (= 0,08); Laufzeit (n): 20 Jahre

Barwert:

$e \cdot (1+i) \cdot \dfrac{(1+i)^n - 1}{i \cdot (1+i)^n} = 48.000\ € \cdot \mathbf{1,08} \cdot \dfrac{(1 + 0,08)^{20} - 1}{0,08 \cdot (1 + 0,08)^{20}} = 48.000\ € \cdot \mathbf{1,08} \cdot 9,81815 = 508.972,76\ €$

→ *Der Barwert der gesamten Rente beträgt **508.972,76 €**.*

---

- Bei der **ewigen Rente** sind die Rentenzahlungen reine Zinszahlungen, die das Kapital nicht verbrauchen.

| | |
|---|---|
| **Barwert $C_0$ der ewigen Rente im Zeitpunkt $t_0$ [€] =** | *Barwert der Rente* |
| $e \cdot \dfrac{1}{(q-1)^n}$  *oder*  $\dfrac{e}{i}$ | *→ von diesem Kapital werden die Rentenzahlungen gezahlt* |

*e = Zinszahlung bzw. Rentenbetrag pro Jahr [€];   i = Zinssatz [Dezimalform = 0,...];   n = Laufzeit [Jahre]*

## Effektivverzinsung

Die Zinszahlungen erfolgen gewöhnlich am Ende einer Zinsperiode (Dauer: 1 Jahr).

- Bei nachschüssigen Zinszahlungen erfolgt die Zinszahlung am Ende der Zinsperiode z. B. im Dezember.

- Bei vorschüssigen Zinszahlungen erfolgt die Zinszahlung am Beginn der Zinsperiode z. B. im Januar

- Bei einer unterjährigen Verzinsung erfolgt die Zinszahlung in festgelegten Teilabschnitten innerhalb eines Jahres, z. B. pro Monat oder pro Quartal. Die Verzinsung ist dabei höher (siehe Beispiel 40).

| | |
|---|---|
| **Effektivverzinsung bei unterjähriger Verzinsung [%] =** $$((\frac{1+i}{m})^m - 1) \cdot 100\ \%$$ | *Effektivverzinsung bei unterjähriger Verzinsung ist wegen dem Zinseszinseffekt höher* |

*i = Nominalzinssatz [Dezimalform = 0,...];   m = Anzahl der unterjährigen Zahlungen*

---

**Beispiel 40: Effektivverzinsung bei vierteljähriger Auszahlung**

Nominalzinssatz (i): 8 % (= 0,08); Auszahlung (m): vierteljährig (= 4 mal im Jahr)

Effektivzinssatz:

$$((\frac{1+i}{m})^m - 1) \cdot 100\ \% = ((\frac{1+0,08}{4})^4 - 1) \cdot 100\ \% = (1,08243 - 1) \cdot 100\ \% = 8,243216 \approx 8,24\ \%$$

→ *Der Effektivzinssatz beträgt **8,24 %**.*

---

# 3.2 Investitionsrechnung

Sie bietet verschiedene Verfahren zur Prüfung, Bewertung und Ermittlung der Vorteilhaftigkeit einer Investition. Die ermittelten Ergebnisse werden dann letztendlich zur Investitionsentscheidung herangezogen.

| Verfahren der Investitionsrechnung | |
|---|---|
| **statische Verfahren** | **dynamische Verfahren** |
| ✓ einfache Vergleichsverfahren<br>✓ betrachten nur eine Nutzungsperiode<br>✓ keine Berücksichtigung zeitlicher Unterschiede von Einnahmen und Ausgaben<br>✓ überwiegende Anwendung | ✓ berücksichtigen alle Ein- und Auszahlungen<br>✓ betrachten alle Nutzungsperioden<br>✓ besser geeignet als statische Verfahren (genauer)<br>✓ wegen aufwändiger Handhabung seltene Anwendung |
| → **Kostenvergleichsrechnung**<br>→ **Gewinnvergleichsrechnung**<br>→ **Rentabilitätsvergleichsrechnung**<br>→ **statische Amortisationsrechnung** | → **Kapitalwertmethode**<br>→ **interne Zinsfußmethode**<br>→ **Annuitätenrechnung**<br>→ **dynamische Amortisationsrechnung** |

*Abbildung 24: Überblick über die Verfahren der Investitionsrechnung*

## 3.2.1  statische Verfahren

Sie beurteilen den Vorteil von Investitionen, berücksichtigen dabei nur <u>eine Nutzungsperiode</u> und <u>nur die Kosten</u>. Erlöse und Gewinne werden nicht berücksichtigt.

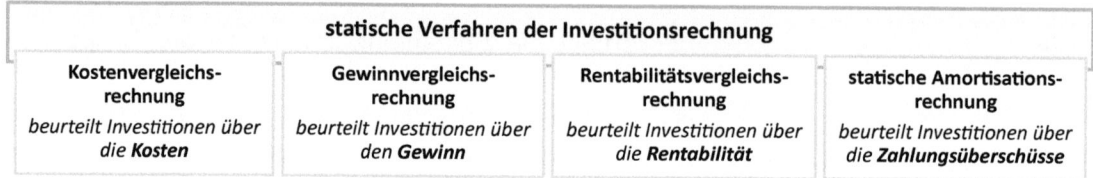

| statische Verfahren der Investitionsrechnung | | | |
|---|---|---|---|
| **Kostenvergleichs-rechnung** | **Gewinnvergleichs-rechnung** | **Rentabilitätsvergleichs-rechnung** | **statische Amortisations-rechnung** |
| *beurteilt Investitionen über die* **Kosten** | *beurteilt Investitionen über den* **Gewinn** | *beurteilt Investitionen über die* **Rentabilität** | *beurteilt Investitionen über die* **Zahlungsüberschüsse** |

*Abbildung 25: Überblick über die statischen Verfahren der Investitionsrechnung*

### 3.2.1.1  Kostenvergleichsrechnung

Es werden die durchschnittlichen Kosten pro Nutzungsperiode (z. B. 1 Jahr) für mehrere Investitionsalternativen berechnet. Die Alternative mit den geringsten Kosten wird ausgewählt.

| Verfahren der Kostenvergleichsrechnung | | | |
|---|---|---|---|
| Kostenvergleich für Alternativen mit <u>identischer</u> Kapazität | Kostenvergleich für Alternativen mit <u>unterschiedlicher</u> Kapazität | kritische Menge *(kritische Auslastung)* | Kostenvergleich bei einer Ersatzinvestition |

*Abbildung 26: Überblick über die Verfahren der Kostenvergleichsrechnung*

### Kostenvergleich für Alternativen mit identischer Kapazität

Es werden zwei Investitionsalternativen (z. B. neu zu kaufende Maschinen, Lieferwagen) verglichen, die jeweils die <u>identische</u> Kapazität (z. B. Produktionsmenge, Laufzeit) besitzen.

| | |
|---|---|
| **kalkulatorische Zinsen ohne Restwert [€] =** $\dfrac{\text{Anschaffungswert}}{2} \cdot$ Zinssatz *[Dezimalform = 0,...]* | *Zinsen auf das durchschnittlich gebundene Kapital ohne einen Restwert während der Nutzungsdauer* |
| **kalkulatorische Zinsen mit Restwert [€] =** $\dfrac{\text{Anschaffungswert + Restwert}}{2} \cdot$ Zinssatz *[Dezimalform = 0,...]* | *Zinsen auf das durchschnittlich gebundene Kapital mit einem Restwert während der Nutzungsdauer* |
| **kalkulatorische Abschreibung ohne Restwert [€] =** $\dfrac{\text{Anschaffungswert}}{\text{Nutzungsdauer}}$ | *Abschreibung auf das durchschnittlich gebundene Kapital ohne einen Restwert während der Nutzungsdauer* |
| **kalkulatorische Abschreibung mit Restwert [€] =** $\dfrac{\text{Anschaffungswert − Restwert}}{\text{Nutzungsdauer}}$ | *Abschreibung auf das durchschnittlich gebundene Kapital mit einem Restwert während der Nutzungsdauer* |

**Restwert** *(Liquidationserlös)*
*Der Wert, den ein Investitionsobjekt am Ende der Nutzungsdauer noch aufweist, wenn es verkauft wird. Er ist die Summe, die man bei einem Verkauf des Investitionsobjekts dafür bekommt.*

---

**Beispiel 41: Kostenvergleich für Alternativen mit identischer Kapazität**

*(es stehen zwei Maschinen mit der gleichen Produktionsmenge zur Auswahl)*

Nähmaschine „Fixi":    Anschaffungswert: 90.000 €; Nutzungsdauer: 10 Jahre; Restwert: 18.000 €; kalkulatorischer Zinssatz: 8 % (= 0,08); sonstige Fixkosten: 14.952 €; variable Kosten: 65.079 €

Nähmaschine „Rapido":   Anschaffungswert: 110.000 €; Nutzungsdauer: 10 Jahre; Restwert: 22.000 €; kalkulatorischer Zinssatz: 8 % (= 0,08); sonstige Fixkosten: 27.312 €; variable Kosten: 79.340 €

| Kostenvergleichsrechnung | Fixi | Rapido |
|---|---|---|
| kalkulatorische Abschreibung | 7.200 € | 8.800 € |
| + kalkulatorische Zinsen | 4.320 € | 5.280 € |
| + sonstige Fixkosten (z. B. Instandhaltung) | 14.952 € | 27.312 € |
| = **Fixkosten** | **26.472 €** | **41.392 €** |
| + variable Kosten (z. B. Material, Löhne, Energiekosten) | 65.079 € | 79.340 € |
| = **Gesamtkosten** | **91.551 €** | **120.732 €** |

kalkulatorische Abschreibung: $\dfrac{\text{Anschaffungswert} - \text{Restwert}}{\text{Nutzungsdauer}} = \dfrac{110.000\ € - 22.000\ €}{10\ \text{Jahre}} = 8.800\ €$

kalkulatorische Zinsen: $\dfrac{\text{Anschaffungswert} + \text{Restwert}}{2} \cdot \text{Zinssatz} = \dfrac{110.000\ € + 22.000\ €}{2} \cdot 0,08 = 5.280\ €$

→ Die Nähmaschine „Fixi" hat einen Kostenvorteil von **29.181 €** *(120.732 € – 91.551 €) gegenüber der Alternative „Rapido".*

---

**HINWEIS**
*Alle nachfolgenden Berechnungen bauen aufeinander auf bzw. haben die gleiche Ausgangsbasis. Sind Werte ohne Berechnung, wurden sie schon in vorhergehenden Beispielen berechnet.*

## Kostenvergleich für Alternativen mit unterschiedlichen Kapazitäten

Es werden zwei Investitionsalternativen (z. B. neu zu kaufende Maschinen, Lieferwagen) verglichen, die jeweils eine <u>unterschiedliche maximale</u> Kapazität (z. B. Produktionsmenge, Laufzeit) besitzen. Um sie dennoch zu vergleichen, müssen die variablen Kosten zuerst auf die geplante Kapazität umgerechnet werden.

---

**Beispiel 42: Kostenvergleichsrechnung für zwei Maschinen mit unterschiedlichen Kapazitäten**

*(es stehen zwei Maschinen mit einer unterschiedlichen Produktionsmenge zur Auswahl)*

Nähmaschine „Fixi":       max. Menge: 45.000 St.; variable Kosten$_{max. Menge}$: 65.079 €

Nähmaschine „Rapido":  max. Menge: 50.000 St.; variable Kosten$_{max. Menge}$: 79.340 €

geplante Kapazität (Menge) für beide Maschinen: 40.000 St.

| Kostenvergleichsrechnung | Fixi | Rapido |
|---|---|---|
| kalkulatorische Abschreibung | 7.200 € | 8.800 € |
| + kalkulatorische Zinsen | 4.320 € | 5.280 € |
| + sonstige Fixkosten | 14.952 € | 27.312 € |
| = fixe Gesamtkosten | 26.472 € | 41.392 € |
| + variable Kosten bei geplanter Kapazität (Menge: 40.000 St.) | 57.848 € | 63.472 € |
| = Gesamtkosten | 84.320 € | 104.864 € |

$$\text{variable Kosten}_{\text{geplante Menge}}: \frac{\text{variable Kosten}_{max. Menge}}{\text{max. Menge}} \cdot \text{geplante Menge} = \frac{79.340 \text{ €}}{50.000 \text{ St.}} \cdot 40.000 \text{ St.} = 63.472 \text{ €}$$

| Stückkostenvergleichsrechnung für 40.000 St. | Fixi | Rapido |
|---|---|---|
| fixe Kosten pro Stück | 0,66 €/St. | 1,03 €/St. |
| + variable Kosten pro Stück | 1,45 €/St. | 1,59 €/St. |
| = Gesamtkosten pro Stück (Stückkosten) | 2,11 €/St. | 2,62 €/St. |

$$\text{fixe Kosten pro Stück:} \frac{\text{fixe Gesamtkosten}}{\text{geplante Menge}} = \frac{26.472 \text{ €}}{40.000 \text{ St.}} = 0,66 \text{ €/St.}$$

$$\text{variable Kosten pro Stück:} \frac{\text{variable Kosten}_{max. Menge}}{\text{max. Menge}} = \frac{79.340 \text{ €}}{50.000 \text{ St.}} = 1,59 \text{ €/St.}$$

→ Die Nähmaschine „Fixi" hat einen Kostenvorteil von **0,51 €** *(2,62 € − 2,11 €) pro Stück gegenüber der Alternative „Rapido".*

---

## kritische Menge (kritische Auslastung)

Die Produktionsmenge, ab der die Alternative 2 kostengünstiger als die Alternative 1 ist.

**kritische Menge; kritische Auslastung; Break-Even-Point [Stück] =**

Fixkosten$_1$ + (variable Stückkosten$_1$ · Menge) = Fixkosten$_2$ + (variable Stückkosten$_2$ · Menge)

→ *kritische Menge* $x = \dfrac{\text{Fixkosten}_2 - \text{Fixkosten}_1}{\text{variable Stückkosten}_1 - \text{variable Stückkosten}_2}$

*die Produktionsmenge, ab der die Alternative 2 kostengünstiger als die Alternative 1 ist*

---

**Beispiel 43: kritische Menge** *(siehe auch Beispiel 7: Gleichung umstellen auf Seite 14)*

<u>Nähmaschine „Fixi":</u>    Fixkosten$_{\text{Anlage 1}}$: 26.472 €; variable Stückkosten$_{\text{Anlage 1}}$: 1,45 €/St.

<u>Nähmaschine „Rapido":</u> Fixkosten$_{\text{Anlage 2}}$: 41.392 €; variable Stückkosten$_{\text{Anlage 2}}$: 1,59 €/St.

kritische Menge x:

$$\frac{\text{Fixkosten}_{\text{Anlage 2}} - \text{Fixkosten}_{\text{Anlage 1}}}{\text{variable Stückkosten}_{\text{Anlage 1}} - \text{variable Stückkosten}_{\text{Anlage 2}}} = \frac{41.392\ € - 26.472\ €}{1,45\ €/\text{St.} - 1,59\ €/\text{St.}} = \frac{14.920\ €}{(-)0,14\ €/\text{St.}}$$

= 106.571,42... St. ≈ 106.572 St. *(→ aufrunden! ↑)*

→ Bis **106.571 Stück** verursacht die Nähmaschine „Fixi" weniger Kosten, bei **106.572 Stück** sind beide Kosten gleich, ab **106.573 Stück** verursacht die Nähmaschine „Rapido" weniger Kosten.

---

**HINWEIS**

*Kommt als Break-Even-Point eine <u>Dezimalzahl</u> heraus, so ist diese auf die <u>nächsthöhere Ganzzahl</u> <u>aufzurunden</u>, da in der Regel nur ganze (volle) Stücke produziert werden können.*

---

## Kostenvergleich bei einer Ersatzinvestition

Prüft, ob es am Anfang des Vergleichszeitraumes kostengünstiger ist, die bestehende Anlage weiterzubetreiben oder sie durch eine Neue zu ersetzen.

Es wird dabei unterschieden in:

- Bei einer Ersatzinvestition (Reinvestition)* bleibt die bisherige Produktionskapazität bestehen. Die Altanlage wird durch eine Neuanlage ersetzt, die Produktionsmenge bleibt dabei unverändert (Neuanlage produziert genau so viel wie die Altanlage).

- Bei einer Erweiterungsinvestition wird die betriebliche Produktionskapazität erweitert. Die Altanlage wird durch eine Neuanlage ersetzt und die Produktionsmenge wird dabei erhöht (Neuanlage produziert mehr).

| | |
|---|---|
| **durchschnittliche Verringerung des Restwertes [€] =** $\dfrac{\text{Restwert}_{\text{Anfang Restnutzungsdauer}} - \text{Restwert}_{\text{Ende Restnutzungsdauer}}}{\text{Restnutzungsdauer}}$ | *durchschnittliche Verringerung des Restwertes bezogen auf die gesamte Restnutzungsdauer* |
| **kalkulatorische Zinsen auf das noch gebundene Kapital [€] =** $\dfrac{\text{Restwert}_{\text{Anfang Restnutzungsdauer}} - \text{Restwert}_{\text{Ende Restnutzungsdauer}}}{2} \cdot i$ | *Zinsen, die auf das verwendete (gebundene) Kapital berechnet werden* |

*i = Kalkulationszinssatz [Dezimalform = 0,...]*

*sprich: Re-Investition

**Beispiel 44: Kostenvergleich für eine Ersatzinvestition** *(Produktionsmenge bleibt dabei unverändert)*

<u>Altanlage</u>: Restnutzungsdauer: 2 Jahre; Restwert$_{Anfang}$: 18.000 €; Restwert$_{Ende}$: 10.800 €; kalkulatorischer Zinssatz: 8 % (= 0,08); sonstige fixe Kosten: 14.952 €; variable Kosten: 79.340 €

<u>Neuanlage</u>: Anschaffungskosten: 120.000 €; Nutzungsdauer: 8 Jahre; Restwert$_{Ende}$: 15.000 €; kalkulatorischer Zinssatz: 8 % (= 0,08); sonstige fixe Kosten: 20.592 €; variable Kosten: 69.818 €

| Kostenvergleichsrechnung | Altanlage | Neuanlage |
|---|---|---|
| Abschreibung der Neuanlage | 0 € | 13.125 € |
| + Minderung Restwert Altanlage | 3.600 € | 0 € |
| + kalkulatorische Zinsen | 1.152 € | 5.400 € |
| + sonstige Fixkosten | 14.952 € | 20.592 € |
| = **Fixkosten** | **19.704 €** | **39.117 €** |
| + variable Kosten | 79.340 € | 69.818 € |
| = **Gesamtkosten** | **99.044 €** | **108.935 €** |

$$\text{Abschreibung}_{Neuanlage}: \frac{\text{Anschaffungskosten} - \text{Restwert}}{\text{Nutzungsdauer}} = \frac{120.000\ € - 15.000\ €}{8\ \text{Jahre}} = 13.125\ €$$

$$\text{Minderung Restwert}_{Altanlage}: \frac{\text{Restwert}_{Anfang} - \text{Restwert}_{Ende}}{\text{Restnutzungsdauer}} = \frac{18.000\ € - 10.800\ €}{2\ \text{Jahre}} = 3.600\ €$$

kalkulatorische Zinsen$_{Altanlage}$:

$$\frac{\text{Restwert}_{Anfang} + \text{Restwert}_{Ende}}{\text{Restnutzungsdauer}} \cdot \text{Zinssatz} = \frac{18.000\ € + 10.800\ €}{2\ \text{Jahre}} \cdot 0,08 = 1.152\ €$$

kalkulatorische Zinsen$_{Neuanlage}$:

$$\frac{\text{Anschaffungskosten} + \text{Restwert}_{Ende}}{2} \cdot \text{Zinssatz} = \frac{120.000\ € + 15.000\ €}{2} \cdot 0,08 = 5.400\ €$$

→ Der Weiterbetrieb der **Altanlage** ist vorteilhafter als die Neubeschaffung, da die Altanlage noch die niedrigeren Gesamtkosten aufweist.

## 3.2.1.2 Gewinnvergleichsrechnung

Ein statisches Verfahren der Investitionsrechnung, bei dem das entscheidende Vergleichskriterium für eine Alternative der <u>höchste durchschnittliche Periodengewinn</u> ist. Die Alternativen müssen die gleiche Nutzungsdauer haben. Sind die Produktionsmenge und die Produkte gleich, kann sie periodenbezogen (Gewinn pro Periode) oder stückbezogen (Gewinn pro Stück) durchgeführt werden, bei unterschiedlicher Kapazität nur periodenbezogen (Gewinn pro Periode).

| Verfahren der Gewinnvergleichsrechnung | |
|---|---|
| Deckungsbeitragsrechnung | kritische Menge (kritische Auslastung) |

*Abbildung 27: Überblick über die Verfahren der Gewinnvergleichsrechnung*

## Deckungsbeitragsrechnung

Der Deckungsbeitrag deckt die fixen Kosten und soll darüber hinaus einen Gewinn ermöglichen. Die Investitionsalternative mit dem größten Gewinn wird durchgeführt.

| Deckungsbeitrag [€] =<br>Verkaufspreis − variable Kosten | Teil des Verkaufspreises, der die fixen Kosten deckt |
|---|---|

---

**Beispiel 45: Gewinnvergleichsrechnung**

<u>Nähmaschine „Fixi"</u>: variable Kosten: 57.848 €; fixe Kosten: 26.472 €
<u>Nähmaschine „Rapido"</u>: variable Kosten: 63.472 €; fixe Kosten: 41.392 €
für beide Maschinen gilt: Verkaufspreis: 2,99 €; Absatzmenge: 40.000 St.

| Gewinnvergleichsrechnung | Fixi | | Rapido | |
|---|---|---|---|---|
| | *gesamt* | *pro Stück* | *gesamt* | *pro Stück* |
| Umsatzerlöse | 119.600 € | 2,99 € | 119.600 € | 2,99 € |
| − variable Kosten | -57.848 € | -1,45 € | -63.472 € | -1,59 € |
| **= Deckungsbeitrag** | **61.752 €** | **1,54 €** | **56.128 €** | **1,40 €** |
| − fixe Kosten | -26.472 € | -0,66 € | -41.392 € | -1,03 € |
| **= Gewinn** | **35.280 €** | **0,88 €** | **14.736 €** | **0,37 €** |

→ *Die **Nähmaschine „Fixi"** erzielt mit 35.280 € einen höheren Gewinn und sollte daher realisiert werden.*

## kritische Menge (kritische Auslastung)

Die Produktionsmenge, ab der die Alternative 2 kostengünstiger als die Alternative 1 ist.

| **kritische Menge; kritische Auslastung [Stück] =**<br>Fixkosten$_1$ + (Stückdeckungsbeitrag$_1 \cdot$ Menge) = Fixkosten$_2$ + (Stückdeckungsbeitrag$_2 \cdot$ Menge)<br>→ kritische Menge x = $\dfrac{Fixkosten_2 - Fixkosten_1}{Stückdeckungsbeitrag_1 - Stückdeckungsbeitrag_2}$ | die Produktionsmenge, ab der die Alternative 2 kostengünstiger als die Alternative 1 ist |
|---|---|

---

**Beispiel 46: kritische Menge** *(siehe auch Beispiel 7: Gleichung umstellen auf Seite 14)*

<u>Nähmaschine „Fixi"</u>: Fixkosten$_{Anlage\ 1}$: 26.472 €; variable Stückkosten$_{Anlage\ 1}$: 1,45 €/St.
<u>Nähmaschine „Rapido"</u>: Fixkosten$_{Anlage\ 2}$: 41.392 €; variable Stückkosten$_{Anlage\ 2}$: 1,59 €/St.

kritische Menge x:

$$\frac{Fixkosten_{Anlage\ 2} - Fixkosten_{Anlage\ 1}}{variable\ Stückkosten_{Anlage\ 1} - variable\ Stückkosten_{Anlage\ 2}} = \frac{41.392\ € - 26.472\ €}{1,45\ €/St. - 1,59\ €/St.} = \frac{14.920\ €}{(-)0,14\ €/St.}$$

= 106.571,42... St. ≈ 106.572 St. *(→ aufrunden! ↑)*

→ *Bis **106.571 Stück** verursacht die Nähmaschine „Fixi" weniger Kosten, bei **106.572 Stück** sind beide Kosten gleich, ab **106.573 Stück** verursacht die Nähmaschine „Rapido" weniger Kosten.*

---

*HINWEIS*
*Kommt als Break-Even-Point eine <u>Dezimalzahl</u> heraus, so ist diese auf die <u>nächsthöhere Ganzzahl</u> <u>aufzurunden</u>, da in der Regel nur ganze (volle) Stücke produziert werden können.*

### 3.2.1.3 Rentabilitätsvergleichsrechnung

Ein statisches Verfahren der Investitionsrechnung, das die Rentabilität des eingesetzten Kapitals vergleicht. Der erzielte Gewinn wird dabei in Relation zum eingesetzten Kapital gesetzt. Sie wird auch als Renditemethode oder Return on Investment (RoI) genannt. Man entscheidet sich für die Alternative mit der höchsten Rendite.

| | |
|---|---|
| **Rentabilität [%] =** $\dfrac{\text{Gewinn} + \text{Fremdkapitalzinsen bzw. kalkulatorische Zinsen}}{\text{durchschnittlicher Kapitaleinsatz}} \cdot 100\,\%$ | *Verhältnis zwischen Gewinn und eingesetztem Kapital* |
| **durchschnittlicher Kapitaleinsatz [€] =** $\dfrac{\text{Anschaffungskosten} + \text{Restwert}}{2}$ | *Durchschnitt des eingesetzten Kapitals* |

---

**Beispiel 47: Rentabilitätsvergleichsrechnung**

Nähmaschine „Fixi": Gewinn: 1.000 €; Fremdkapitalzinsen: 550 €; durchschnittlicher Kapitaleinsatz: 8.000 €

Nähmaschine „Rapido": Gewinn: 1.400 €; Fremdkapitalzinsen: 800 €; durchschnittlicher Kapitaleinsatz: 9.500 €

Nähmaschine „Fixi": $\dfrac{\text{Gewinn} + \text{Fremdkapitalzinsen}}{\text{durchschnittlicher Kapitaleinsatz}} \cdot 100\,\% = \dfrac{1.000\,€ + 550\,€}{8.000\,€} \cdot 100\,\% \approx 19{,}38\,\%$

Nähmaschine „Rapido": $\dfrac{\text{Gewinn} + \text{Fremdkapitalzinsen}}{\text{durchschnittlicher Kapitaleinsatz}} \cdot 100\,\% = \dfrac{1.400\,€ + 800\,€}{9.500\,€} \cdot 100\,\% \approx 23{,}16\,\%$

→ *Die Nähmaschine „Rapido" erzielt mit **23,16 %** die höhere Rendite und ist damit vorzuziehen.*

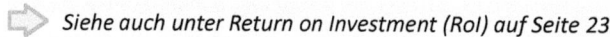 *Siehe auch unter Return on Investment (RoI) auf Seite 23.*

### 3.2.1.4 Statische Amortisationsrechnung

Sie wird auch Kapitalrückflussmethode, Pay-off-, Pay-back- oder Pay-out-Methode genannt und ist ein statisches Verfahren der Investitionsrechnung, das die Dauer der Kapitalbindung einer Investition ermittelt. Das ist der Zeitraum, in dem die Anschaffungskosten durch die Überschüsse (Einnahmen abzüglich Ausgaben) wiedergewonnen werden. Eventuelle Restwertansätze verkürzen diese Amortisationszeit. Die berechnete Amortisationszeit der statischen Amortisationsrechnung ist aufgrund der fehlenden Verzinsung der Beträge kürzer als die über die dynamische Amortisationsrechnung.

| Verfahren der statischen Amortisationsrechnung | |
|---|---|
| Durchschnittsmethode | Kumulationsmethode |

*Abbildung 28: Überblick über die Verfahren der statischen Amortisationsrechnung*

## Durchschnittsmethode

Geht von den durchschnittlichen Jahresrückflüssen aus und ist sehr ungenau.

| | |
|---|---|
| **durchschnittlicher Rückfluss [€] =** $\dfrac{\text{Summe der Rückflüsse}}{\text{Nutzungsdauer}}$ | *Durchschnitt aller jährlichen Rückflüsse* |
| **Amortisationszeit $t_a$ ohne Restwert [Jahre; Monate] =** $\dfrac{\text{Kapitaleinsatz bzw. Anschaffungwert}}{\text{durchschnittlicher Rückfluss}}$ *oder* $\dfrac{\text{Kapitaleinsatz bzw. Anschaffungswert}}{\text{durchschnittlicher Gewinn + Abschreibung}}$ | *Zeitspanne, die ein Investitionsobjekt braucht, bis es seinen Anschaffungswert über die Überschüsse selbst erwirtschaftet* |
| **Amortisationszeit $t_a$ mit Restwert [Jahre; Monate] =** $\dfrac{\text{Kapitaleinsatz bzw. Anschaffungswert} - \text{Restwert}}{\text{durchschnittlicher Rückfluss}}$ *oder* $\dfrac{\text{Kapitaleinsatz bzw. Anschaffungswert} - \text{Restwert}}{\text{durchschnittlicher Gewinn + Abschreibung}}$ | *Zeitspanne, die ein Investitionsobjekt braucht, bis es seinen Anschaffungswert über die Überschüsse selbst erwirtschaftet, der zu erwartende Restwert wird abgezogen und verkürzt die Amortisationszeit* |

> **Beispiel 48: statische Amortisationsrechnung** *(Durchschnittsmethode)*
>
> Kapitaleinsatz: 80.000 €, Nutzungsdauer: 4 Jahre; Rückflüsse$_{1...4}$: 10.000 €, 20.000 €, 40.000 €, 50.000 €
>
> durchschnittlicher Rückfluss: $\dfrac{10.000\ € + 20.000\ € + 40.000\ € + 50.000\ €}{4\ \text{Jahre}} = \dfrac{120.000\ €}{4\ \text{Jahre}} = 30.000\ €$
>
> Amortisationszeit $t_a$: $\dfrac{\text{Kapitaleinsatz}}{\text{durchschnittlicher Rückfluss}} = \dfrac{80.000\ €}{30.000\ €} = 2,66666...\ \text{Jahre} \approx 2,7\ \text{Jahre}$
>
> → *Die Amortisationszeit beträgt bei der Durchschnittsmethode **2,7 Jahre** (als Vergleich die Kumulationsmethode: 3,2 Jahre).*

## Kumulationsmethode

Beachtet die unterschiedlichen jährlichen Rückflüsse und beurteilt diese besser. Die Rückflüsse werden so lange kumuliert (aufsummiert), bis der Investitionsbetrag erreicht ist. Diese Methode ist genauer als die Durchschnittsmethode.

| | |
|---|---|
| **Jahresrestbetrag [€] =** (−)Kapitaleinsatz + jährlicher Rückfluss | *Investitionsbetrag (Kapitaleinsatz\*) zuzüglich jährlichem Rückfluss* → *Jahresrestbetrag wird jährlich kleiner und wechselt dann ins Positive* |

*Warum ist der Kapitaleinsatz eine negative Zahl?*
*Der Kapitaleinsatz stellt am Anfang eine Ausgabe dar, daher geht er als negative Zahl in die Berechnung ein. Die jährlichen Rückflüsse (Gewinne) werden zum negativen Kapitaleinsatz addiert und vermindern so den Ausgabeverlust durch die Investition.*

**Beispiel 49: statische Amortisationsrechnung** *(Kumulationsmethode)*

Kapitaleinsatz: 80.000 €; Nutzungsdauer: 4 Jahre; Rückflüsse$_{1...4}$: 10.000 €, 20.000 €, 40.000 €, 50.000 €

| Jahr | jährliche Rückflüsse | Jahresrestbetrag | |
|------|---------------------|------------------|---|
| 0 | | -80.000 € | *(Kapitaleinsatz)* |
| 1 | 10.000 € | -70.000 € | *(-80.000 € + 10.000 €)* |
| 2 | 20.000 € | -50.000 € | *(-70.000 € + 20.000 €)* |
| 3 | 40.000 € | -10.000 € | *(-50.000 € + 40.000 €)* |
| 4 | 50.000 € | 40.000 € | *(-10.000 € + 50.000 €)* |

Im 4. Jahr wird der Jahresrestbetrag positiv, daher werden 3 volle Jahre benötigt. Der letzte negative Jahresrestbetrag (3. Jahr: -10.000 €) geteilt durch den Jahresrückfluss des Folgejahres (4. Jahr: 50.000 €) ergeben den Anteil des verbleibenden Jahres (-10.000 € : 50.000 € = -0,2 Jahre → 0,2 Jahre). Daraus ergibt sich eine Amortisationszeit von 3,2 Jahre (3 Jahre + 0,2 Jahre = 3,2 Jahre).

→ *Die Amortisationszeit beträgt bei der Kumulationsmethode **3,2 Jahre** (als Vergleich die Durchschnittsmethode: 2,7 Jahre).*

## 3.2.2 dynamische Verfahren

Sie berücksichtigen <u>alle Ein- und Auszahlungen</u> über die gesamte Investitionslaufzeit. Abschreibungen werden jedoch nicht beachtet, da sie keine Zahlungsströme verursachen, sondern nur zahlungsunwirksamer Aufwand darstellen.

| dynamische Verfahren der Investitionsrechnung | | | |
|---|---|---|---|
| **Kapitalwertmethode** | **interner Zinsfuß** | **Annuitätenrechnung** | **dynamische Amortisationsrechnung** |
| alle Ein-/Auszahlungen werden mit einem Zinssatz auf einen **gemeinsamen Zeitpunkt** bezogen | berechnet die **effektive Verzinsung** der Investition bei einem erzielten Kapitalwert von 0 € | Kapitalwert wird über die **gesamte Laufzeit** des Investitionsprojekt verteilt | berechnet die **Zeitspanne**, um den Kapitaleinsatz mit Verzinsung aus den Rückflüssen wieder zu gewinnen |

*Abbildung 29: Überblick über die dynamischen Verfahren der Investitionsrechnung*

## 3.2.2.1 Kapitalwertmethode

Sie wird auch Barwertmethode oder Nettogegenwartswert genannt und ist ein dynamisches Verfahren der Investitionsrechnung, bei dem alle Ein- und Auszahlungen während der kompletten Nutzungsdauer einer Investition mit einem vorher bestimmten Zinssatz auf einen gemeinsamen Zeitpunkt $t_0$ (z. B. Zeitpunkt der Investitionsentscheidung) bezogen und die Summe aller Zahlungen verglichen werden, um die Vorteilhaftigkeit einer Investition festzustellen.

Der Kapitalwert dient zur Beurteilung von Investitionsvorhaben. Dabei werden alle Zahlungsüberschüsse, die <u>nach</u> einem bestimmten Zeitpunkt ($t_0$) anfallen, auf diesen Zeitpunkt <u>abgezinst</u>. Die Summe aller abgezinsten Zahlungen (Barwerte) wird vom Investitionsbetrag (Kapitaleinsatz) abgezogen. Diese Differenz wird als Kapitalwert $C_0$ bezeichnet. Das Vorhaben mit dem <u>höchsten Kapitalwert</u> sollte umgesetzt werden. Werden nur die Auszahlungen verglichen, sollte das Vorhaben mit dem niedrigsten Kapitalwert gewählt werden.

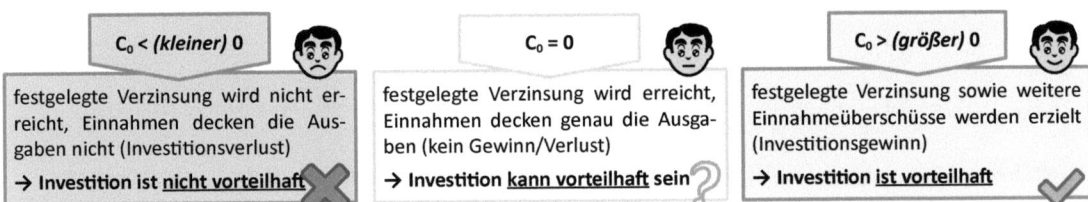

| $C_0 <$ *(kleiner)* 0 | $C_0 = 0$ | $C_0 >$ *(größer)* 0 |
|---|---|---|
| festgelegte Verzinsung wird nicht erreicht, Einnahmen decken die Ausgaben nicht (Investitionsverlust) | festgelegte Verzinsung wird erreicht, Einnahmen decken genau die Ausgaben (kein Gewinn/Verlust) | festgelegte Verzinsung sowie weitere Einnahmeüberschüsse werden erzielt (Investitionsgewinn) |
| → Investition ist <u>nicht vorteilhaft</u> | → Investition <u>kann vorteilhaft</u> sein | → Investition <u>ist vorteilhaft</u> |

*Abbildung 30: Auswirkungen der Kapitalwerte*

- In der Zukunft zu erwartende Zahlungen werden auf den Betrachtungszeitpunkt $t_0$ abgezinst. Der Kapitalwert wird <u>kleiner</u>, da die Zinsen ab $t_0$ herausgerechnet werden.

- Bereits vor $t_0$ getätigte Zahlungsströme werden auf $t_0$ aufgezinst. Der Kapitalwert wird <u>größer</u>, da die Zinsen bis $t_0$ hinzugerechnet werden.

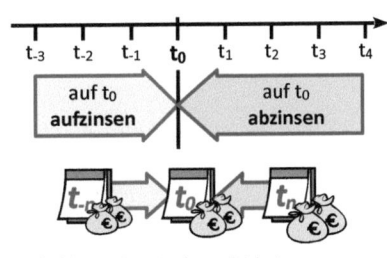

*Abbildung 31: Auf- und Abzinsen*

| **Aufzinsungsfaktor; Endwertfaktor *[Zahl]* =** $(1 + i)^n \rightarrow q^n$ | *errechnet den zukünftigen Wert (Endwert) einer heutigen Zahlung (Zinsen werden hinzugerechnet)* <br> → *Faktor muss größer (>) 1 sein* |
|---|---|
| **Abzinsungsfaktor; Barwertfaktor *[Zahl]* =** $\dfrac{1}{(1 + i)^n} \rightarrow \dfrac{1}{q^n}$ | *errechnet den heutigen Barwert einer zukünftigen Zahlung (Zinsen werden herausgerechnet)* <br> → *Faktor muss kleiner (<) 1 sein* |

*i = Kalkulationszinssatz [Dezimalform = 0,...]; n = Laufzeit [Jahre, Monate]*

---

*Beispiel 50: Aufzinsungsfaktor (Endwertfaktor) und Abzinsungsfaktor (Barwertfaktor)*

Zinssatz: 8 % (= 0,08); Laufzeit: 5 Jahre

Kapital in $t_{-5}$: 48.000 €

→ *da $t_{-5}$ vor $t_0$ liegt, muss <u>aufgezinst</u> werden*

<u>Auf</u>zinsungsfaktor: $(1 + i)^n = (1 + 0,08)^5 \approx 1,46933$

Barwert in $t_0$: 48.000 € · 1,46933 = 70.527,75 €

→ *Ein Kapital, das <u>vor</u> 5 Jahren ($t_{-5}$) 48.000 € wert war und mit 8 % verzinst wurde, entspricht heute ($t_0$) einem Kapital von **70.527,75 €**.*

Kapital in $t_5$: 70.527,75 €

→ *da $t_5$ nach $t_0$ liegt, muss <u>abgezinst</u> werden*

<u>Ab</u>zinsungsfaktor: $\dfrac{1}{(1 + i)^n} = \dfrac{1}{(1 + 0,08)^5} \approx 0,68058$

Barwert in $t_0$: 70.527,75 € · 0,68058 = 48.000 €

→ *Ein Kapital, das <u>in</u> 5 Jahren ($t_5$) 70.527,75 € wert ist und mit 8 % verzinst wird, entspricht heute ($t_0$) einem Kapital von **48.000 €**.*

**HINWEIS ZUR RUNDUNG**

*4 bis 5 Dezimalstellen reichen oftmals aus. Wenn es möglich ist, sollte das Ergebnis im Taschenrechner gespeichert und mit dem ungerundeten Wert weiter gerechnet werden.*

---

**Kapitalwert $C_0$ bei <u>verschiedenen</u> Überschüssen *[€]* =**

$$-A_0 + \frac{e_1 - a_1}{q^1} + \frac{e_2 - a_2}{q^2} + \dots + \frac{e_n - a_n}{q^n} \left(+ \frac{L}{q^n}\right)$$

*Differenz aus Investitionsbetrag und abgezinsten Zahlungsüberschüssen*

→ *sollte positiv sein*

*ein eventueller Restwert wird am Schluss addiert und im letzten Jahr entsprechend abgezinst*

*oder* $\quad -A_0 + \frac{ü_1}{q^1} + \frac{ü_2}{q^2} + \dots + \frac{ü_n}{q^n}$

**Kapitalwert $C_0$ bei <u>gleichen</u> Überschüssen *[€]* =**

$$-A_0 + ü \cdot \frac{q^n - 1}{q^n \cdot (q - 1)} \left(+ \frac{L}{q^n}\right)$$

*Differenz aus Investitionsbetrag und abgezinsten, immer gleichbleibenden Zahlungsüberschüssen*

→ *sollte positiv sein*

**Überschuss; Einzahlungsüberschuss *[€]* =**

Einnahmen – Ausgaben

*Differenz aus Einnahmen und Ausgaben*

→ *Einnahmen > (größer) Ausgaben = Gewinn* ☺
→ *Einnahmen < (kleiner) Ausgaben = Verlust* ☹

---

*$-A_0$ = Anschaffungswert [€]; e = Einnahmen [€]; a = Ausgaben [€]; n = Nutzungsdauer [Jahre, Monate]; ü = Überschüsse [€]; $q^n$ = Abzinsungsfaktor im Jahr n; L = Restwert [€]*

---

**Warum $-A_0$ und nicht nur $A_0$?**
*Der Anschaffungswert sind die Kosten der Anschaffung. Da es sich um Ausgaben handelt, werden sie als $-A_0$ in die Rechnung übernommen.*

---

**Beispiel 51: Kapitalwertmethode**

Anschaffungswert $(-A_0)$: 25.000 €; Einnahmen $e_{1..3}$: 10.000 €, 15.000 €, 20.000 €;
Ausgaben $(a_{1..3})$: 2.000 €, 4.000 €, 6.000 €; Zinssatz: 9 % (= 0,09)

Kapitalwert $(C_0)$:

$$-A_0 + \frac{e_1 - a_1}{q^1} + \frac{e_2 - a_2}{q^2} + \frac{e_3 - a_3}{q^3}$$

$$= -25.000\ € + \frac{10.000\ € - 2.000\ €}{(1 + 0,09)^1} + \frac{15.000\ € - 4.000\ €}{(1 + 0,09)^2} + \frac{20.000\ € - 6.000\ €}{(1 + 0,09)^3}$$

$$= -25.000\ € + \frac{8.000\ €}{1,09} + \frac{11.000\ €}{1,1881} + \frac{14.000\ €}{1,29503}$$

$$= -25.000\ € + 7.339,45\ € + 9.258,48\ € + 10.810,57\ € = 2.408,50\ € \quad → C_0 > 0\ (C_0\ \text{ist größer 0}) → ✓$$

→ *Da der Kapitalwert **positiv** ist ($C_0$ ist größer 0), kann das Investitionsvorhaben realisiert werden. Es wird neben der gewünschten Verzinsung sogar noch ein Gewinn von **2.408,50 €** erzielt.*

## 3.2.2.2 Interne Zinsfußmethode

Ein Verfahren, das die effektive Verzinsung eines Investitionsvorhabens bei einem erzielten Kapitalwert von 0 € berechnet. Es wird nur die gewünschte Verzinsung erzielt, keine weiteren Überschüsse (»Null auf Null«). Die Berechnung findet nach dem Regula falsi-Verfahren (lateinisch *regula falsi* = „Regel des Falschen") statt. Es werden zwei Zinssätze verwendet, von denen einer so gewählt werden sollte, dass sich ein negativer Kapitalwert ergibt, damit der tatsächliche interne Zinsfuß durch die Durchschnittsbildung errechnet werden kann. Das Vorhaben mit dem höchsten internen Zinsfuß ist auszuwählen.

Vorgehensweise zur Berechnung des internen Zinsfußes:
1. ermitteln der Nettoeinnahmen des Investitionsvorhabens
2. Barwert $C_{01}$ mit dem Zinssatz $i_1$ berechnen
3. Barwert $C_{02}$ mit dem Zinssatz $i_2$ berechnen
4. errechnete Werte in die interne-Zinsfuß-Formel einsetzen

| interner Zinsfuß r [%] = $$\left(i_1 - \left(C_{01} \cdot \left(\frac{i_2 - i_1}{C_{02} - C_{01}}\right)\right)\right) \cdot 100\,\%$$ | *berechnet die effektive Verzinsung der Investition bei einem erzielten Kapitalwert von 0 €* <br><br> → *je höher, desto besser* |
|---|---|

$i_1, i_2$ = Zinssätze [Dezimalform = 0,...];   $C_{01}, C_{02}$ = Kapitalwerte [€] bei den Zinssätzen $i_1$ und $i_2$

**HINWEIS**
*Je näher die beiden gewählten Zinssätze an der tatsächlichen internen Verzinsung liegen, desto genauer wird das Ergebnis.*

---

**Beispiel 52: interne Zinsfußmethode**
<u>Vorhaben 1</u>: $C_{01}$ bei 16 % (= 0,16) Verzinsung: 25.284 €; $C_{02}$ bei 21 % (= 0,21) Verzinsung: −21.985 €
<u>Vorhaben 2</u>: $C_{01}$ bei 17 % (= 0,17) Verzinsung: 16.182 €; $C_{02}$ bei 22 % (= 0,22) Verzinsung: −18.585 €

interner Zinsfuß $r_1$:
$$\left(i_1 - \left(C_{01} \cdot \left(\frac{i_2 - i_1}{C_{02} - C_{01}}\right)\right)\right) \cdot 100\,\% = \left(0,16 - \left(25.284\,€ \cdot \left(\frac{0,21 - 0,16}{-21.985\,€ - 25.284\,€}\right)\right)\right) \cdot 100\,\%$$

$$= \left(0,16 - \left(25.284\,€ \cdot \left(\frac{0,05}{-47.269\,€}\right)\right)\right) \cdot 100\,\% = (0,16 - (25.284\,€ \cdot (-0,000001058))) \cdot 100\,\%$$

$$= (0,16 - (-0,026744801)) \cdot 100\,\% = (0,16 + 0,026744801) \cdot 100\,\% = 18,6744801 \approx 18,67\,\%$$

interner Zinsfuß $r_2$: $\left(0,17 - \left(16.182\,€ \cdot \left(\frac{0,22 - 0,17}{-18.585\,€ - 16.182\,€}\right)\right)\right) \cdot 100\,\% \approx 19,33\,\%$   (→ ✓)

→ *Das **Vorhaben 2** ist wegen dem höheren internen Zinsfuß $r_2$ (19,33 %) vorteilhafter und daher auszuwählen.*

### 3.2.2.3 Annuitätenrechnung

Ein Verfahren, bei dem der Kapitalwert über die gesamte Laufzeit des Investitionsvorhabens verteilt wird.

| | |
|---|---|
| **Annuitätenfaktor; Kapitalwiedergewinnungsfaktor [Zahl] =** $$\frac{q^n \cdot (q-1)}{q^n - 1} \quad oder \quad \frac{i \cdot (1+i)^n}{(1+i)^n - 1}$$ *Eingabe in den Taschenrechner (bei i = 0,1 und n = 4):* $0,1 \times ((1+0,1) \, y^x \, 4) = \div (((1+0,1) \, y^x \, 4) - 1) =$ | *dient zur Umrechnung von Barwerten von Ein- und Auszahlungen in jährlich gleichbleibende Beträge (Annuitäten)* |
| **Annuität [€] =** Annuitätenfaktor · Summe der Barwerte | *jährlich gleichbleibende Beträge (Zahlungen)* |

$i$ = kalkulatorischer Zinssatz [Dezimalform = 0,...];    $n$ = Laufzeit [Jahre, Monate]

---

**Beispiel 53: Annuitätenrechnung**

Anschaffungskosten: 18.000 €; Ausgaben $t_1$: 10.200 € (steigt jährlich um 400 €); Einnahmen $t_1$: 7.500 € (steigt jährlich um 7.700 €); Nutzungsdauer: 4 Jahre; kalkulatorischer Zinssatz: 10 % (= 0,1)

| Jahr | Einnahmen | Ausgaben | Überschuss | Barwertfaktor | Barwert |
|---|---|---|---|---|---|
| $t_0$ | 0,00 € | -18.000,00 € | -18.000,00 € | 1,00000 | -18.000,00 € |
| $t_1$ | 7.500,00 € | -10.200,00 € | -2.700,00 € | 0,90909 | -2.454,54 € |
| $t_2$ | 15.200,00 € | -10.600,00 € | 4.600,00 € | 0,82645 | 3.801,67 € |
| $t_3$ | 22.900,00 € | -11.000,00 € | 11.900,00 € | 0,75131 | 8.940,59 € |
| $t_4$ | 30.600,00 € | -11.400,00 € | 19.200,00 € | 0,68301 | 13.113,79 € |
| **Summe** | | | | | **5.401,51 €** |

Überschuss: Einzahlung − Ausgaben = 30.600 € − 11.400 € = 19.200 €

Barwertfaktor: $\dfrac{1}{(1+i)^n} = \dfrac{1}{(1+0,1)^4} \approx 0,68301$

Barwert: Überschuss · Barwertfaktor = 19.200 € · 0,68301 = 13.113,79 €

Annunitätenfaktor: $\dfrac{i \cdot (1+i)^n}{(1+i)^n - 1} = \dfrac{0,1 \cdot (1+0,1)^4}{(1+0,1)^4 - 1} \approx 0,31547$

Annuität: Annuitätenfaktor · Summe der Barwerte = 0,31547 · 5.401,51 € = 1.704,01 €

→ *Der mit 10 % über 4 Jahre verzinste Kapitalwert ergibt einen Durchschnittsbetrag von **1.704,01 €** pro Jahr.*

## 3.2.2.4   Dynamische Amortisationsrechnung

Ermittelt die Zeitspanne, die benötigt wird, um den Kapitaleinsatz einschließlich der Verzinsung (in Höhe des Kalkulationszinssatzes) aus den Rückflüssen wieder zu gewinnen. Das ist der Zeitpunkt bei einer Investition, an dem die Rückflüsse den Anschaffungsausgaben entsprechen bzw. übersteigen. Die berechnete Amortisationszeit der dynamischen Amortisationsrechnung ist aufgrund der Verzinsung der Beträge länger als die über die statische Amortisationsrechnung.

| Verfahren der dynamischen Amortisationsrechnung | |
| --- | --- |
| Durchschnittsmethode | Kumulationsmethode |

*Abbildung 32: Überblick über die Verfahren der dynamischen Amortisationsrechnung*

## *Durchschnittsmethode*

Der durchschnittliche Jahresrückfluss wird errechnet, indem die Barwerte der jährlichen Rückflüsse mit dem gewählten Kalkulationszinssatz ermittelt und zu einer Annuität für die gesamte Laufzeit (nicht die vorgegebene Amortisationszeit) umgewandelt werden. Diese wird abschließend durch den Kapitaleinsatz dividiert.

| | |
| --- | --- |
| **Barwert *[€]* =**<br>Einzahlungsüberschuss · Barwertfaktor | *Wert einer einmaligen in der Zukunft liegenden Einzahlung im Betrachtungszeitpunkt $t_0$*<br><br>*→ Kapital wird kleiner* |
| **Annuitätenfaktor; Kapitalwiedergewinnungsfaktor *[Zahl]* =**<br>$\dfrac{q^n \cdot (q-1)}{q^n-1}$ *oder* $\dfrac{i \cdot (1+i)^n}{(1+i)^n-1}$<br><br>*Eingabe in den Taschenrechner (bei i = 0,1 und n = 4):*<br>$0,1 \times ((1+0,1)y^x 4) = \div (((1+0,1)y^x 4) - 1) =$ | *dient zur Umrechnung von Barwerten von Ein- und Auszahlungen in jährlich gleichbleibende Beträge (Annuitäten)*<br><br>*→ Kehrwert des kumulativen Barwertfaktors* |
| **Annuität *[€]* =**<br>Barwertsumme · Annuitätenfaktor | *jährlich gleichbleibende Beträge (Zahlungen)* |
| **Amortisationszeit $t_a$ *[Jahre]* =**<br>$\dfrac{\text{Anschaffungswert (Kapitaleinsatz)}}{\text{Annuität}}$ | *Zeitdauer, bis die Anschaffungskosten wieder erwirtschaftet werden* |

*i = kalkulatorischer Zinssatz [Dezimalform = 0,...];   n = Laufzeit [Jahre, Monate]*

**Beispiel 54: dynamische Amortisationsrechnung** (Durchschnittsmethode)

Kapitaleinsatz: 80.000 €; Nutzungsdauer: 4 Jahre, kalkulatorischer Zinssatz: 10 % (= 0,1);
Restwert 4. Jahr: 10.000 €; Rückflüsse$_{1...4}$: 10.000 €, 20.000 €, 40.000 €, 50.000 €

| Jahr | jährlicher Rückfluss | Barwertfaktor | Barwert |
|------|---------------------|---------------|---------|
| 0 | 0,00 € | 1,00000 | 0,00 € |
| 1 | 10.000,00 € | 0,90909 | 9.090,90 € |
| 2 | 20.000,00 € | 0,82645 | 16.529,00 € |
| 3 | 40.000,00 € | 0,75131 | 30.052,40 € |
| 4 | 50.000,00 € | 0,68301 | 34.150,50 € |
| 4 (Restwert) | 10.000,00 € | 0,68301 | 6.830,10 € |
| **Summe** | | | **96.652,90 €** |

Barwertfaktor:
$$\frac{1}{(1 + i)^n} = \frac{1}{(1 + 0,1)^1} = \frac{1}{(1,1)^1} \approx 0,90909$$

Barwert:
jährlicher Rückfluss · Barwertfaktor
= 10.000 € · 0,90909 = 9.090,90 €

Annunitätenfaktor: $\dfrac{0,1 \cdot (1 + 0,1)^4}{(1 + 0,1)^4 - 1} \approx 0,31547$

Annuität: Annuitätenfaktor · Summe der Barwerte = 0,31547 · 96.652,90 € = 30.491,09 €

Amortisationszeit $t_a$: $\dfrac{\text{Anschaffungswert (Kapitaleinsatz)}}{\text{Annuität}} = \dfrac{80.000 \text{ €}}{30.491,09 \text{ €}} = 2,62371... \text{ Jahre} \approx 2,6 \text{ Jahre}$

→ Die Amortisationszeit beträgt bei der Durchschnittsmethode **2,6 Jahre** (als Vergleich die Kumulationsmethode: 3,6 Jahre).

## Kumulationsmethode

Kumuliert die Mittelrückflüsse so lange, bis der Investitionsbetrag erreicht ist. Da hierbei der Restwert nicht berücksichtigt wird, ist die Amortisationszeit länger als bei der Durchschnittsmethode.

**Kumulieren**
Kumulieren ist das Aufaddieren (Aufsummieren) aller Werte. Sind die Werte z. B. 2, 3 und 7, so beträgt der kumulative Wert 12 (2 + 3 + 7 = 12).

| | |
|---|---|
| **Barwertfaktor [Zahl] =** $\dfrac{1}{(1 + i)^n}$ bzw. $\dfrac{1}{q^n}$ | Barwertfaktor bei einmaliger Ein- bzw. Auszahlung <br> → muss kleiner (<) 1 sein |
| **Barwert [€] =** <br> Einzahlungsüberschuss · Barwertfaktor | Wert einer einmaligen in der Zukunft liegenden Ein- bzw. Auszahlung im Betrachtungszeitpunkt $t_0$ <br> → Kapital wird kleiner |
| **Jahresrestbetrag [€] =** <br> Jahresrestbetrag des Vorjahres + Barwert des aktuellen Jahres | |

i = kalkulatorischer Zinssatz [Dezimalform = 0,...];   n = Laufzeit [Jahre, Monate]

**Beispiel 55: dynamische Amortisationsrechnung** *(Kumulationsmethode)*

Kapitaleinsatz: 80.000 €; Nutzungsdauer: 4 Jahre; kalkulatorischer Zinssatz: 10 % (= 0,1);
Restwert 4. Jahr: 10.000 €; Rückflüsse$_{1...4}$: 10.000 €, 20.000 €, 40.000 €, 50.000 €

| Jahr | jährliche Rückflüsse | Barwertfaktor | Barwert | Jahresrestbetrag | Berechnung |
|------|----------------------|---------------|---------|------------------|------------|
| 0 | 0,00 € | 1,00000 | 0,00 € | -80.000,00 € | *(Kapitaleinsatz)* |
| 1 | 10.000,00 € | 0,90909 | 9.090,90 € | -70.909,10 € | *(-80.000,00 € +9.090,90 €)* |
| 2 | 20.000,00 € | 0,82645 | 16.529,00 € | -54.380,10 € | *(-70.909,10 € +16.529,00 €)* |
| 3 | 40.000,00 € | 0,75131 | 30.052,40 € | -24.327,70 € | *(-54.380,10 € +30.052,40 €)* |
| 4 | 50.000,00 € | 0,68301 | 34.150,50 € | 9.822,80 € | *(-24.327,70 € +34.150,50 €)* |
| 4 | 10.000,00 € | 0,68301 | 6.830,10 € | 16.652,90 € | *(9.822,80 € +16.652,90 €)* |

(Zeile 4 erste: Restwert)

Im 4. Jahr wird der Jahresrestbetrag positiv, daher werden 3 volle Jahre benötigt. Der letzte negative Jahresrestbetrag (3. Jahr: -24.327,70 €) geteilt durch den Jahresrückfluss des Folgejahres (4. Jahr: 34.150,50 € + 6.830,10 € = 40.980,60 €) ergeben den Anteil des verbleibenden Jahres (-24.327,70 € : 40.980,70 € = (-)0,593... Jahre → 0,6 Jahre). Daraus ergibt sich eine Amortisationsdauer von 3,6 Jahre (3 Jahre + 0,6 Jahre = 3,6 Jahre).

→ Die Amortisationszeit beträgt bei der Kumulationsmethode **3,6 Jahre** *(als Vergleich die Durchschnittsmethode: 2,6 Jahre).*

# 3.3 Nutzwertrechnung

Ein Verfahren zur Bewertung von Investitionsvorhaben, deren Eigenschaften nicht direkt mit einer absoluten Zahl angegeben werden können. Die Eigenschaften werden miteinander verglichen und entsprechend ihrer Wichtigkeit gewichtet. Sie wird auch Nutzwertanalyse genannt.

| Vorteile der Nutzwertrechnung | Nachteile der Nutzwertrechnung |
|-------------------------------|--------------------------------|
| ✓ einfache und leichte Anwendung<br>✓ variable Anpassung an die Situation/Gegebenheiten | ✗ willkürliche Gewichtung und Bewertung (liegt in Betrachtung der durchführenden Person)<br>✗ zeitaufwendig |

*Tabelle 10: Vor- und Nachteile einer Nutzwertrechnung*

## Bewertungskriterien

| quantitative Bewertungskriterien | qualitative Bewertungskriterien |
|----------------------------------|----------------------------------|
| • Amortisationsdauer<br>• Gewinn<br>• Kosten<br>• Rentabilität<br>• Verzinsung | • rechtliche Kriterien<br>• soziale Kriterien<br>• technische Kriterien<br>• wirtschaftliche Kriterien |

*Tabelle 11: Auswahl an verschiedenen möglichen Bewertungskriterien einer Nutzwertrechnung*

## Vorgehensweise bei der Nutzwertrechnung:

1. **Ziel bestimmen**: Was soll herausgefunden werden? (z. B. neu zu kaufende Maschine)
2. **Bewertungskriterien festlegen**: Was soll bewertet werden? (z. B. Kosten, Rentabilität)
3. **Alternativen beschreiben**: Was für Alternativen existieren? (z. B. Maschine „Fixi" und „Rapido")
4. **Ziele gewichten**: Wie wichtig sind die jeweiligen Ziele (Gewichtungsfaktor)?

> **HINWEIS**
> Bei der Gewichtung sind die Kriterien mit längerfristigen Auswirkungen (z. B. Steuervergünstigungen) den Kriterien mit kurzfristigen bzw. einmaligen Auswirkungen (z. B. Zuschuss beim Grundstückskauf) vorzuziehen bzw. höher zu gewichten.

5. **Alternativen mit absoluten Werten bewerten**: subjektive Entscheidung
6. **Ergebnisse ermitteln**: Multiplikation von absolutem Wert mit Gewichtungsfaktor
7. **Summe der einzelnen Alternativen bilden**: einzelne Ergebnisse aufaddieren
8. **Rangfolge bilden**: Alternative mit dem höchsten Gesamtnutzen ist umzusetzen

| Skalierung | Merkmale |
| --- | --- |
| kardinal | umgekehrte Schulnoten (5 = sehr hoch, 1 = sehr niedrig) |
| nominal | einfachste Form (ja/nein, gut/schlecht) |
| ordinal | Rangordnungen (z. B. 1 = ganz schlecht bis 10 = sehr gut) |

*Tabelle 12: Bewertungsmaßstäbe/-skalierung*

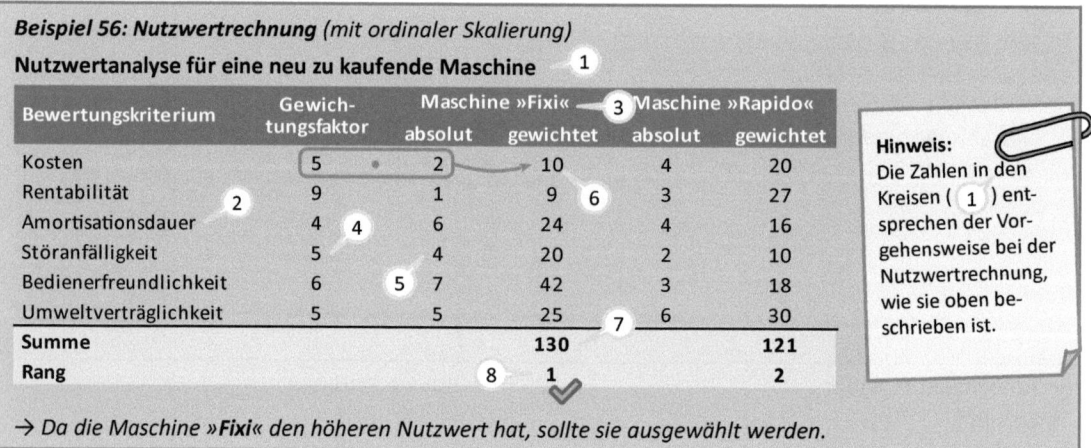

**Beispiel 56: Nutzwertrechnung** *(mit ordinaler Skalierung)*

**Nutzwertanalyse für eine neu zu kaufende Maschine** ①

| Bewertungskriterium | Gewich-tungsfaktor | Maschine »Fixi« | | Maschine »Rapido« | |
| --- | --- | --- | --- | --- | --- |
| | | absolut | gewichtet | absolut | gewichtet |
| Kosten | 5 | 2 | 10 | 4 | 20 |
| Rentabilität | 9 | 1 | 9 | 3 | 27 |
| Amortisationsdauer | 4 | 6 | 24 | 4 | 16 |
| Störanfälligkeit | 5 | 4 | 20 | 2 | 10 |
| Bedienerfreundlichkeit | 6 | 7 | 42 | 3 | 18 |
| Umweltverträglichkeit | 5 | 5 | 25 | 6 | 30 |
| **Summe** | | | 130 | | 121 |
| **Rang** | | | 1 | | 2 |

**Hinweis:** Die Zahlen in den Kreisen ( ① ) entsprechen der Vorgehensweise bei der Nutzwertrechnung, wie sie oben beschrieben ist.

→ *Da die Maschine* **»Fixi«** *den höheren Nutzwert hat, sollte sie ausgewählt werden.*

# 3.4 Wirtschaftliche Nutzungsdauer

Als Nutzungsdauer wird der Zeitraum bezeichnet, in dem ein Wirtschaftsgut betrieblich genutzt werden kann.

| Unterscheidung der Nutzungsdauern | | | |
|---|---|---|---|
| **geschätzte Nutzungsdauer** | **tatsächliche Nutzungsdauer** | **technische Nutzungsdauer** | **wirtschaftliche Nutzungsdauer** |
| geplanter Zeitraum aufgrund von Erfahrungswerten (wird für die Abschreibung benötigt) | steht erst nach der Beendigung des Nutzungsvorgangs fest | Zeitraum, in dem das Wirtschaftsgut genutzt werden kann | Zeitraum, in dem der Betrieb des Wirtschaftsgutes noch wirtschaftlich ist |

*Abbildung 33: Unterscheidung der verschiedenen Nutzungsdauern*

> ***Zielkonflikt zwischen Kosten und Nutzungsdauer***
> *Bei einer langen Nutzungsdauer sinken die Kapitalkosten pro Nutzungsperiode. Dagegen spricht, dass mit steigender Nutzungsdauer die Betriebskosten ansteigen und sich der Restwert verringert.*

## 3.4.1 Einmalige Investition

Die optimale Nutzungsdauer wird ermittelt. Das Investitionsobjekt
wird so lange genutzt, bis der höchste Kapitalwert erreicht ist.

**Vorgehensweise zur Berechnung der optimalen Nutzungsdauer:**

1. Zu Beginn werden die Überschüsse für jedes Jahr ermittelt.

| **Überschuss; Einzahlungsüberschuss [€] =** | *Differenz aus Ein- und Auszahlungen* |
|---|---|
| Einnahmen – Ausgaben | → *Ergebnis positiv = Gewinn* ☺ |
| | → *Ergebnis negativ = Verlust* ☹ |

2. Anschließend werden die Barwerte und die kumulierten Barwerte ermittelt.

| **Barwertfaktor; Abzinsungsfaktor [Zahl] =** $\frac{1}{(1+i)^n}$ bzw. $\frac{1}{q^n}$ | *Barwertfaktor bei einmaliger Ein- bzw. Auszahlung* → *muss kleiner (<) 1 sein* |
|---|---|
| **Barwert [€] =** Überschuss · Barwertfaktor (Abzinsungsfaktor) | *Wert einer einmaligen in der Zukunft liegenden Zahlung im Zeitpunkt ($t_0$)* → *Kapital wird kleiner* |
| **kumulierter Barwert [€] =** Barwert des Vorjahres + Barwert des aktuellen Jahres | *alle Barwerte aus den vorherigen Jahren werden aufaddiert* |

*i = kalkulatorischer Zinssatz [Dezimalform = 0,...]; n = Laufzeit [Jahre, Monate]*

## 3. Danach wird der Restwertbarwert für jedes Jahr ermittelt.

| Restwertbarwert [€] = Restwert · Barwertfaktor | Wert des in der Zukunft liegenden Restwertes im Zeitpunkt $t_0$ → Restwert wird kleiner |
|---|---|

## 4. Zum Schluss werden die Kapitalwerte für jedes Jahr ermittelt.

| Kapitalwert [€] = kumulierte Barwerte + Restwertbarwert − Anschaffungskosten | alle aufaddierten Barwerte der einzelnen Perioden zuzüglich Restwert abzüglich den Anschaffungskosten → Ergebnis positiv = Gewinn ☺ → Ergebnis negativ = Verlust ☹ |
|---|---|

**Beispiel 57: einmalige Investition**

Anschaffungskosten: 180.000 €; Zinssatz: 9 % (= 0,09); Einnahmen $t_{1..4}$: 65.000 €; Einnahmen $t_{5..8}$: 70.000 €; Ausgaben $t_1$: -15.000 € (steigen jährlich um -5.000 €); Restwert $t_1$: 150.000 € (sinkt jährlich um 20.000 €)

| Jahr | Ein- nahmen | Aus- gaben | Über- schüsse | Restwert | Barwert- faktor | Barwert | kumulierte Barwerte | Restwert- barwerte | Kapital- wert |
|---|---|---|---|---|---|---|---|---|---|
| $t_1$ | 65.000 € | -15.000 € | 50.000 € | 150.000 € | 0,91743 | 45.872 € | 45.872 € | 137.615 € | 3.486 € |
| $t_2$ | 65.000 € | -20.000 € | 45.000 € | 130.000 € | 0,84168 | 37.876 € | 83.747 € | 109.418 € | 13.166 € |
| $t_3$ | 65.000 € | -25.000 € | 40.000 € | 110.000 € | 0,77218 | 30.887 € | 114.634 € | 84.940 € | 19.574 € |
| $t_4$ | 65.000 € | -30.000 € | 35.000 € | 90.000 € | 0,70843 | 24.795 € | 139.429 € | 63.759 € | 23.188 € |
| $t_5$ | 70.000 € | -35.000 € | 35.000 € | 70.000 € | 0,64993 | 22.748 € | 162.177 € | 45.495 € | 27.672 € |
| $t_6$ | 70.000 € | -40.000 € | 30.000 € | 50.000 € | 0,59627 | 17.888 € | 180.065 € | 29.814 € | 29.879 € |
| $t_7$ | 70.000 € | -45.000 € | 25.000 € | 30.000 € | 0,54703 | 13.676 € | 193.741 € | 16.411 € | 30.152 € |
| $t_8$ | 70.000 € | -50.000 € | 20.000 € | 10.000 € | 0,50187 | 10.037 € | 203.778 € | 5.019 € | 28.797 € |

Überschuss: Einnahmen − Ausgaben = 70.000 € − 50.000 € = 20.000 €

Barwertfaktor $t_8$: $\dfrac{1}{(1+i)^n} = \dfrac{1}{(1+0,09)^8} = \dfrac{1}{(1,09)^8} \approx 0,50187$

Barwert: Überschuss · Barwertfaktor = 20.000 € · 0,50187 = 10.037 €

kumulierter Barwert: kumulierte Barwerte$_{Vorjahr}$ + Barwert = 193.741 € + 10.037 € = 203.778 €

Restwertbarwert: Restwert · Barwertfaktor = 10.000 € · 0,50187 = 5.019 €

Kapitalwert:
  kumulierte Barwerte + Restwertbarwert − Anschaffungskosten
= 203.778 € + 5.019 € − 180.000 € = 28.797 €

→ Die wirtschaftliche Nutzungsdauer liegt bei **7 Jahren** ($t_7$), da hier der größte Kapitalwert (**30.152 €**) erzielt wird.

# 3.4.2 Investitionskette

Die Kapitalwertmethode kann nur angewendet werden, wenn alle Investitionsobjekte die gleiche Nutzungsdauer haben. Bei unterschiedlichen Nutzungsdauern muss eine Investitionskette durchgeführt werden, bei der in ein Investitionsobjekt ein- oder mehrmals reinvestiert wird, bis die gleiche Investitionsdauer erreicht ist, um sie vergleichbar zu machen. Der Kapitalwert berechnet sich aus den abgezinsten Kapitalwerten der Einzelglieder auf den Zeitpunkt $t_0$. In der optimalen Nutzungsdauer sind die durchschnittlichen Einzahlungsüberschüsse am größten.

> **Kapitalwert**<sub>identische unendliche Investitionskette</sub> *[€]* =
> $\dfrac{\text{Kapitalwert}_{\text{Einzelglied}} \cdot \text{Annuitätenfaktor}}{\text{Zinssatz } [Dezimalform = 0,...]}$

**Vorgehensweise zur Berechnung des höchsten jährlichen Überschusses:**

1. Zu Beginn werden die Überschüsse für jedes Jahr ermittelt.

| | |
|---|---|
| **Überschuss; Einzahlungsüberschuss *[€]* =** <br> Einzahlungen (Einnahmen) – Auszahlungen (Ausgaben) | *Differenz aus Ein- und Auszahlungen* <br> → *Ergebnis positiv = Gewinn* ☺ <br> → *Ergebnis negativ = Verlust* ☹ |

2. Anschließend werden die kumulierten Barwerte für jedes Jahr ermittelt.

| | |
|---|---|
| **Barwertfaktor; Abzinsungsfaktor *[Zahl]* =** <br> $\dfrac{1}{(1+i)^n}$ bzw. $\dfrac{1}{q^n}$ | *Barwertfaktor bei einmaliger Ein- bzw. Auszahlung* <br> → *muss kleiner (<) 1 sein* |
| **Barwert *[€]* =** <br> Überschuss · Barwertfaktor (Abzinsungsfaktor) | *Wert einer einmaligen in der Zukunft liegenden Zahlung im Betrachtungszeitpunkt ($t_0$)* <br> → *Kapital wird kleiner* |
| **kumulierter Barwert *[€]* =** <br> Barwert des Vorjahres + Barwert des aktuellen Jahres | *alle Barwerte aus den vorherigen Jahren werden aufaddiert* |

3. Danach werden die Restwertbarwerte für jedes Jahr ermittelt.

| | |
|---|---|
| **Restwertbarwert *[€]* =** <br> Restwert · Barwertfaktor | *Wert des in der Zukunft liegenden Restwertes im Betrachtungszeitpunkt ($t_0$)* <br> → *Restwert wird kleiner* |

4. Danach werden die Kapitalwerte für jedes Jahr ermittelt.

| | |
|---|---|
| **Kapitalwert *[€]* =** <br> vorhergehender Barwert + (Überschuss · Barwertfaktor) <br> *oder* kumulierte Barwerte + Restwertbarwert – Anschaffungskosten | *alle aufaddierten Barwerte der einzelnen Perioden zuzüglich Restwert abzüglich den Anschaffungskosten* <br> → *Ergebnis positiv = Gewinn* ☺ <br> → *Ergebnis negativ = Verlust* ☹ |

## 5. Zum Schluss wird der durchschnittliche jährliche Überschuss für jedes Jahr ermittelt.

| **Annuitätenfaktor; Kapitalwiedergewinnungsfaktor _[Zahl]_ =** | **dient zur Umrechnung von Barwerten von Ein- und Auszahlungen in jährlich gleichbleibende Beträge (Annuitäten)** |
|---|---|
| $$\dfrac{q^n \cdot (q-1)}{q^n - 1} \quad oder \quad \dfrac{i \cdot (1+i)^n}{(1+i)^n - 1}$$ _Eingabe in den Taschenrechner (bei i = 0,1 und n = 4):_ $0,1 \times ((1+0,1)\,y^x\,4) = \div (((1+0,1)\,y^x\,4)-1) =$ | → _Kehrwert des kumulativen Barwertfaktors_ |
| **durchschnittlicher jährlicher Überschuss _[€]_ =** Kapitalwert · Annuitätenfaktor | _Kapitalwert multipliziert mit dem jeweiligen Annuitätenfaktor_ |

_i = kalkulatorischer Zinssatz [Dezimalform = 0,...];    n = Laufzeit [Jahre, Monate]_

---

**Beispiel 58: Investitionskette**

Anschaffungskosten: 180.000 €; Zinssatz: 9 % (= 0,09); Einnahmen $t_{1..3}$: 65.000 €; Einnahmen $t_{4..7}$: 70.000 €; Ausgaben $t_1$: -15.000 € (steigen jährlich um -5.000 €); Restwert $t_1$: 150.000 € (sinkt jährlich um 20.000 €)

| Jahr | Über-schuss | Restwert | Barwert-faktor | Barwert | kumulierte Barwerte | Restwert-barwert | Kapital-wert | Annui-täten-faktor | durchschnitt-licher jährlicher Überschuss |
|---|---|---|---|---|---|---|---|---|---|
| $t_1$ | 50.000 € | 150.000 € | 0,91743 | 45.872 € | 45.872 € | 137.615 € | 3.486 € | 1,09000 | 3.800 € |
| $t_2$ | 45.000 € | 130.000 € | 0,84168 | 37.876 € | 83.747 € | 109.418 € | 13.166 € | 0,56847 | 7.484 € |
| $t_3$ | 40.000 € | 110.000 € | 0,77218 | 30.887 € | 114.634 € | 84.940 € | 19.575 € | 0,39505 | 7.733 € |
| $t_4$ | 35.000 € | 90.000 € | 0,70843 | 24.795 € | 139.429 € | 63.758 € | 23.188 € | 0,30867 | 7.157 € |
| $t_5$ | 35.000 € | 70.000 € | 0,64993 | 22.748 € | 162.177 € | 45.495 € | 27.672 € | 0,25709 | 7.114 € |
| $t_6$ | 30.000 € | 50.000 € | 0,59627 | 17.888 € | 180.065 € | 29.813 € | 29.878 € | 0,22292 | 6.660 € |
| $t_7$ | 25.000 € | 30.000 € | 0,54703 | 13.676 € | 193.741 € | 16.411 € | 30.152 € | 0,19869 | 5.991 € |
| $t_8$ | 20.000 € | 10.000 € | 0,50187 | 10.037 € | 203.778 € | 5.019 € | 28.797 € | 0,18067 | 5.203 € |

→ für die Berechnung der Überschüsse siehe Beispiel 57 auf Seite 78

Barwertfaktor $t_8$: $\dfrac{1}{(1+i)^n} = \dfrac{1}{(1+0,09)^8} = \dfrac{1}{(1,09)^8} \approx 0,50187$

Barwert: Überschuss · Barwertfaktor = 20.000 € · 0,50187 = 10.037 €

kumulierter Barwert: kumulierte Barwerte$_{Vorjahr}$ + Barwert = 193.741 € + 10.037 € = 203.778 €

Restwertbarwert: Restwert · Barwertfaktor = 10.000 € · 0,50187 = 5.019 €

Kapitalwert:
  kumulierte Barwerte + Restwertbarwert – Anschaffungskosten
= 203.778 € + 5.019 € – 180.000 € = 28.797 €

Annuitätenfaktor $t_8$: $\dfrac{i \cdot (1+i)^n}{(1+i)^n - 1} = \dfrac{0,09 \cdot (1+0,09)^8}{(1+0,09)^8 - 1} \approx 0,18067$

durchschnittlicher jährlicher Überschuss: Kapitalwert · Annuitätenfaktor = 28.797 € · 0,18067 = 5.203 €

→ _Die wirtschaftliche Nutzungsdauer liegt bei **3 Jahre** ($t_3$), da hier der größte durchschnittliche jährliche Überschuss (**7.733 €**) erzielt wird._

## 3.4.3 Optimaler Ersatzzeitpunkt

Ermittelt den optimalen Ersatzzeitpunkt einer noch nutzungsfähigen Altanlage durch eine Neuanlage. Dazu werden die Betriebs- und Instandhaltungskosten der momentan genutzten Altanlage mit den Kosten der Neuanlage verglichen. Solange die Altanlage die geringeren Kosten aufweist, ist der optimale Ersatzzeitpunkt noch nicht gegeben. Ist der Betrieb der Neuanlage kostengünstiger, sollte die Altanlage ersetzt werden.

| | |
|---|---|
| **Bedingung für den optimalen Ersatzzeitpunkt <u>ohne</u> Restwert =**<br>Auszahlungen$_{\text{Altanlage}}$ > Auszahlungen$_{\text{Neuanlage}}$ + Annuität der Anschaffungsauszahlungen$_{\text{Neuanlage}}$ | |
| **Bedingung für den optimalen Ersatzzeitpunkt <u>mit</u> Restwert =**<br>Auszahlungen$_{\text{Altanlage}}$ + Restminderung$_{\text{Altanlage}}$ + Zinsverlust > Auszahlungen$_{\text{Neuanlage}}$ + Annuität$_{\text{Neuanlage}}$ | |
| **Kapitaleinsatz [€] =**<br>Anschaffungskosten − Restwertbarwert | *Kapital, das für die Anschaffung der Anlage benötigt wird, abzüglich dem Restwert* |
| **Wertverlust [€] =**<br>Restwert − Restwert nach Ablauf des Jahres | *Wertverlust der Anlage nach Ablauf des Nutzungsjahres* |
| **Zinsverlust bei Weiterbetrieb [€] =**<br>Restwert · Kalkulationszinssatz *[Dezimalform = 0,...]* | *entgangene Zinsen für den Kapitaleinsatz aufgrund des Wertverlustes* |
| **Restwertbarwert [€] =**<br>Restwert · Barwertfaktor | *Wert des in der Zukunft liegenden Restwertes im Zeitpunkt $t_0$*<br>*→ Restwert wird kleiner* |
| **Annuitätenfaktor; Kapitalwiedergewinnungsfaktor [Zahl] =**<br>$\dfrac{q^n \cdot (q-1)}{q^n - 1}$ oder $\dfrac{i \cdot (1+i)^n}{(1+i)^n - 1}$<br><br>*Eingabe in den Taschenrechner (bei i = 0,1 und n = 4):*<br>$0,1 \times ((1+0,1)\,y^x\,4) = \div (((1+0,1)\,y^x\,4)-1) =$ | *dient zur Umrechnung von Barwerten von Ein- und Auszahlungen in jährlich gleichbleibende Beträge (Annuitäten)*<br>*→ Kehrwert des kumulativen Barwertfaktors* |
| **Annuität des Kapitaleinsatzes [€] =**<br>Kapitaleinsatz · Annuitätenfaktor (Kapitalwiedergewinnungsfaktor) | |
| **Barwertfaktor [Zahl] =**<br>$\dfrac{1}{(1+i)^n}$ bzw. $\dfrac{1}{q^n}$ | *Barwertfaktor bei einmaliger Ein- bzw. Auszahlung*<br>*→ muss kleiner (<) 1 sein* |

*i = kalkulatorischer Zinssatz [Dezimalform = 0,...]; n = Nutzungsdauer [Jahre, Monate]*

---

**Beispiel 59: optimaler Ersatzzeitpunkt**

Kalkulationszinssatz: 9 % (= 0,09); weiterhin sind gegeben:

| Altanlage | | Neuanlage | |
|---|---|---|---|
| Restwert | 40.000 € | Anschaffungskosten | 600.000 € |
| Restnutzungsdauer (Jahre) | 3 | Nutzungsdauer (Jahre) | 10 |
| Restwert nach Ablauf des Jahres | 25.000 € | Restwert | 20.000 € |
| jährliche Betriebskosten | 240.000 € | jährliche Betriebskosten | 205.000 € |
| | | | |
| jährliche Betriebskosten | 240.000 € | jährliche Betriebskosten | 205.000 € |
| + Wertverlust | 15.000 € | + Annuität Kapitaleinsatz | 92.176 € |
| + Zinsverlust bei Weiterbetrieb | 3.600 € | | |
| **= Summe Betriebskosten** | **258.600 €** | **= Summe Betriebskosten** | **297.176 €** |

Berechnung Altanlage:

Wertverlust:
Restwert – Restwert nach Ablauf des Jahres =
40.000 € – 25.000 € = 15.000 €

Zinsverlust bei Weiterbetrieb:
Restwert · kalkulatorischer Zinssatz =
40.000 € · 0,09 = 3.600 €

Berechnung Neuanlage:

Barwertfaktor: $\dfrac{1}{(1+0,09)^{10}} \approx 0,42241$

Restwertbarwert: 20.000 € · 0,42241 = 8.448 €

Kapitaleinsatz: 600.000 € – 8.448 € = 591.552 €

Annuitätenfaktor: $\dfrac{0,09 \cdot (1+0,09)^{10}}{(1+0,09)^{10}-1} \approx 0,15582$

Annuität Kapitaleinsatz:
591.552 € · 0,15582 = 92.176 €

→ *Der optimale Ersatzzeitpunkt ist noch nicht gegeben, da der **Betrieb der Altanlage** mit **258.600 €** im Moment noch kostengünstiger ist.*

## 3.4.4 Kapazitätserweiterungseffekt

Wird auch Lohmann-Ruchti-Effekt genannt. Die Abschreibungsbeträge werden nicht nur zur Reinvestition (Erneuerung) von abgeschriebenen Investitionsobjekten (z. B. LKWs, Maschinen) eingesetzt, sondern sie werden auch für Erweiterungsinvestitionen in zusätzliche gleichartige Objekte verwendet (d.h. die Investitionsobjekte finanzieren sich selbst).

| | |
|---|---|
| **Kapazitätserweiterungseffekt [Zahl] =** $\dfrac{2 \cdot \text{Nutzungsdauer}}{\text{Nutzungsdauer} + 1}$ | → *je größer, desto länger die Nutzdauer der Investitionsobjekte* |
| **Abschreibung pro Investitionsobjekt [€] =** $\dfrac{\text{Anschaffungskosten}}{\text{Nutzungsdauer}}$ | *Wertverlust eines Investitionsobjektes pro Jahr* |
| **Abschreibung pro Jahr [€] =** Anzahl vorhandener Investitionsobjekte · Abschreibung pro Investitionsobjekt | *gesamter Wertverlust aller Investitionsobjekte pro Jahr* → *kann zur Reinvestition verwendet werden* |

| **Reinvestitionssumme [€] =** Abschreibung pro Jahr + Kapitalfreisetzung des Vorjahres | *steht zur Reinvestition in neue gleich- artige Objekte zu Verfügung* |
| --- | --- |
| **Endkapazität; Endbestand [Stück] =** Ausgangskapazität · Kapazitätserweiterungseffekt | *Bestand, der am Schluss dauerhaft erreicht wird (nicht der Maximalbe- stand) → Wert ist abzurunden* |
| **Kapitalfreisetzung (»übriges Geld«) [€] =** Reinvestitionssumme – Neuanschaffungen | *Kapital, das nach der Reinvestition noch übrig ist* |

 *Siehe auch unter **Finanzierung aus Abschreibungen** auf Seite 48.*

---

***Beispiel 60: Kapazitätserweiterungseffekt** (Lohmann-Ruchti-Effekt)*

Anschaffungskosten: 8.000 €; Nutzungsdauer: 5 Jahre; Ausgangskapazität: 5 Stück

Abschreibung pro Investitionsobjekt: $\dfrac{\text{Anschaffungskosten}}{\text{Nutzungsdauer}} = \dfrac{8.000\ €}{5\ \text{Jahre}} = 1.600\ €$

Kapazitätserweiterungseffekt: $\dfrac{2 \cdot \text{Nutzungsdauer}}{\text{Nutzungsdauer} + 1} = \dfrac{2 \cdot 5}{5 + 1} = \dfrac{10}{6} = 1{,}66666\ldots = 1{,}\overline{6}$

Endkapazität: Ausgangskapazität · Kapazitätserweiterungseffekt = $5 \cdot 1{,}\overline{6} = 8{,}3333\ldots \approx 8$ *(abrunden!)*

| Jahr | Bestand Jahres- anfang | Neu- anschaf- fungen | Ver- schrot- tungen | Abschrei- bungen | Kapitalfrei- setzung (Vorjahr) | Reinves- tions- summe | Anschaf- fungs- summe | Kapitalfrei- setzung (Restbetrag) |
| --- | --- | --- | --- | --- | --- | --- | --- | --- |
| 2018 | 5 | 1 | 0 | 8.000 € | | 8.000 € | -8.000 € | 0 € |
| 2019 | 6 | 1 | 0 | 9.600 € | 0 € | 9.600 € | -8.000 € | 1.600 € |
| 2020 | 7 | 1 | 0 | 11.200 € | 1.600 € | 12.800 € | -8.000 € | 4.800 € |
| 2021 | 8 | 2 | 0 | 12.800 € | 4.800 € | 17.600 € | -16.000 € | 1.600 € |
| 2022 | 10 | 2 | 5 | 16.000 € | 1.600 € | 17.600 € | -16.000 € | 1.600 € |
| 2023 | 7 | 1 | 1 | 11.200 € | 1.600 € | 12.800 € | -8.000 € | 4.800 € |
| 2024 | 7 | 2 | 1 | 11.200 € | 4.800 € | 16.000 € | -16.000 € | 0 € |
| 2025 | 8 | 1 | 1 | 12.800 € | 0 € | 12.800 € | -8.000 € | 4.800 € |
| 2026 | 8 | 2 | 2 | 12.800 € | 4.800 € | 17.600 € | -16.000 € | 1.600 € |
| 2027 | 8 | 1 | 2 | 12.800 € | 1.600 € | 14.400 € | -8.000 € | 6.400 € |

Berechnungen für das Jahr 2027:

Abschreibungen: Bestand Jahresanfang · Abschreibung pro Investitionsobjekt = 8 · 1.600 € = 12.800 €

Reinvestitionssumme: Abschreibungen + Kapitalfreisetzung$_{\text{Vorjahr}}$ = 12.800 € + 1.600 € = 14.400 €

Anzahl neuer Objekte: $\dfrac{\text{Reinvestitionssumme}}{\text{Anschaffungskosten}} = \dfrac{14.400\ €}{8.000\ €} = 1{,}8 \approx 1$ *(abrunden!)*

Anschaffungssumme: Anzahl neuer Objekte · Anschaffungssumme = 1 · 8.000 € = 8.000 €

Kapitalfreisetzung: Reinvestitionssumme – Anschaffungssumme = 14.400 € – 8.000 € = 6.400 €

→ *Die Endkapazität bzw. der Endbestand beträgt **8 Stück**. Ab diesem Jahr (2025) wird er nicht mehr steigen. Der Höchstbestand von 10 Stück im Jahr 2022 wird nicht mehr erreicht.*

# 4 RECHNUNGSWESEN

Das Rechnungswesen dient der systematischen Erfassung, Überwachung und Aufbereitung der durch den betrieblichen Leistungsprozess entstandenen Geld- und Leistungsströme.

## Aktiva *(Vermögen)* Bilanz zum 31.12.2

**Anlagevermögen (AV)**
- *immaterielle Vermögensgegenstände*
  - selbst erschaffene gewerbliche Schutzrechte
  - entgeltlich erworbene gewerbliche Schutzrechte
- *Sachanlagen*
  - Grundstücke und Gebäude
  - technische Anlagen und Maschinen
  - Betriebs- und Geschäftsausstattung
- *Finanzanlagen*
  - Anteile an Unternehmen
  - Beteiligungen sonstiger Art
  - langfristige Wertpapiere

**Eigenk**
- geze
- Kapi
- Gew
- Gew
- Jahr

**Fremd**
- *lang*
  - Rü
    - R
    - S
    - s
  - Ve
    Kre
- *kurz*
  - erh

# 4.1 Teilbereiche des Rechnungswesens

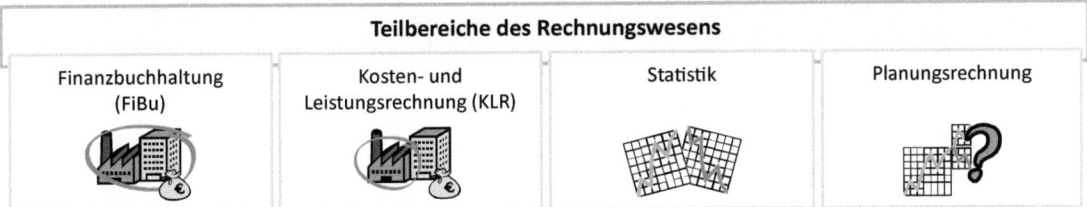

Abbildung 34: Überblick über die Teilbereiche des Rechnungswesens

## Finanzbuchhaltung (FiBu)

Sie erfasst <u>alle</u> Zahlen, die aufgrund von Belegen anfallen, zeichnet diese zeitlich und sachlich geordnet auf und dokumentiert damit die Veränderung des Vermögens und der Schulden (Dokumentationsaufgabe). Die zu erstellenden Jahresabschlüsse dienen der Information und Rechenschaftslegung gegenüber externen und internen Interessenten (Informationsaufgabe).

 *Siehe auch unter 4.3 Finanzbuchhaltung auf Seite 88.*

## Kosten- und Leistungsrechnung (KLR)

Sie erfasst alle <u>betriebsbezogenen</u> Daten des Unternehmens zur Überwachung der Wirtschaftlichkeit und Rentabilität (Kontrollaufgabe). Sie stellt Daten für betriebliche Entscheidungen und Planungen zur Verfügung (Dispositionsaufgabe).

 *Siehe auch unter 5 Kosten- und Leistungsrechnung auf Seite 112.*

## Statistik

Sie basiert auf den Daten der Finanzbuchhaltung und Kosten- und Leistungsrechnung und gewinnt durch interne und externe Vergleiche zusätzliche Erkenntnisse.

## Planungsrechnung

Es besteht eine enge Verbindung zwischen der Kosten- und Leistungsrechnung und der Planungsrechnung. Wenn die einzelnen Bereiche des Rechnungswesens richtig und exakt arbeiten, ist eine realistische Entscheidung der zukünftigen Entwicklung für Planungszwecke möglich.

# 4.2 Buchführungspflicht

Die Buchführungspflicht ist eine gesetzliche Vorschrift zur zahlenmäßigen Erfassung des Unternehmensgeschehens. Die Darstellung der Rechnungslegungsvorschriften werden im Handelsgesetzbuch (HGB) erläutert.

| Buchführungspflicht nach <u>Handelsrecht</u> | Buchführungspflicht nach <u>Steuerrecht</u> |
|---|---|
| • jeder ins Handelsregister eingetragene Kaufmann<br>• Gläubigerschutz steht im Vordergrund, um eine Vermögensüber- und Schuldenunterbewertung zu vermeiden<br>• Erstellung der Handelsbilanz für die Öffentlichkeit | • jeder Gewerbebetreibende<br>• Ermittlung des periodengerechten Gewinns, um einen zu geringen oder nicht periodengerecht ermittelten Gewinn zu vermeiden<br>• Erstellung der Steuerbilanz für das Finanzamt |

*Tabelle 13: Buchführungspflicht nach Handels- und Steuerrecht*

## Grundsätze ordnungsmäßiger Buchführung

Die Grundsätze ordnungsmäßiger Buchführung (GoB) sind Regeln zur Buchführung und Bilanzierung. Sie sollen Gläubiger und Unternehmenseigner vor fehlerhaften Daten, Informationen und möglichen Verlusten schützen. Grundsätzlich ist jeder Kaufmann gesetzlich dazu verpflichtet, Bücher zu führen und in diesen seine Handelsgeschäfte (Buchungen) und die Lage seines Vermögens nach den GoB ersichtlich zu machen. Sie sind unterteilt in Rahmengrundsätze, Abgrenzungsgrundsätze und ergänzende Grundsätze.

Die Rahmengrundsätze regeln die grundsätzlichen Anforderungen an eine Buchführung.

| Rahmengrundsatz | Merkmale |
|---|---|
| Richtigkeit und Willkürfreiheit<br>(§ 239 Abs. 2 HGB) | entsprechend den Vorschriften und Vorgängen richtig buchen, nur richtige und vollständige Werte erfassen, bei Schätzungen den am ehesten möglichen Wert ansetzen |

| Rahmengrundsatz | Merkmale |
|---|---|
| Klarheit und Übersichtlichkeit (§ 243 Abs. 2 HGB) | klar und eindeutig buchen und Aufzeichnungen strukturieren, damit sich Dritte innerhalb einer angemessenen Zeit einen Überblick verschaffen können |
| Einzelbewertung (§ 252 Abs. 1 Nr. 3 HGB) | jedes Wirtschaftsgut ist einzeln zu bewerten |
| Vollständigkeit (§ 246 Abs. 1 HGB) | alle Buchungen sind vollständig (lückenlos), geordnet, zeitnah, einzeln und fortlaufend aufzuzeichnen |

*Tabelle 14: Rahmengrundsätze der ordnungsmäßigen Buchführung*

Die Abgrenzungsgrundsätze werden auch Ermittlungsgrundsätze genannt und regeln die Abgrenzung (Ermittlung) von Verlusten und Schulden bei der Buchführung.

| Abgrenzungsgrundsätze | Merkmale |
|---|---|
| Imparitätsprinzip (§ 252 Abs. 1 Nr. 4 HGB) | Verluste müssen schon ausgewiesen werden, wenn deren Entstehen wahrscheinlich, aber noch nicht eingetreten ist |
| Realisationsprinzip (§ 252 Abs.1 Nr. 4 HGB) | Gewinne dürfen erst ausgewiesen werden, wenn sie bereits durch Umsätze realisiert sind |
| periodengerechte Abgrenzung (§ 252 Abs. 1 Nr. 5 HGB) | alle Geschäftsfälle dem Wirtschaftsjahr zuordnen, zu dem sie gehören und in dem sie entstanden sind |

*Tabelle 15: Abgrenzungsgrundsätze der ordnungsmäßigen Buchführung*

Die ergänzenden Grundsätze sind im Laufe der Zeit aus der Praxis entstanden und ergänzen die Rahmengrundsätze.

| Grundsatz | Merkmale |
|---|---|
| Bilanzkontinuität (§ 252 Abs. 1 Nr. 1 HGB) | Übereinstimmung der Eröffnungsbilanz der neuen Rechnungsperiode mit der Schlussbilanz der vorherigen Rechnungsperiode |
| Fortführungsprinzip (§ 252 Abs. 1 Nr. 2 HGB) | (Going-conzern-Prinzip) es ist von der Fortführung der Unternehmenstätigkeit auszugehen, sonst sind die Verkaufswerte anzusetzen |
| Stichtagsprinzip (§ 252 Abs. 1 Nr. 3 HGB) | Vermögen und Schulden sind zum Abschlussstichtag zu bewerten |
| Vorsichtsprinzip (§ 252 Abs. 1 Nr. 4 HGB) | alle vorhersehbaren Verluste bis zum Abschlussstichtag sind zu berücksichtigen, Gewinne nur dann, wenn sie bis zum Abschlussstichtag auch tatsächlich realisiert sind |

*Tabelle 16: ergänzende Grundsätze der ordnungsmäßigen Buchführung*

## Internationale Rechnungslegung

- **IFRS/IAS** (International Financial Reporting Standards/International Accounting Standard) ist eine internationale Rechnungslegungsvorschrift für Unternehmen, die die Aufstellung international vergleichbarer Jahres- und Konzernabschlüsse regeln soll.

- **US-GAAP** (United States Generally Accepted Accounting Principles) ist eine US-amerikanische Rechnungslegungsvorschrift und eine allgemein anerkannte Verfahrensweise der Rechnungslegung von Unternehmen.

- **IASC** (International Accounting Standard Committee) ist eine privatrechtliche unabhängige Organisation mit dem Ziel, weltweit einheitliche Rechnungslegungsgrundsätze zu schaffen.

# 4.3 Finanzbuchhaltung

Sie erfasst alle <u>unternehmensbezogenen</u> Vorgänge, die sich in Zahlen ausdrücken lassen. Diese werden sachlich und zeitlich geordnet, auf Konten gebucht und dokumentiert. Am Ende einer Rechnungsperiode (z. B. pro Monat, Quartal, Jahr) werden die einzelnen Konten abgeschlossen und eine Bilanz sowie eine Gewinn- und Verlustrechnung (GuV) erstellt. Sie ermittelt so den Erfolg des gesamten Unternehmens.

### Die Finanzbuchhaltung hat folgende Aufgaben:

- ermittelt den Unternehmenserfolg (Gewinn bzw. Verlust)
- ermittelt die Vermögens- und Schuldenwerte
- liefert wichtige Informationen zur Beurteilung der Unternehmenslage
- liefert Zahlen für die Preisberechnung (Kalkulation)
- Rechenschaftslegung in Form des Jahresabschlusses (Bilanz)
- stellt Zahlen für andere Unternehmensbereiche und für die innerbetriebliche Kontrolle zur Verfügung
- zeichnet alle Veränderungen der Vermögens- und Schuldenwerte im gesamten Unternehmen sachlich geordnet und lückenlos auf

*Unterschied zwischen Geschäftsfall und Beleg*
*Geschäftsfall: Tätigkeit, die Vermögen oder Schulden ändert*
*Beleg: Nachweis für Geschäftsfall mit Vorgang, Datum, Betrag*

# 4.3.1 Aufbau der Finanzbuchhaltung

Ein Konto ist eine Tabelle, die aus zwei Spalten besteht, in die jeweils auf der linken Seite die Soll- und auf der rechten Seite die Habenbuchungen aufgenommen werden. Die Zu- bzw. Abgänge werden so gesammelt und am Ende der Abrechnungsperiode über den Saldo (Endbestand) in die Schlussbilanz aufgenommen.

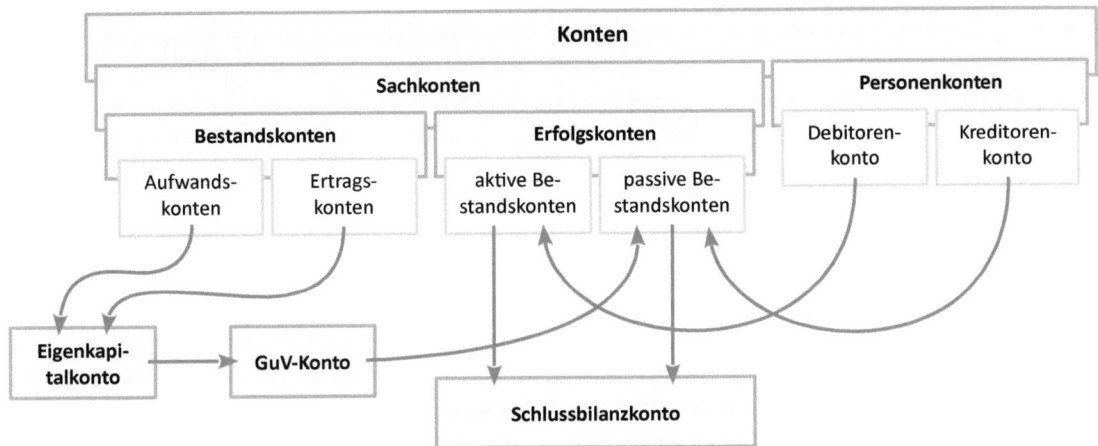

*Abbildung 35: Die einzelnen Konten der Finanzbuchhaltung sowie deren Zusammenspiel*

## Kontenarten

- Sachkonten (Hauptbuch) gehen direkt in die Bilanz oder GuV ein.

  - Die Bestandskonten weisen zu Beginn des Geschäftsjahres einen Anfangsbestand auf, deren Wert aus der Bilanz stammt.

    - Die aktiven Bestandskonten (Aktivkonto) erfassen Vermögenswerte (Positionen der Aktiva, linke Seite der Bilanz). Der Anfangsbestand und Zugänge werden im Soll (linke Seite), Abgänge und der Saldo (Schlussbestand) werden im Haben gebucht. Aktive Bestandskonten sind z. B. Konten für Gebäude, Fuhrpark, Vorräte oder die Kasse.

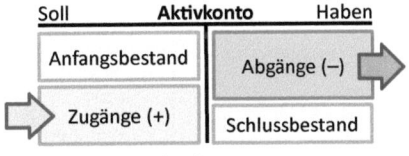

*Abbildung 36: Aktivkonto*

    - Die passiven Bestandskonten (Passivkonto) nehmen Kapital auf (Positionen der Passiva, rechte Seite der Bilanz). Der Anfangsbestand und Zugänge werden im Haben (rechte Seite), Abgänge und der Saldo (Schlussbestand) werden im Soll gebucht. Passive Bestandskonten sind z. B. Konten für das Eigenkapital, Darlehen oder Verbindlichkeiten.

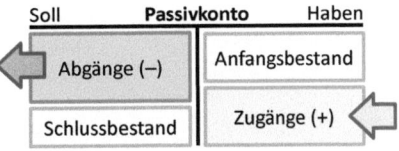

*Abbildung 37: Passivkonto*

- Die Erfolgskonten sind die in die GuV eingehenden Konten. Sie verbuchen ausschließlich erfolgswirksame Geschäftsvorfälle und werden auf die passiven Bestandskonten verbucht. Im Gegensatz zu den Bestandskonten haben sie keinen Anfangsbestand.
  - Die Aufwandskonten erfassen alle Aufwendungen eines Unternehmens. Sie werden im <u>Soll</u> (linke Seite) gebucht, da sie das Eigenkapital mindern. Aufwandskonten sind z. B. Konten für Löhne und Gehälter, Abschreibungen oder Rohstoffe.
  - Die Ertragskonten erfassen alle Erträge eines Unternehmens. Sie werden im <u>Haben</u> (rechte Seite) gebucht, da sie das Eigenkapital erhöhen. Ertragskonten sind z. B. Konten für Umsatzerträge oder Zinserträge.

- Personenkonten (Kontokorrentbuch)
  - Das Debitorenkonto (Debitor = Kreditnehmer) erfasst alle offenen Forderungen und wird auf die aktiven Bestandskonten verbucht.
  - Das Kreditorenkonto (Kreditor = Kreditgeber) erfasst alle offenen Verbindlichkeiten und wird auf die passiven Bestandskonten verbucht.

- Das Schlussbilanzkonto dient im Jahresabschluss der Rückübertragung der neuen Salden (Schlussbestände) in die Schlussbilanz.

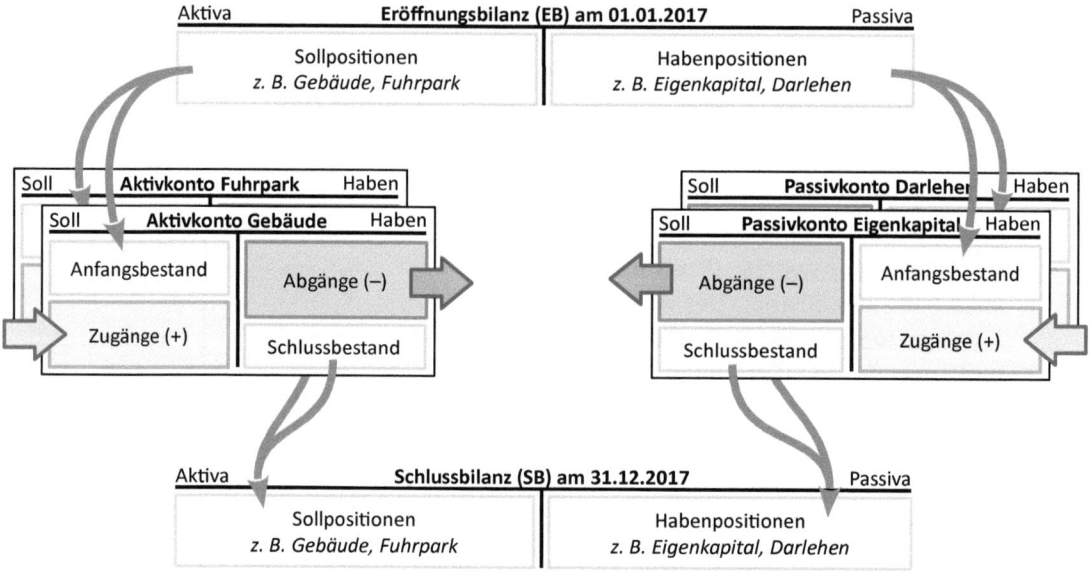

*Abbildung 38: Aufbau eines Aktiv- bzw. Passivkonto*

## 4.3.2 Bilanz

Sie ist ein kurz gefasstes Inventar in Kontoform (Gegenüberstellung von Vermögen und Schulden) als Zeitpunktbetrachtung (§ 260 HGB).

- Die Aktiva (linke Seite der Bilanz) zeigt das Vermögen (Mittelverwendung, wie wurde das Vermögen angelegt) und ist in folgende drei Bereiche untergliedert:
  - Das Anlagevermögen (AV) ist nach der Anlagedauer geordnet. Je länger eine Position angelegt ist, desto weiter oben in der Bilanz steht sie. Konten des Anlagevermögens sind z. B. alle immateriellen Vermögensgegenstände, Sachanlagen und Finanzanlagen.
  - Das Umlaufvermögen (UV) ist nach Liquidität geordnet. Je schwerer eine Position zu Bargeld machbar ist, desto weiter oben in der Bilanz steht sie. Konten des Umlaufvermögens sind z. B. Vorräte, Forderungen, kurzfristig angelegte Wertpapiere, Kassenbestand und Bankguthaben.

> ### Umlaufvermögen
> *Das Umlaufvermögen befindet sich in einem **ständigen Umlauf**: mit dem Geld aus der Kasse bzw. vom Bankkonto werden neue Rohstoffe gekauft. Diese werden während der Herstellung über unfertige zu fertigen Erzeugnissen, die anschließend verkauft werden. Das Unternehmen hat nun eine Forderung gegen den Kunden, der diese mit Geld bezahlt. Mit dem Geld werden nun neue Rohstoffe gekauft und der Umlauf beginnt von vorne.*

- Die aktive Rechnungsabgrenzung nimmt Geschäftsvorfälle auf, die sich über unterschiedliche Rechnungsperioden erstrecken. Ein Aufwand für das neue Wirtschaftsjahr stellt bereits im alten Wirtschaftsjahr eine Ausgabe dar (siehe auch Seite 108).

- Die Passiva (rechte Seite der Bilanz) zeigt das Kapital (Mittelherkunft; wie wurde die Aktive (linke Bilanzseite) finanziert) und ist in folgende vier Bereiche untergliedert:
  - Das Eigenkapital enthält das Kapital, das dem Eigentümer bzw. der Firma gehört. Konten des Eigenkapitals sind z. B. das gezeichnete Kapital, Kapitalrücklage, Gewinnrücklage, Gewinn- bzw. Verlustvortrag und Jahresüberschuss (Gewinn) bzw. Jahresfehlbetrag (Verlust).
  - Die Rückstellungen sind Geldbeträge für bestimmte Geschäftsfälle, bei denen lediglich feststeht, dass sie anfallen, jedoch noch nicht deren genauer Eintritt und Höhe. Konten der Rückstellungen sind z. B. Rückstellungen für Pensionen, Steuerrückstellungen und sonstige Rückstellungen (siehe auch Seite 48).
  - Das Fremdkapital (Verbindlichkeiten bzw. Schulden) unterteilt sich wieder in lang- und kurzfristiges Fremdkapital und ist nach Fälligkeit geordnet. Je früher das Fremdkapital wieder bezahlt werden muss, desto weiter unten in der Bilanz steht es. Konten des Fremdkapitals sind langfristiges Fremdkapital (Verbindlichkeiten gegenüber Kreditin-

stituten wie Darlehen oder Hypotheken) und kurzfristiges Fremdkapital (beispielsweise erhaltene Anzahlungen, Verbindlichkeiten aus Lieferungen und Leistungen, Verbindlichkeiten gegenüber Unternehmen und sonstige Verbindlichkeiten).

- Die passive Rechnungsabgrenzung nimmt Geschäftsvorfälle auf, die sich über unterschiedliche Rechnungsperioden erstrecken. Ein Ertrag für das neue Wirtschaftsjahr stellt bereits im alten Wirtschaftsjahr eine Einzahlung dar (siehe auch Seite 108).

| Bilanzgleichung *[€]* = | die linke Bilanzseite muss wertmäßig |
|---|---|
| Aktiva (Vermögen) = Passiva (Kapital) | der rechten Bilanzseite entsprechen |

## Aufbau einer Bilanz

Abbildung 39: Aufbau einer Bilanz

## Bestandsbewegungen

Bestandsbewegungen sind Veränderungen zwischen den einzelnen Bilanzkonten. Eine Veränderung auf einem Konto (z. B. Zugang durch Einkauf) bewirkt automatisch eine zweite Veränderung in der gleichen Höhe auf einem oder mehreren anderen Konten (z. B. Abnahme durch Bezahlen). Man spricht auch von der doppelten Buchführung, weil jeder Geschäftsvorgang so zweifach erfasst wird.

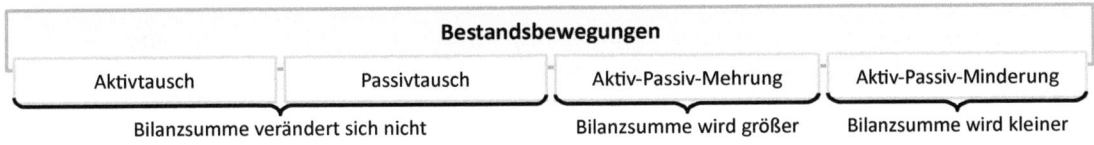

Abbildung 40: Übersicht über die Bestandsbewegungen

- Bei einem Aktivtausch ändert sich nur die Aktivseite der Bilanz. Ein Aktivkonto nimmt an Wert zu, während ein anderes Aktivkonto um den gleichen Wert abnimmt, die Bilanzsumme verändert sich dabei nicht.

| Aktiva | | Bilanz | Passiva |
|---|---|---|---|
| Fuhrpark | 5.000 | Eigenk. | 2.000 |
| Rohstoffe | 2.000 | Darleh. | 3.000 |
| Kasse | 2.000 | Verbind. | 4.000 |
| Summe | 9.000 | Summe | 9.000 |

| Aktiva | | Bilanz | Passiva |
|---|---|---|---|
| ↓ Fuhrpark | 3.000 | Eigenk. | 2.000 |
| Rohstoffe | 2.000 | Darleh. | 3.000 |
| ↑ Kasse | 4.000 | Verbind. | 4.000 |
| Summe | 9.000 | Summe | 9.000 |

Abbildung 41: Aktivtausch durch Barverkauf eines Fahrzeuges für 2.000 €

- Bei einem Passivtausch ändert sich nur die Passivseite der Bilanz. Ein Passivkonto nimmt an Wert zu, während ein anderes Passivkonto um den gleichen Wert abnimmt, die Bilanzsumme verändert sich dabei nicht.

| Aktiva | | Bilanz | Passiva |
|---|---|---|---|
| Fuhrpark | 3.000 | Eigenk. | 2.000 |
| Rohstoffe | 2.000 | Darleh. | 3.000 |
| Kasse | 4.000 | Verbind. | 4.000 |
| Summe | 9.000 | Summe | 9.000 |

| Aktiva | | Bilanz | Passiva |
|---|---|---|---|
| Fuhrpark | 3.000 | Eigenk. | 2.000 |
| Rohstoffe | 2.000 | Darleh. | 6.000 ↑ |
| Kasse | 4.000 | Verbind. | 1.000 ↓ |
| Summe | 9.000 | Summe | 9.000 |

Abbildung 42: Passivtausch durch Umwandlung einer kurzfristigen Verbindlichkeit von 3.000 € in ein Darlehen

- Bei einer Aktiv-Passiv-Mehrung ändert sich die Aktiv- und Passivseite. Ein Aktivkonto und ein Passivkonto nehmen um den gleichen Wert zu, die Bilanzsumme wird dabei größer (Bilanzverlängerung).

| Aktiva | | Bilanz | Passiva |
|---|---|---|---|
| Fuhrpark | 3.000 | Eigenk. | 2.000 |
| Rohstoffe | 2.000 | Darleh. | 6.000 |
| Kasse | 4.000 | Verbind. | 1.000 |
| Summe | 9.000 | Summe | 9.000 |

| Aktiva | | Bilanz | Passiva |
|---|---|---|---|
| Fuhrpark | 3.000 | Eigenk. | 2.000 |
| ↑ Rohstoffe | 4.000 | Darleh. | 6.000 |
| Kasse | 4.000 | Verbind. | 3.000 ↑ |
| ↑ Summe | 11.000 | Summe | 11.000 ↑ |

Abbildung 43: Aktiv-Passiv-Mehrung durch Kauf von Rohstoffen im Wert von 2.000 € auf Ziel (Verbindlichkeit)

- Bei einer Aktiv-Passiv-Minderung ändert sich die Aktiv- und Passivseite. Ein Aktivkonto und ein Passivkonto nehmen um den gleichen Wert ab, die Bilanzsumme wird dabei kleiner (Bilanzverkürzung).

| Aktiva | | Bilanz | Passiva |
|---|---|---|---|
| Fuhrpark | 3.000 | Eigenk. | 2.000 |
| Rohstoffe | 4.000 | Darleh. | 6.000 |
| Kasse | 4.000 | Verbind. | 3.000 |
| Summe | 11.000 | Summe | 11.000 |

| Aktiva | | Bilanz | Passiva |
|---|---|---|---|
| Fuhrpark | 3.000 | Eigenk. | 2.000 |
| Rohstoffe | 4.000 | Darleh. | 6.000 |
| ↓ Kasse | 2.000 | Verbind. | 1.000 ↓ |
| ↓ Summe | 9.000 | Summe | 9.000 ↓ |

Abbildung 44: Aktiv-Passiv-Minderung durch Begleichen von 2.000 € Verbindlichkeiten durch Barzahlung

### 4.3.3  Buchungssätze

Ein Buchungssatz ist eine Buchungsanweisung in der Finanzbuchhaltung. Er gibt an, welche Beträge auf welche Konten gebucht werden sollen.

Die Buchungsregeln schreiben vor, wie richtig gebucht werden muss.

- generell gilt: keine Buchung ohne Beleg
- alle Buchungssätze lauten: Soll an Haben
- aktive Bestandskonten (Konten der Aktivseite) nehmen im Soll zu und im Haben ab, der Anfangsbestand befindet sich auf der Soll-Seite (linke Seite)
- passive Bestandskonten (Konten der Passivseite) nehmen im Soll ab und im Haben zu, der Anfangsbestand befindet sich auf der Haben-Seite (rechte Seite)
- Aufwendungen werden im Soll (linke Seite), Erträge im Haben (rechte Seite) gebucht
- Aufwands- und Ertragskonten haben keinen Anfangsbestand und werden über das GuV-Konto abgeschlossen
- das GuV-Konto wird über das Eigenkapitalkonto abgeschlossen

Vorgehensweise bei der Bestimmung der Buchungssätze:

1. Welche Konten werden angesprochen?
2. Sind es Aktivkonten oder Passivkonten? (siehe hierzu Aufbau einer Bilanz auf Seite 92)
3. Liegt eine Zunahme oder eine Abnahme vor?
4. Auf welcher Seite ist zu buchen?
   - Aktivkonto:  eine <u>Zunahme</u> wird auf der <u>linken</u> Seite gebucht → Soll-Buchung
                        eine <u>Abnahme</u> wird auf der <u>rechten</u> Seite gebucht → Haben-Buchung
   - Passivkonto:  eine <u>Zunahme</u> wird auf der <u>rechten</u> Seite gebucht → Haben-Buchung
                        eine <u>Abnahme</u> wird auf der <u>linken</u> Seite gebucht → Soll-Buchung
5. Der Buchungssatz wird zusammengesetzt (die Soll-Buchung zuerst) und die entsprechenden Buchungsbeträge ergänzt.

---

***Beispiel 61: Buchungssätze***

Geschäftsfall: Es wird ein neuer Firmenwagen gekauft. Die Zahlung in Höhe von 15.000 € erfolgt durch eine Banküberweisung.

1. Welche Konten? → **Fuhrpark** (Stichwort: Firmenwagen) und **Bank** (Stichwort: Überweisung)

2. Aktiv- oder Passivkonten? → beide Konten sind auf der **Aktivseite** der Bilanz → beides **Aktivkonten**

3. Zu- oder Abnahme? → Konto Fuhrpark: **Zunahme** (Stichwort: Kauf); Konto Bank: **Abnahme** (Stichwort: Zahlung)

4. Auf welcher Seite ist zu buchen? → bei Aktivkonten → Konto Fuhrpark: Zunahme → **Soll-Buchung**; Konto Bank: Abnahme → **Haben-Buchung**

5. Buchungssatz zusammensetzen (Soll-Buchung zuerst) → **Fuhrpark an Kasse**

→ *Der Buchungssatz lauter daher: »**Fuhrpark 15.000 € an Kasse 15.000 €**«.*

# 4.4 Gewinn- und Verlustrechnung

Die Gewinn- und Verlustrechnung (GuV) ist eine Gegenüberstellung von Aufwendungen und Erträgen der Abrechnungsperiode, die aus den Aufwands- und Erfolgskonten der Buchhaltung übernommen werden. Der ermittelte Gewinn (oder Verlust) wird über das Eigenkapital (Position: Jahresüberschuss/Jahresfehlbetrag) in die Bilanz aufgenommen.

## Aufgaben der GuV:

- bestimmen des Betriebsergebnisses und des außerordentlichen Ergebnisses
- ermitteln des Erfolges des Wirtschaftsjahres
- systematisches Auflisten und Gegenüberstellen der Aufwendungen und Erträge des abgelaufenen Wirtschaftsjahres

| Gesamtkostenverfahren | | Umsatzkostenverfahren | |
|---|---:|---|---:|
| + Umsatzerlöse | 22.030.800,00 € | + Umsatzerlöse | 22.030.800,00 € |
| + Erhöhung des Bestandes an fertigen und unfertigen Erzeugnissen | 603.650,40 € | − Herstellungskosten der zur Erzielung der Umsatzerlöse erbrachten Leistungen | -16.207.296,00 € |
| − Verminderung des Bestandes an fertigen und unfertigen Erzeugnissen | -1.716.622,68 € | = **Bruttoergebnis vom Umsatz** | **5.823.504,00 €** |
| + andere aktivierte Eigenleistungen | 302.517,70 € | | |
| + sonstige betriebliche Erträge | 391.274,00 € | | |
| − Materialaufwand | -5.449.444,32 € | − Vertriebskosten | -694.692,00 € |
| − Personalaufwand | -10.349.496,00 € | − allgemeine Verwaltungskosten | -1.421.700,00 € |
| − Abschreibungen | -1.714.293,10 € | + sonstige betriebliche Erträge | 391.274,00 € |
| − sonstige betriebliche Aufwendungen | -1.244.352,00 € | − sonstige betriebliche Aufwendungen | -1.244.352,00 € |
| = **Betriebsergebnis (EBIT)** | **2.854.034,00 €** | = **Betriebsergebnis (EBIT)** | **2.854.034,00 €** |
| + Erträge aus Beteiligungen | 269.437,00 € | + Erträge aus Beteiligungen | 269.437,00 € |
| + Erträge aus anderen Wertpapieren und Ausleihungen des Finanzanlagevermögens | 105.639,69 € | + Erträge aus anderen Wertpapieren und Ausleihungen des Finanzanlagevermögens | 105.639,69 € |
| + sonstige Zinsen und ähnliche Erträge | 97.338,36 € | + sonstige Zinsen und ähnliche Erträge | 97.338,36 € |
| − Abschreibungen auf Finanzanlagen und Wertpapiere des Umlaufvermögens | -64.300,68 € | − Abschreibungen auf Finanzanlagen und Wertpapiere des Umlaufvermögens | -64.300,68 € |
| − Zinsen und ähnliche Aufwendungen | -332.933,84 € | − Zinsen und ähnliche Aufwendungen | -332.933,84 € |
| = **Ergebnis der gewöhnlichen Geschäftätigkeit** | **2.929.214,54 €** | = **Ergebnis der gewöhnlichen Geschäftätigkeit** | **2.929.214,54 €** |
| + außerordentliche Erträge | 538.275,45 € | + außerordentliche Erträge | 538.275,45 € |
| − außerordentliche Aufwendungen | -287.080,24 € | − außerordentliche Aufwendungen | -287.080,24 € |
| = **außerordentliches Ergebnis** | **3.180.409,75 €** | = **außerordentliches Ergebnis** | **3.180.409,75 €** |
| − Steuern vom Einkommen und Ertrag | -349.845,07 € | − Steuern vom Einkommen und Ertrag | -349.845,07 € |
| − sonstige Steuern | -63.608,19 € | − sonstige Steuern | -63.608,19 € |
| = **Jahresüberschuss/Jahresfehlbetrag** | **2.766.956,48 €** | = **Jahresüberschuss/Jahresfehlbetrag** | **2.766.956,48 €** |

*Tabelle 17: Gliederung der GuV nach § 275 Abs. 2 HGB*

**HINWEISE**

*In der „echten" GuV müssten noch zusätzlich in einer weiteren Spalte die Vorjahreszahlen angegeben werden (§ 265 Abs. 2 Satz 1 HGB). Positionen, die aktuell und auch im Vorjahr keinen Wert besaßen, müssen nicht mit aufgeführt werden, die GuV wird dadurch kürzer und übersichtlicher.*

# 4.5 Inventur

## Inventur

Die Inventur (<u>Tätigkeit</u>) besteht aus der art-, mengen- und wertmäßigen Feststellung aller am Bilanzstichtag in einem Unternehmen vorhandenen Wirtschaftsgüter durch Zählen, Messen, Wiegen oder Schätzen und der anschließenden Bewertung aller Wirtschaftsgüter für die Ermittlung von Unternehmensvermögen und -schulden.

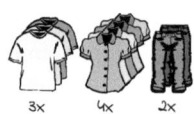

| Inventurarten | | | | | |
|---|---|---|---|---|---|
| Buchinventur | körperliche Inventur | permanente Inventur | Stichtags-inventur | Stichproben-inventur | zeitverschobene Inventur |

*Abbildung 45: Überblick über die Arten der Inventur*

- Bei einer Buchinventur werden alle nicht körperlichen Gegenstände (z. B. Bankguthaben, Forderungen, Schulden, Verbindlichkeiten) durch Belege buchhalterisch erfasst.

- Bei einer körperlichen Inventur werden körperliche Gegenstände (z. B. Hosen, Stoffbahnen) durch beispielsweise Zählen oder Messen festgestellt und bewertet. Mengenmäßiges Schätzen ist nur dann zulässig, wenn eine exakte Aufnahme unmöglich ist (meist bei sehr vielen Kleinteilen).

- Bei einer permanenten Inventur (Buchinventur) wird der Bestand laufend fortgeschrieben. Einmal im Geschäftsjahr muss trotzdem eine körperliche Inventur durchgeführt werden.

- Bei einer Stichtagsinventur erfolgt die Inventur zu einem bestimmten Stichtag.

  - Die klassische Stichtagsinventur findet <u>am Bilanzstichtag</u> (z. B. am 31.12.2017) statt. Sie ist nur bei kleinen Unternehmen möglich.

  - Die ausgeweitete Stichtagsinventur findet <u>10 Tage</u> vor bzw. nach dem Bilanzstichtag statt, z. B. bereits am 28.12.2017 oder erst am 03.01.2018.

- Die Strichprobeninventur ist eine Teilinventur anhand den GoB entsprechenden mathematisch-statistischen Verfahren. Es werden hierbei nur die hochwertigen Artikel gezählt, damit ist der Großteil des Lagerwertes erfasst. Der Restbestand wird dann nur stichprobenartig gezählt und anschließend auf den Gesamtbestand hochgerechnet.

  Voraussetzungen für die Strichprobeninventur:
  - das Lager umfasst mindestens 2.000 Artikel
  - ein EDV-Lagerbuchführungs-System ist vorhanden
  - 5 % des Bestandes decken mindestens 40 % des Lagerwertes ab

- Die zeitverschobene Inventur findet innerhalb der letzten <u>3 Monate vor</u> oder <u>2 Monate nach</u> dem Bilanzstichtag statt.

  - Wird die Inventur vorgelagert (findet noch im alten Jahr statt), so muss der Wert am Inventurstichtag auf den Bilanzstichtag wertmäßig fortgeschrieben werden. Dazu werden alle Zugänge (Einkäufe) nach der Inventur zum Wert des Bestandes hinzugezählt und alle Abgänge (Verbrauch) nach der Inventur vom Wert des Bestands abgezogen.

> **Beispiel 62: wertmäßige Fortschreibung**
>
> Die Inventur wird vorgelagert und findet schon am 15.12.2017 (Inventurstichtag) statt.
>
> | | |
> |---|---:|
> | Wert des Bestandes am Inventurstichtag (15.12.2017) | 949.694 € |
> | + Wert der Zugänge (Einkäufe) zwischen Inventurstichtag und Bilanzstichtag | 87.217 € |
> | − Wert der Abgänge (Verbrauch) zwischen Inventurstichtag und Bilanzstichtag | -106.598 € |
> | = **Wert des Bestandes am Bilanzstichtag (31.12.2017)** | **969.076 €** |
>
> → *Der Wert des Bestandes am Bilanzstichtag (31.12.2017) beträgt **969.076 €**.*

  - Wird die Inventur nachgelagert (findet erst im neuen Jahr statt), so muss der Wert am Inventurstichtag auf den Bilanzstichtag wertmäßig rückgerechnet werden. Dazu werden alle Abgänge (Verbrauch) zwischen dem Inventurstichtag und dem Bilanzstichtag zum Wert des Bestandes hinzugezählt und alle Zugänge (Einkäufe) zwischen dem Inventurstichtag und dem Bilanzstichtag vom Wert des Bestandes abgezogen.

> **Beispiel 63: wertmäßige Rückrechnung**
>
> Die Inventur wird nachgelagert und findet erst am 16.01.2018 (Inventurstichtag) statt.
>
> | | |
> |---|---:|
> | Wert des Bestandes am Inventurstichtag (16.01.2018) | 978.767 € |
> | + Wert der Abgänge (Verbrauch) zwischen Inventurstichtag und Bilanzstichtag | 125.980 € |
> | − Wert der Zugänge (Einkäufe) zwischen Inventurstichtag und Bilanzstichtag | -116.289 € |
> | = **Wert des Bestandes am Bilanzstichtag (31.12.2017)** | **969.076 €** |
>
> → *Der Wert des Bestandes am Bilanzstichtag (31.12.2017) beträgt **969.076 €**.*

## *Inventar*

Ein ausführliches Verzeichnis (<u>Liste</u>), das die art-, mengen- und wertmäßige Auflistung aller Vermögenswerte und Schulden enthält (das Inventar ist das Ergebnis der Inventur). Die Gliederung ist unterteilt in Vermögenswerte (Rohvermögen) und Schulden (Fremdkapital) und kann der Bilanz entsprechen. Wird von der Summe der Vermögenswerte die Summe der Schulden abgezogen, erhält man das Reinvermögen (Eigenkapital).

| Reinvermögen (Eigenkapital) [€] = | das Reinvermögen sind alle Vermögenswerte abzüglich aller Schulden und entspricht daher dem Eigenkapital |
|---|---|
| Summe der Vermögenswerte (Rohvermögen)<br>– Summe der Schuldenwerte (Fremdkapital) | |

**NICHT VERWECHSELN!**

✔ Inven**tur** ist die **Tätigkeit** (messen, zählen, wiegen)
✔ Inven**tar** ist die **Auflistung** über die Vermögens- und Schuldenwerte

# 4.6 Grundlegende Wertansätze

<u>Jeder</u> Vermögensgegenstand <u>muss</u> in der Inventur mit einem Wert bewertet werden. Abhängig von der Art und Anschaffung des Gegenstandes stehen verschiedene Wertansätze zur Verfügung.

## Anschaffungskosten

Alle geleisteten Aufwendungen, um einen Vermögensgegenstand zu kaufen und ihn in einen betriebsbereiten Zustand zu bringen.

**Beispiel 64: Anschaffungskosten**

| | |
|---|---:|
| Anschaffungspreis des Vermögensgegenstandes | 120.000 € |
| + Aufwendungen zur Herbeiführung der Betriebsbereitschaft (z. B. Transport, Montage) | 15.000 € |
| + Anschaffungsnebenkosten (z. B. Versicherung) | 8.000 € |
| + nachträgliche Anschaffungskosten (z. B. spätere Fertigstellung von Baumaßnahmen) | 6.000 € |
| − Anschaffungspreisminderungen (z. B. Rabatte, Skonto) | 4.000 € |
| **= Anschaffungskosten** | **145.000 €** |

→ Die Anschaffungskosten betragen **145.000 €**.

**HINWEIS**

Nicht zu den Anschaffungskosten zählen die Zinsen für eventuelles Fremdkapital, Anschaffungsgemeinkosten oder abziehbare Vorsteuer.

## Herstellungskosten

Bei selbst hergestellten Gegenständen des Anlagevermögens (z. B. eine selbst gebaute Maschine) sind die eigenen Herstellungskosten die Ausgangswerte für die Bewertung.

| Herstellungskosten nach Handelsrecht | | Herstellungskosten nach Steuerrecht | |
|---|---:|---|---:|
| Materialkosten | 34.507 € | Materialkosten | 34.507 € |
| + Fertigungseinzelkosten | 85.898 € | Fertigungseinzelkosten | 85.898 € |
| + Sondereinzelkosten der Fertigung | 4.435 € | Sondereinzelkosten der Fertigung | 4.435 € |
| = **Untergrenze der Herstellungskosten** | **124.841 €** | + Materialgemeinkosten | 2.923 € |
| | | + Fertigungsgemeinkosten | 36.708 € |
| + Materialgemeinkosten | 2.923 € | = **Untergrenze der Herstellungskosten** | **164.472 €** |
| + Fertigungsgemeinkosten | 36.708 € | | |
| + Kosten der allgemeinen Verwaltung | 14.431 € | + Kosten der allgemeinen Verwaltung | 14.431 € |
| = **Obergrenze der Herstellungskosten** | **178.903 €** | = **Obergrenze der Herstellungskosten** | **178.903 €** |

*Tabelle 18: Herstellungskosten nach Handels- und Steuerrecht*

> **HINWEIS**
> *Vertriebskosten dürfen **nicht** angesetzt werden, da die selbst hergestellten Gegenstände des Anlagevermögens nicht verkauft werden.*

## Höchstwertprinzip (HWP)

Die Anschaffungs- und Herstellungskosten sind die Obergrenze und dürfen nicht überschritten werden. Noch nicht getätigte Gewinne dürfen nicht ausgewiesen werden, Schulden sind mit ihrem Höchstwert auszuweisen.

## Niederstwertprinzip (NWP)

Das Ziel ist eine Bewertung mit dem niedrigsten Wert. Dazu wird der Buchwert mit dem aktuellen Zeitwert verglichen. Liegt der Zeitwert unter dem Buchwert, so ist eine außerplanmäßige Abschreibung auf den niedrigen Zeitwert vorzunehmen.

## Bewertungsvereinfachung

Grundsätzlich muss jedes Wirtschaftsgut einzeln bewertet werden. Bei Wirtschaftsgütern des Vorratsvermögen lassen sich die Anschaffungskosten jedoch oft nur sehr schwer ermitteln, da sie meist zu unterschiedlichen Einkaufspreisen eingekauft wurden.

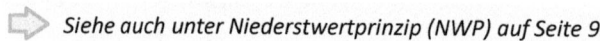

| Bewertungsvereinfachungen | | |
| --- | --- | --- |
| Gruppen-/Durchschnittsbewertung | Festwertbewertung | Verbrauchsfolgebewertung |

*Abbildung 46: Überblick über die Bewertungsvereinfachungen*

## Gruppenbewertung, Durchschnittsbewertung

Gleichartige oder gleichwertige Vermögensgegenstände können zu einer Art Gruppe zusammengefasst werden und mit dem gewogenen Durchschnittswert bewertet werden. Das Niederstwertprinzip ist dabei zu beachten.

 *Siehe auch unter Niederstwertprinzip (NWP) auf Seite 99.*

- Bei der periodischen Durchschnittsbewertung (gewogener Durchschnitt) werden zum Anfangsbestand alle Zugänge bis zum Ende der Abrechnungsperiode aufaddiert. Der gewogene Durchschnitt wird errechnet, indem die Summe der Warenwerte durch die Summe der Warenzugänge dividiert wird.

---

**Beispiel 65: periodische Durchschnittsbewertung**

| Datum | Stück | Marktpreis | Summe |
| --- | --- | --- | --- |
| 01.01.2017 (Anfangsbestand) | 80 | 13,00 € | 1.040,00 € |
| 05.06.2017 (Zugang) | 50 | 17,00 € | 850,00 € |
| 29.09.2017 (Zugang) | 60 | 16,00 € | 960,00 € |
| 16.10.2017 (Zugang) | 90 | 19,00 € | 1.710,00 € |
| **Summe** | **280** | | **4.560,00 €** |

Endbestand (31.12.): 190 St.

aktueller Marktpreis: 16,50 €

ermittelter Preis pro Stück:

$$\frac{4.560,00\ €}{280\ \text{Stück}} = 16,29\ €/\text{St.}$$

Der ermittelte Preis pro Stück (16,29 €/St.) ist mit dem aktuellen Marktpreis (16,50 €/St.) zu vergleichen und der niedrigere von beiden Werten ist anzusetzen (in diesem Fall die 16,29 €/St.).

Bewertungsansatz: 190 St. · 16,29 €/St. = 3.095,10 €

→ *Der Bewertungsansatz lautet **3.095,10 €**.*

---

> **ACHTUNG**
> *Die Summe der Warenzugänge (im Beispiel die 280) dürfen nicht mit dem Endbestand (im Beispiel die 190) verwechselt werden.*

- Bei der permanenten Durchschnittswertermittlung werden die durchschnittlichen Anschaffungskosten nach jedem Zu- und Abgang neu ermittelt. Die Zugänge werden jeweils zum aktuellen Marktwert, die Abgänge werden mit dem aktuellen Durchschnittswert bewertet.

---

**Beispiel 66: permanente Durchschnittsbewertung**

| Datum | Stück | Marktpreis | Summe | durchschnittlicher Wert pro Stück |
|---|---|---|---|---|
| 01.01.2017 (Anfangsbestand) | 80 | 13,00 € | 1.040,00 € | |
| 05.06.2017 (Zugang) | 50 | 17,00 € | 850,00 € | 17,00 € *(Zugang zum Marktwert)* |
| | | | | |
| **Bestand am 05.06.2017** | **130** | | **1.890,00 €** | 14,54 € *(1.890,00 € : 130)* |
| | | | | |
| 29.09.2017 (Abgang) | 90 | 14,54 € | 1.308,60 € | 14,54 € *(Abgang zum Durchschnittswert)* |
| **Bestand am 29.09.2017** | **40** | | **581,40 €** | |
| usw. | ... | | ... € | |

→ *Der durchschnittliche Wert am Ende des Wirtschaftsjahres ist mit dem aktuellen Marktpreis zu verglei-chen und der Endbestand ist mit dem niedrigeren von beiden Werten zu bewerten.*

---

## Festwertbewertung

Bestimmte geringwertige Gegenstände des Sachanlagevermögens (z. B. Werkzeuge) kön-nen über mehrere Jahre hinweg mit einem gleich bleibenden Wert angesetzt werden. Dazu muss der Gesamtwert für das Unternehmen von nachrangiger Bedeutung sein und der Bestand unterliegt nur geringen Mengen- oder Wertveränderungen.

## Verbrauchsfolgebewertung

Es wird davon ausgegangen, dass die Gegenstände des Vorratsvermögen in einer bestimm-ten Reihenfolge verbraucht werden. Allerdings muss diese Reihenfolge zum betrieblichen Ablauf passen.

| Verbrauchsfolgebewertungen | | | |
|---|---|---|---|
| Lifo | Fifo | Hifo | Lofo |

*Abbildung 47: Überblick über die Verbrauchsfolgebewertungen*

- Bei Lifo (last in/first out) wird das zuletzt Beschaffte als erstes wieder verbraucht, d.h. das zuerst Beschaffte (das alte) ist noch da. Bei der Bewertung wird mit dem Anfangsbestand begonnen und solange die nachfolgenden Zugänge aufaddiert, bis der bekannte Endbestand erreicht ist.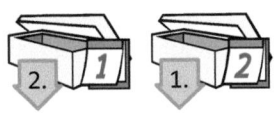

- Bei Fifo (first in/first out) wird das zuerst Beschaffte zuerst wieder verbraucht, d.h. das zuletzt Beschaffte (das neue) ist noch da. Bei der Bewertung wird mit dem letzten Zugang begonnen und solange die vorgehenden Zugänge aufaddiert, bis der bekannte Endbestand erreicht ist.

- Bei Hifo (highest in/first out) wird das mit dem höchsten Stückeinkaufspreis Beschaffte wieder zuerst verbraucht, d.h. das mit dem niedrigsten Stückeinkaufspreis Beschaffte ist noch da. Bei der Bewertung wird mit dem Zugang begonnen, der den niedrigsten Stückeinkaufspreis hat und solange die nächsthöheren Zugänge aufaddiert, bis der bekannte Endbestand erreicht ist.

- Bei Lofo (lowest in/first out) wird das mit dem niedrigsten Stückeinkaufspreis Beschaffte wieder zuerst verbraucht, d.h. das mit dem höchsten Stückeinkaufspreis Beschaffte ist noch da. Bei der Bewertung wird mit dem Zugang begonnen, der den höchsten Stückeinkaufspreis hat und solange die nächstniedrigeren Zugänge aufaddiert, bis der bekannte Endbestand erreicht ist.

---

**Beispiel 67: Verbrauchsfolgebewertung nach dem Fifo-Verfahren** *(first in/first out)*

| Datum | | Marktpreis | Stück |
|---|---|---|---|
| 01.01. | (Anfangsbestand) | 13,00 € | 120 |
| 05.06. | (Zugang) | 14,00 € | 70 |
| 21.09. | (Zugang) | 11,00 € | 60 |
| 29.09. | (Zugang) | 18,00 € | 110 |
| 16.10. | (Zugang) | 19,00 € | 80 |
| 15.12. | (Zugang) | 17,00 € | 90 |

aktueller Marktpreis: 15,00 €

Abgänge während des Jahres: 270 St.

| | |
|---|---|
| Anfangsbestand | 120 St. |
| + Zugänge | 410 St. |
| − Abgänge | − 270 St. |
| = Endbestand (31.12.) | 260 St. |

das zuletzt Beschaffte ist noch da, da das zuerst Beschaffte auch zuerst wieder verbraucht wird:

| Stück | Marktpreis | Summe | |
|---|---|---|---|
| 260 | | | Endbestand am 31.12., davon sind noch vorhanden: |
| − 90 | 17,00 € | 1.530,00 € | der Zugang vom 15.12. ist noch komplett vorhanden |
| − 80 | 19,00 € | 1.520,00 € | der Zugang vom 16.10. ist ebenfalls noch komplett vorhanden |
| = 90 | 18,00 € | 1.620,00 € | vom Zugang vom 29.09. sind nur noch 90 Stück (260 − 90 − 80 = 90) vorhanden, da insgesamt nur 260 Stück vorhanden sind |
| Endbestand | | 4.670,00 € | |

ermittelter Preis pro Stück: $\dfrac{4.670,00\ €}{260\ St.} = 17,96\ €/St.$

Der ermittelte Preis pro Stück (17,96 €/St.) ist mit dem aktuellen Marktpreis (15,00 €/St.) zu vergleichen und der niedrigere von beiden Werten ist anzusetzen (in diesem Fall die 15,00 €/St.).

Bewertungsansatz: 260 St. · 15,00 €/St. = 3.900,00 €

→ *Der Bewertungsansatz lautet **3.900,00 €.***

---

**HINWEIS**

*Die Vorgehensweise ist bei allen andern Verfahren gleich, nur der Beginn der Zugänge ist anders:*

✔ *LiFo → Anfangsbestand, gefolgt vom nächsten Zugang*
✔ *FiFo → letzter Zugang, gefolgt vom vorletzten Zugang*
✔ *HiFo → Zugang mit dem niedrigsten Stückeinkaufspreis, gefolgt vom Nächsthöheren*
✔ *LoFo → Zugang mit dem höchsten Stückeinkaufspreis, gefolgt vom Nächstniedrigeren*

## Firmen- oder Geschäftswert

Der Firmen- oder Geschäftswert stellt einen immateriellen Ver-
mögensposten dar, der durch den entgeltlichen Erwerb von anderen
Unternehmen entsteht.

- Der originäre Firmenwert ist eine selbst ermittelte Höherbewertung des Unternehmens, die sich nicht aus dem bilanziellen Reinvermögen ergibt. Diese Höherbewertung
darf so lange nicht aktiviert (in der Bilanz ausgewiesen) werden, bis der Wert konkret
bestätigt wurde (Aktivierungsverbot; § 248 Abs. 2 HGB).

- Der derivative Firmenwert ist der käuflich erworbene Firmenwert und entsteht beim
Kauf eines Unternehmens.

| | |
|---|---|
| **derivativer Firmenwert [€] =**<br>Kaufpreis des Unternehmens – Substanzwert | *Differenz zwischen Kaufpreis und tatsächlicher Wert einer Firma*<br>→ *positiv = »Goodwill« ☺*<br>→ *negativ = »Badwill« ☹* |
| **Substanzwert [€] =**<br>Zeitwert des Eigenkapitals + stille Reserven | *tatsächlicher Wert einer Firma* |

---

**Beispiel 68: derivativer Firmenwert**

Kaufpreis des Unternehmens: 4.200.000 €; Substanzwert: 3.600.000 €

Firmenwert: Kaufpreis des Unternehmens – Substanzwert = 4.200.000 € – 3.600.000 € = 600.000 €

→ *Der Kaufpreis des Unternehmens ist größer als der Substanzwert. Die positive Differenz wird als »Goodwill« bezeichnet. Das zu kaufende Unternehmen hat beispielsweise ein gutes Image.*

---

# 4.7 Abschreibung

Wird ein Anlagegut mehrere Jahre benutzt, so sind die Anschaffungskosten auf die Nut-
zungsdauer zu verteilen. Dieser jährliche Anteil wird steuerrechtlich »Absetzung für
Abnutzung« (AfA) und handelsrechtlich »Abschreibung« genannt und beschreibt den
Wertverlust des Anlagegutes. Abschreibungsfähig sind immaterielle sowie bewegliche
Wirtschaftsgüter und Gebäude. Grundstücke sind hingegen nicht abschreibungsfähig. Der
Abschreibungsbetrag zählt zu den Fixkosten.

| Abschreibungsmethoden | | | | |
|---|---|---|---|---|
| lineare Abschreibung | degressive Abschreibung | nach Leistungseinheiten | bei geringwertigen Wirtschaftsgütern | außerplanmäßige Abschreibung |

*Abbildung 48: Überblick über die Abscheibungsmethoden*

## lineare Abschreibung

Die Anschaffungs- bzw. Herstellungskosten werden gleichmäßig auf die Nutzungsdauer verteilt. Sie findet in der Kosten- und Leistungsrechnung häufig Anwendung.

| | |
|---|---|
| **AfA-Betrag (nach Steuerrecht) [€] =** $\dfrac{\text{Anschaffungskosten bzw. Herstellungskosten}}{\text{Nutzungsdauer laut amtlicher AfA-Tabelle}}$ | *der AfA-Betrag ergibt sich aus der Nutzungsdauer der amtlichen AfA-Tabelle* |
| **Abschreibungsbetrag (nach Handelsrecht) [€] =** $\dfrac{\text{Anschaffungskosten bzw. Herstellungskosten}}{\text{betriebsgewöhnliche Nutzungsdauer}}$ | *der Abschreibungsbetrag ergibt sich aus der betriebsgewöhnlichen Nutzungsdauer* |

 *Siehe auch unter kalkulatorische Abschreibung auf Seite 120.*

---

**Beispiel 69: lineare Abschreibung**

Anschaffungskosten: 45.000 €; Nutzungsdauer: 5 Jahre

| | Abschrei-bungsbetrag | Buchwert am Jahresende |
|---|---|---|
| Anfang 1. Jahr | | 45.000,00 € |
| Ende 1. Jahr | 9.000,00 € | 36.000,00 € |
| Ende 2. Jahr | 9.000,00 € | 27.000,00 € |
| Ende 3. Jahr | 9.000,00 € | 18.000,00 € |
| Ende 4. Jahr | 9.000,00 € | 9.000,00 € |
| Ende 5. Jahr | 9.000,00 € | 0,00 € |

Abschreibungsbetrag:
$$\frac{\text{Anschaffungskosten}}{\text{Nutzungsdauer}} = \frac{45.000,00\ €}{5\ \text{Jahre}} = 9.000,00\ €$$

Buchwert Ende 1. Jahr:
Anschaffungskosten − Abschreibungsbetrag
= 45.000,00 € − 9.000,00 € = 36.000,00 €

Buchwert Ende 2. Jahr:
Buchwert Ende 1. Jahr − Abschreibungsbetrag
= 36.000,00 € − 9.000,00 € = 27.000,00 €

...

→ Am Ende der 5 Jahren Nutzungsdauer ist das Anlagegut **vollständig** abgeschrieben (Restbuchwert 0 €).

---

## degressive Abschreibung

Die jeweiligen Abschreibungsbeträge werden mittels gleichbleibendem Prozentsatz (max. 30 %) vom jeweiligen Restbuchwert neu berechnet. Die degressive Abschreibung hat zur Folge, dass der Restbuchwert von 0 € nie erreicht wird. Er darf daher im letzten Jahr auf 1 € Restbuchwert (»Erinnerungswert«) abgeschrieben werden. Diese Abschreibungs-methode wurde im Jahr 2008 mit dem Unternehmenssteuerreformgesetz (UntStRefG) abgeschafft.

| | |
|---|---|
| **Abschreibungsbetrag pro Jahr [€] =** Restbuchwert · Abschreibungssatz (max. 30 %) | *der neue Restbuchwert ist ein prozentualer Anteil am alten Restbuchwert* |

**Beispiel 70: degressive Abschreibung**

Anschaffungskosten: 45.000 €; Nutzungsdauer: 5 Jahre; Abschreibungssatz: 30 % (= 0,3)

| | Abschrei-bungsbetrag | Buchwert am Jahresende |
|---|---|---|
| Anfang 1. Jahr | | 45.000,00 € |
| Ende 1. Jahr | 13.500,00 € | 31.500,00 € |
| Ende 2. Jahr | 9.450,00 € | 22.050,00 € |
| Ende 3. Jahr | 6.615,00 € | 15.435,00 € |
| Ende 4. Jahr | 4.630,50 € | 10.804,50 € |
| Ende 5. Jahr | 3.241,35 € | 7.563,15 € |

Abschreibung 1. Jahr:
Anschaffungskosten · Abschreibungssatz
= 45.000,00 € · 0,3 = 13.500,00 €

Buchwert Ende 1. Jahr:
Anschaffungskosten – Abschreibungsbetrag 1. Jahr
= 45.000,00 € – 13.500,00 € = 31.500,00 €

...

→ Am Ende der 5 jährigen Nutzungsdauer ist das Anlagegut **nicht vollständig** abgeschrieben (Restbuchwert 7.563,15 €).

## Abschreibung nach Leistungseinheiten

Das maximale Leistungsvermögen des Anlagegutes (z. B. max. Stückzahl bei Maschinen oder km bei einem PKW/LKW) wird geschätzt und anhand der verbrauchten Leistungseinheiten pro Nutzungsjahr auf die gesamte Nutzungsdauer verteilt. Sie wird allerdings nur dann vom Finanzamt anerkannt, wenn die Absetzung wirtschaftlich begründet ist und der Jahresumfang der Leistung nachgewiesen wird.

**Abschreibungsbetrag pro Jahr [€] =**
$$\frac{\text{Anschaffungskosten bzw. Herstellungskosten} \cdot \text{Jahresleistung}}{\text{Gesamtleistung}}$$

**Beispiel 71: Abschreibung nach Leistungseinheiten**

ein Lieferwagen wird für 45.000 € gekauft, seine geschätzte max. Laufleistung beträgt 300.000 km

Abschreibung im 1. Jahr (gefahrene Kilometer: 50.000): $\frac{45.000\ € \cdot 50.000\ km}{300.000\ km} = 7.500\ €$

Restbuchwert am Ende des 1. Jahres:
Buchwert am Jahresanfang – Abschreibung = 45.000 € – 7.500 € = 37.500 €

Abschreibung im 2. Jahr (gefahrene Kilometer: 80.000): $\frac{45.000\ € \cdot 80.000\ km}{300.000\ km} = 12.000\ €$

Restbuchwert am Ende des 2. Jahres:
Buchwert am Jahresanfang – Abschreibung = 37.500 € – 12.000 € = 25.500 €

...

→ Die Abschreibung wird so lange fortgesetzt, bis entweder der Restbuchwert 0 € beträgt oder die geschätzte maximale Laufleistung erreicht ist.

## *Abschreibungen bei geringwertigen Wirtschaftsgütern*

Ein geringwertiges Wirtschaftsgut (GWG) gehört zum beweglichen abnutzbaren Anlagevermögen, das zu einem selbstständigen Nutzen fähig ist.

- Liegt der Wert des Wirtschaftsgutes nicht höher als 410 € (netto), so kann es entweder sofort oder linear abgeschrieben werden (Überschusseinkunftsart).
- Liegt der Wert des Wirtschaftsgutes nicht höher als 150 € (netto), muss es sofort abgeschrieben werden (Gewinneinkunftsart). Alle geringwertigen Wirtschaftsgüter, die in einem Wirtschaftsjahr angeschafft wurden und deren Wert zwischen 150 € und 1.000 € liegt, werden zu einem Sammelposten gefasst und dieser auf 5 Jahre abgeschrieben.

## *außerplanmäßige Abschreibung*

Sie wird verwendet, um außergewöhnliche Wertminderungen in der Bilanz zu berücksichtigen. Sie ist Pflicht, wenn die Wertminderung bleibend ist.

# 4.8  Anlagespiegel

Er wird auch als Anlagegitter bezeichnet und gibt Aufschluss über die Höhe der Investitionen und die Altersstruktur des Anlagevermögens. Er ist von Kapital- und Personengesellschaften dem Jahresabschluss als Anhang beizufügen.

Bestandteile des Anlagespiegels:
- damalige Anschaffungs- bzw. Herstellungskosten
- Zugänge (zu Anschaffungs- bzw. Herstellungskosten) zeigen die <u>mengen</u>mäßige Zunahme von Anlagegütern
- Abgänge (zu Anschaffungs- bzw. Herstellungskosten) zeigen den <u>mengen</u>mäßigen Abgang von Anlagegütern
- Zuschreibungen (Wertaufholungen) zeigen eine eventuelle <u>wert</u>mäßige Zunahme von Anlagegütern
- Umbuchungen zeigen eine Umgruppierung von Anlagegütern auf eine andere Bilanzposition
- kumulierte Abschreibungen zeigen den gesamten wertmäßigen Verlust vom Anschaffungszeitpunkt bis zum Ende des aktuellen Berichtsjahres
- Restbuchwert zeigt den aktuellen Buchwert am Ende des Berichtsjahres
- Abschreibungen des Geschäftsjahres werden aus der GuV übernommen

**Beispiel 72: Anlagespiegel zum 31.12.2017**

| Inventarnummer | Inventarbezeichnung | Anschaffungsdatum | AfA-Art | Nutzungsdauer | Anschaffungskosten | Zugänge | Abgänge | Zuschreibungen | Umbuchungen | Abschreibung Geschäftsjahr | Buchwert$_{Vorjahr}$ (2016) | kumulierte Abschreibungen | Buchwert am 31.12.2017 |
|---|---|---|---|---|---|---|---|---|---|---|---|---|---|
| **1. immaterielle Vermögensgegenstände** | | | | | | | | | | | | | |
| 0027-01 | Software | 01.01.16 | gwg | 1 | 399 € | 0 € | 0 € | 0 € | 0 € | 0 € | 1 € | 398 € | 1 € |
| **Summe** | | | | | **399 €** | **0 €** | **0 €** | **0 €** | **0 €** | **0 €** | **1 €** | **398 €** | **1 €** |
| **2. Sachanlagen** | | | | | | | | | | | | | |
| 0320-01 | Firmenwagen | 01.01.16 | lin | 6 | 43.018 € | 0 € | 0 € | 0 € | 0 € | 7.170 € | 35.848 € | 14.339 € | 28.679 € |
| 0400-01 | Notebook | 01.01.16 | lin | 3 | 1.350 € | 0 € | 0 € | 0 € | 0 € | 450 € | 900 € | 900 € | 450 € |
| 0400-02 | Notebook | 01.01.16 | lin | 3 | 1.350 € | 0 € | 0 € | 0 € | 0 € | 450 € | 900 € | 900 € | 450 € |
| 0400-03 | Drucker | 01.01.16 | gwg | 1 | 140 € | 0 € | 0 € | 0 € | 0 € | 0 € | 1 € | 139 € | 1 € |
| 0420-01 | Bürotisch | 01.01.16 | lin | 13 | 1.300 € | 0 € | 0 € | 0 € | 0 € | 100 € | 1.200 € | 200 € | 1.100 € |
| 0420-02 | Bürotisch | 01.01.16 | lin | 13 | 1.300 € | 0 € | 0 € | 0 € | 0 € | 100 € | 1.200 € | 200 € | 1.100 € |
| 0420-03 | Bürostuhl | 01.01.16 | lin | 13 | 650 € | 0 € | 0 € | 0 € | 0 € | 50 € | 600 € | 100 € | 550 € |
| 0420-04 | Bürostuhl | 01.01.16 | lin | 13 | 650 € | 0 € | 0 € | 0 € | 0 € | 50 € | 600 € | 100 € | 550 € |
| **Summe** | | | | | **49.758 €** | **0 €** | **0 €** | **0 €** | **0 €** | **8.370 €** | **41.249 €** | **16.878 €** | **32.880 €** |

Beispielrechnung für Bürostuhl (Nr. 0420-04):

$$\text{Abschreibung:} \quad \frac{\text{Anschaffungskosten}}{\text{Nutzungsdauer}} = \frac{650 \text{ €}}{13 \text{ Jahre}} = 50 \text{ €}$$

Buchwert$_{Vorjahr}$ (2016):
Anschaffungskosten − (Abschreibung · bis 2016 genutzte Jahre) = 650 € − (50 € · 1) = 600 €

kumulierte Abschreibungen: Abschreibung · genutzte Jahre = 50 € · 2 = 100 €

Buchwert 31.12.2017: Buchwert$_{Vorjahr}$ − Abschreibung = 600 € − 50 € = 550 €

**HINWEIS**
Buchwert 1 € = **Erinnerungswert** *(diese Vermögensgegenstände sind bereits komplett abgeschrieben)*

# 4.9  Rechnungsabgrenzungsposten

Sie dienen der periodengerechten Ermittlung des Gewinns der Abrechnungsperiode. Aufwendungen bzw. Erträge werden zu dem Wirtschaftsjahr hinzugerechnet, in dem sie wirtschaftlich entstanden sind, unabhängig von der tatsächlichen Aus- bzw. Einzahlung.

- Bei einer aktiven Rechnungsabgrenzung (ARA) findet die Auszahlung noch im alten Wirtschaftsjahr (z. B. im Dezember) statt. Diese Auszahlung hat aber mit der aktuellen Abrechnungsperiode nichts zu tun, da der eigentliche Aufwand in das neue Wirtschaftsjahr gehört.

**Beispiel 73: aktive Rechnungsabgrenzung**

Die Leasing-Rate für den Firmenwagen für den Monat Januar wird bereits im Dezember überwiesen.

→ *Die Überweisung der Leasing-Rate stellt im Dezember eine Auszahlung dar, die mit dem Gewinn der aktuellen Abrechnungsperiode nichts zu tun hat. Der eigentliche Aufwand gehört zur neuen Abrechnungsperiode (bzw. Wirtschaftsjahr). Er wird daher abgegrenzt, d.h der Aufwand wird der aktuellen Abrechnungsperiode wieder hinzugezählt. Somit erscheint dieser Aufwand für die aktuelle Abrechnungsperiode als neutral. Er wird dann über die Bilanzposition aktive Rechnungsabgrenzung der neuen Abrechnungsperiode hinzugeführt.*

- Bei einer passiven Rechnungsabgrenzung (PRA) findet die Einzahlung noch im alten Wirtschaftsjahr (z. B. im Dezember) statt. Diese Einzahlung hat aber mit der aktuellen Abrechnungsperiode nichts zu tun, da der eigentliche Ertrag in das neue Wirtschaftsjahr gehört.

**Beispiel 74: passive Rechnungsabgrenzung**

Ein Kunde leistet bereits im Dezember eine Vorauszahlung für eine Forderung, die erst im Januar fällig wird.

→ *Die Vorauszahlung des Kunden stellt im Dezember eine Einzahlung dar, die mit dem Gewinn der aktuellen Abrechnungsperiode nichts zu tun hat. Der eigentliche Ertrag gehört zur neuen Abrechnungsperiode (bzw. Wirtschaftsjahr). Er wird daher abgegrenzt, d.h. der Ertrag wird aus der aktuellen Abrechnungsperiode wieder abgezogen. Somit erscheint dieser Ertrag für die aktuelle Abrechnungsperiode als neutral. Er wird dann über die Bilanzposition passive Rechnungsabgrenzung der neuen Abrechnungsperiode hinzugeführt.*

# 4.10 Jahresabschlussanalyse

Ein Jahresabschluss ist von jedem Kaufmann am Ende eines Geschäftsjahres zu erstellen. Die Vorschriften zur Aufstellung sind im HGB § 252 Abs. 1 geregelt.

## Bestandteile des Jahresabschlusses:

- Bilanz (kurzgefasste Gegenüberstellung von Vermögen und Kapital)
- Gewinn- und Verlustrechnung (Gegenüberstellung von Erträgen und Aufwendungen und zeigt die Darstellung der erfolgswirksamen Wertbewegungen des Geschäftsjahres)
- Anhang (enthält erläuternde und ergänzende Angaben zur Bilanz und GuV wie z. B. Bilanzierungs- und Bewertungsmethoden)
- Lagebericht (Darstellung des Geschäftsverlaufes und Lage der Gesellschaft)

## Ziele der Jahresabschlussanalyse

Die Angaben des Jahresabschlusses werden aufbereitet, um zusätzlich weitere Informationen über die Ertrags-, Finanz- und Vermögenskraft des Unternehmens zu gewinnen. Mit ihnen können z. B. Betriebsvergleiche (Benchmarking) durchgeführt werden oder Prognosen für die zukünftige Entwicklung des Unternehmens erstellt werden. Interessenten der Jahresabschlussanalyse sind neben den Eigentümern, Anteilseigner und potenzielle Anleger auch Kreditinstitute, Lieferanten, Kunden, Wettbewerber und die eigenen Arbeitnehmer.

## Ergebnisanalyse

Die Ergebnisanalyse liefert Informationen aus der GuV über den Gewinn und somit über den Erfolg des Unternehmens.

Der in der GuV ermittelte Gewinn ist bei der Aufbereitung zu zerlegen in:

- Rohergebnis
- Betriebsergebnis
- Finanz- und Verbundergebnis
- Ergebnis der gewöhnlichen Geschäftätigkeit
- außerordentliches Ergebnis

| Berechnungsschema des Jahresüberschusses | | Berechnungsschema des EBITDASO |
|---|---|---|
| + Umsatzerlöse | 22.030.800,00 € | Jahresüberschuss |
| + Erhöhung des Bestandes an fertigen und unfertigen Erzeugnissen | 603.650,40 € | + Ertragssteuern |
| – Verminderung des Bestandes an fertigen und unfertigen Erzeugnissen | -1.716.622,68 € | = **EBT** (earnings before taxes = Ergebnis vor Steuern) |
| + andere aktivierte Eigenleistungen | 302.517,70 € | + Mezzanine Verzinsung |
| + sonstige betriebliche Erträge | 391.274,00 € | + Mezzanine Nachzahlung |
| = **Gesamtleistung** | **21.611.619,42 €** | + Mezzanine Equity Kicker |
| – Materialaufwand | -5.449.444,32 € | = **EBT** (vor Mezzanine) |
| = **Rohergebnis** | **16.162.175,10 €** | + Zinsaufwand |
| – Personalaufwand | -10.349.496,00 € | – Beteiligungen und Zinserträge |
| – Abschreibungen | -1.714.293,10 € | + außerordentliche Positionen |
| – sonstige betriebliche Aufwendungen | -1.244.352,00 € | – außerordentliche Positionen |
| = **Betriebsergebnis (EBIT)** | **2.854.034,00 €** | = **EBIT** (earnings before interest and taxes = Gewinn vor Zinsen und Steuern) |
| + Erträge aus Beteiligungen | 269.437,00 € | + Amortisation auf immaterielle Anlagen |
| + Erträge aus anderen Wertpapieren und Ausleihungen des Finanzanlagevermögens | 105.639,69 € | = **EBITA** (earnings before interest, taxes and amortization = Gewinn vor Zinsen, Steuern und Abschreibungen auf immaterielle Vermögensgegenstände) |
| + sonstige Zinsen und ähnliche Erträge | 97.338,36 € | + Abschreibungen auf Sachanlagen |
| – Abschreibungen auf Finanzanlagen und Wertpapiere des Umlaufvermögens | -64.300,68 € | = **EBITDA** (earnings before interest, taxes, depreciation and amortization = Gewinn vor Zinsen, Steuern, Abschreibungen auf Sachanlagen und immaterielle Vermögensgegenstände) |
| – Zinsen und ähnliche Aufwendungen | -332.933,84 € | |
| = **Ergebnis der gewöhnlichen Geschäftstätigkeit** | **2.929.214,54 €** | + Stock-Option (Aufwendung für Mitarbeiterbeteiligung) |
| + außerordentliche Erträge | 538.275,45 € | = **EBITDASO** (earnings before interest, taxes, depreciation, amortisation and stock options = Gewinn vor Zinsen, Steuern, Abschreibungen auf Sachanlagen und immaterielle Vermögensgegenstände und Aufwendungen für Mitarbeiterbeteiligungen) |
| – außerordentliche Aufwendungen | -287.080,24 € | |
| = **außerordentliches Ergebnis** | **3.180.409,75 €** | |
| – Steuern vom Einkommen und Ertrag | -349.845,07 € | |
| – sonstige Steuern | -63.608,19 € | |
| = **Jahresüberschuss/Jahresfehlbetrag** | **2.766.956,48 €** | |

Tabelle 19: Berechnungsschema des Jahresüberschusses und des EBITDASO

## Investitionsanalyse

Ziel der Investitionsanalyse ist es, weitere Informationen aus der Vermögensstruktur des Unternehmens über die Zahlungsfähigkeit abzuleiten.

| Anlagequote; Anlagenintensität *[%]* = $\dfrac{\text{Anlagevermögen}}{\text{Gesamtkapital (Bilanzsumme)}} \cdot 100\,\%$ | *sagt aus, wie anlageintensiv ein Unternehmen ist und zeigt das Verhältnis des Anlagevermögens zum Gesamtkapital*<br><br>*→ je höher, desto höhere Fixkosten und geringe Liquidität* |
|---|---|
| Umlaufquote; Umlaufintensität *[%]* = $\dfrac{\text{Umlaufvermögen}}{\text{Gesamtkapital (Bilanzsumme)}} \cdot 100\,\%$ | *zeigt das Verhältnis des Umlaufvermögens zum Gesamtkapital*<br><br>*→ je höher, desto bessere Liquidität* |

| | |
|---|---|
| **Vorratsquote; Vorratsintensität** *[%]* = $$\frac{\text{Vorräte}}{\text{Gesamtkapital (Bilanzsumme)}} \cdot 100\ \%$$ oder $\frac{\text{Vorräte}}{\text{Umlaufvermögen}} \cdot 100\ \%$ | *zeigt das Verhältnis des Vorratsver-mögens zum Gesamtkapital (bzw. Umlaufvermögen)* → *je höher, desto höhere Lagerkosten und schlechte Beschaffungspolitik* |
| **Forderungsquote; Forderungsintensität** *[%]* = $$\frac{\text{Forderungen}}{\text{Gesamtkapital (Bilanzsumme)}} \cdot 100\ \%$$ | *zeigt das Verhältnis der Forderungen zum Gesamtkapital* → *allgemein schwer zu beurteilen* |
| **Abschreibungsquote; Abschreibungsintensität** *[%]* = $$\frac{\text{Abschreibung auf das Sachanlagevermögen}}{\text{gesamtes Anlagevermögen}} \cdot 100\ \%$$ | *zeigt die Investitionspolitik* → *je höher, desto kürzer die Nutzungs-dauer* |
| **Anlagenutzungsgrad; Anlagenabnutzungsgrad** *[%]* = $$\frac{\text{kumulierte Abschreibung auf Sachanlagevermögen}}{\text{Anlagevermögen zu AK bzw. HK}} \cdot 100\ \%$$ | *zeigt das Alter des Anlagevermögens* → *je höher, desto älter und abgenutz-ter die Anlagen* |
| **Investitionsquote** *[%]* = $$\frac{\text{Investition beim Sachanlagevermögen}}{\text{Anlagevermögen zu AK bzw. HK}} \cdot 100\ \%$$ | *zeigt die Investitionsneigung* → *je höher, desto mehr investiert und modernisiert das Unternehmen* |

*Anlagevermögen zu AK bzw. HK = Anlagevermögen zu Anschaffungskosten bzw. Herstellungskosten*

## Finanzierungsanalyse

Untersucht die Passivseite der Bilanz und gibt Aussagen über die Liquiditätserhaltung und Wirtschaftlichkeit eines Unternehmens.

| | |
|---|---|
| **Eigenkapitalquote; Eigenkapitalanteil** *[%]* = $$\frac{\text{Eigenkapital}}{\text{Gesamtkapital (Bilanzsumme)}} \cdot 100\ \%$$ | *zeigt das Verhältnis des Eigenkapitals zum Gesamtkapital* → *je höher, desto besser* |
| **Fremdkapitalquote; Anspannungskoeffizient** *[%]* = $$\frac{\text{Fremdkapital}}{\text{Gesamtkapital (Bilanzsumme)}} \cdot 100\ \%$$ | *zeigt das Verhältnis des Fremdkapitals zum Gesamtkapital* → *je geringer, desto besser* |
| **Verschuldungskoeffizient; Verschuldungsgrad** *[%]* = $$\frac{\text{Fremdkapital}}{\text{Eigenkapital}} \cdot 100\ \%$$ | *zeigt das Verhältnis des Fremdkapitals zum Eigenkapital* → *je geringer, desto besser* |

 *Siehe auch unter Liquiditätsgrade auf Seite 26 bzw. Finanzierungsregeln auf Seite 33.*

# 5 KOSTEN- UND

# LEISTUNGSRECHNUNG

*Die Kosten- und Leistungsrechnung (KLR) dient zur internen Informationsbereitstellung für die kurzfristige Planung von Kosten und Erlösen der betrieblichen Tätigkeit sowie zur Kostenkontrolle über Plan-, Soll- und Istdaten.*

|  | Material | F |
|---|---|---|
| Materialgemeinkosten | 277.902,28 € | 2.240 |
| + Hilfslöhne | 44.100,00 € | 90 |
| + Gehälter | 32.280,00 € | 40 |
| + Raumkosten | 15.236,00 € | 212 |
| + Energiekosten | 4.608,76 € | 195 |
| + Instandhaltung | 23.749,44 € | 114 |
| + kalkul. Abschreibung | 28.102,40 € | 301 |
| + kalkul. Miete | 16.861,44 € | 180 |
| = primäre Gemeinkosten | 442.840,32 € | 3.284 |

## Aufgaben der Kosten- und Leistungsrechnung

Erfassung aller im Betrieb (nur im Rahmen der eigentlichen betrieblichen Tätigkeit) entstandenen wirtschaftlichen Vorfälle in einem bestimmten Zeitraum.

### Zu ihren Aufgaben gehören:

- Bewerten der unfertigen und fertigen Erzeugnisse in der Bilanz
- Erfassen des Werteverbrauchs (Kosten) und Wertezuwachs (Leistungen)
- Ermitteln der Selbstkosten einer Abrechnungsperiode (Betriebsergebnis)
- Ermitteln der Selbstkosten einer Erzeugniseinheit (z. B. ein Stück)
- Ermitteln von Deckungsbeiträgen über die Teilkostenrechnung
- Überprüfen der Wirtschaftlichkeit (Controlling)

> **Was ist die eigentliche betriebliche Tätigkeit?**
> *Die eigentliche betriebliche Tätigkeit ist die Tätigkeit, für die der Betrieb gegründet wurde. Bei einer Bäckerei ist dies die Herstellung von Backwaren. Alle Einnahmen aus dem Verkauf der Backwaren gehen in das Betriebsergebnis ein. Erzielt diese Bäckerei einen weiteren Gewinn aus dem Verkauf von Zeitungen, so geht dieser in das Unternehmensergebnis ein.*

*Abbildung 49: Stufen der Kosten- und Leistungsrechnung*

## Grundbegriffe der Kosten- und Leistungsrechnung

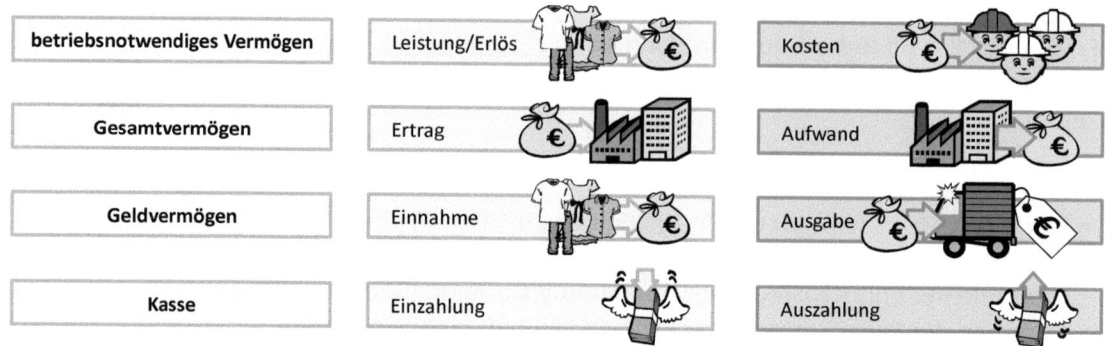

*Abbildung 50: Grundbegriffe der Kosten- und Leistungsrechnung*

- Eine **Einzahlung** erhöht den Bestand der liquiden Mittel, z. B. Überweisung auf das Firmenkonto.

- Eine **Auszahlung** verringert den Bestand der liquiden Mittel, z. B. Überweisung vom Firmenkonto.

 *verändern den Bestand der liquiden Mittel (Bankguthaben, Kasse)*

- Eine **Einnahme** ist eine verkaufte Leistung, z. B. Barverkauf von Waren (Einnahme und Einzahlung) oder Barverkauf von Waren auf Ziel (Einnahme, aber keine Einzahlung).

- Eine **Ausgabe** ist ein zugegangenes Wirtschaftsgut oder Dienstleistung, z. B. Barkauf eines Lieferwagens (Ausgabe und Auszahlung) oder Kauf einer Produktionsanlage auf Ziel (Ausgabe, aber keine Auszahlung).

 *verändern die Forderungen und Verbindlichkeiten*

*(Ein- oder Auszahlungen können dabei stattfinden, müssen aber nicht)*

- Ein **Ertrag** ist eine erbrachte Leistung und Wertzuwachs: <u>Betriebliche Erträge</u> sind betrieblich bedingt, z. B. Umsatzerlöse. <u>Neutrale Erträge</u> unterteilen sich in <u>betriebsfremder Ertrag</u> (nicht betrieblich bedingt, z. B. Mieteinnahmen), <u>außerordentlicher Ertrag</u> (betrieblich bedingt, aber einmalig) und <u>periodenfremder Ertrag</u> (z. B. Steuerrückerstattung).

- Ein **Aufwand** ist ein verbrauchtes Wirtschaftsgut oder Dienstleistung: <u>Zweckaufwand</u> ist betrieblich bedingt, z. B. Rohstoffkauf. <u>Neutrale Aufwände</u> unterteilen sich in <u>betriebsfremder Aufwand</u> (nicht betrieblich bedingt, z. B. Spende), <u>außerordentlicher Aufwand</u> (betrieblich bedingt, aber einmalig) und <u>periodenfremder Aufwand</u> (z. B. Gewerbesteuernachzahlung).

 *dienen der Erfolgsrechnung*

- Eine Leistung ist eine erbrachte Leistung im Rahmen der eigentlichen betrieblichen Tätigkeit z. B. Umsatzerlöse durch Verkauf von produzierten Waren.

- Kosten ist ein verbrauchtes Wirtschaftsgut oder Dienstleistung im Rahmen der eigentlichen betrieblichen Tätigkeit: Dazu zählen Grundkosten (Aufwand wird 1:1 übernommen, z. B. Personalkosten), Anderskosten (anderer Wertansatz in der Kosten- und Leistungsrechnung als in der Finanzbuchhaltung, z. B. kalkulatorische Abschreibung) und Zusatzkosten (sind in der Finanzbuchhaltung kein Aufwand, z. B. kalkulatorischer Unternehmerlohn).

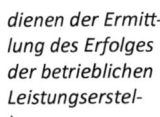

*dienen der Ermittlung des Erfolges der betrieblichen Leistungserstellung*

## *Bestimmung der Verkaufspreisuntergrenzen*

Die langfristige Verkaufspreisuntergrenze sollte so gewählt werden, dass langfristig alle Kosten gedeckt werden. Kurzfristig kann der Verkaufspreis bis zu den Selbstkosten bzw. variablen Kosten abgesenkt werden (kurzfristige Verkaufspreisuntergrenze). Jedoch sollte die langfristige Verkaufspreisuntergrenze als Ziel genommen werden.

## *Unternehmensergebnis, Betriebsergebnis und Umsatzergebnis*

| | |
|---|---|
| **Unternehmensergebnis [€] =** <br> alle Einnahmen – alle Ausgaben | *Ergebnis der betrieblichen Tätigkeit (beinhaltet auch betriebsfremde Einnahmen und Ausgaben)* |
| **Betriebsergebnis [€] =** <br> alle betrieblichen Einnahmen – alle betrieblichen Ausgaben | *berücksichtigt nur Einnahmen und Ausgaben aus der eigentlichen betrieblichen Tätigkeit* |
| **Umsatzergebnis [€] =** <br> Umsatzerlöse – Selbstkosten | *Ergebnis aus den Umsatzerlösen abzüglich der Selbstkosten* |

# 5.1 Betriebsergebnisrechnung

Die Finanzbuchhaltung verbucht alle Geschäftsfälle und ermittelt so das Unternehmensergebnis (den Erfolg des gesamten Unternehmens). Da nicht alle Geschäftsfälle dem eigentlichen Betriebszweck dienen, bucht die Kosten- und Leistungsrechnung diese wieder aus und errechnet damit das Betriebsergebnis, um die Wirtschaftlichkeit und Rentabilität der eigentlichen betrieblichen Tätigkeit aufzuzeigen.

## Rechnungskreise

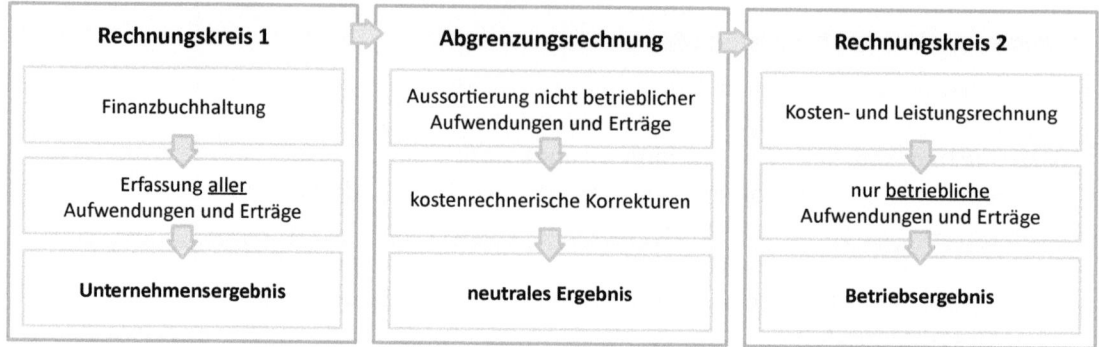

Abbildung 51: Rechnungskreise

## Vorgehensweise zur Berechnung der unterschiedlichen Ergebnisse:

1. Es werden alle Geschäftsfälle, die nicht dem betrieblichen Zweck dienen, in eine andere Periode gehören oder außergewöhnlich hoch sind, abgegrenzt. Dazu zählen z. B. Spenden, Beteiligungen, Rückstellungsauflösungen oder Nachzahlungen. Sie bilden das neutrale Ergebnis, das für den Betriebserfolg keine Bedeutung hat.

2. Anschließend werden alle Geschäftsfälle, die dem betrieblichen Zweck dienen, abgegrenzt. Dies sind Grundkosten wie z. B. Umsatzerlöse, Aufwendungen für RHB-Stoffe (Roh-, Hilfs- und Betriebsstoffe), Löhne und Gehälter. Sie werden unverändert übernommen und bilden das Betriebsergebnis, das den Erfolg der betrieblichen Tätigkeit aufzeigt.

3. Einige Zweckaufwendungen weisen in der Fibu einen anderen Wert auf als in der KLR. Sie werden daher auch Anderskosten genannt und sind z. B. kalkulatorische Abschreibungen. Sie bilden die kostenrechnerischen Korrekturen.

4. Zum Schluss werden noch Kosten hinzugefügt, denen in der Finanzbuchhaltung kein Aufwand gegenübersteht. Diese Kosten werden auch Zusatzkosten genannt und sind z. B. kalkulatorische Zinsen oder kalkulatorischer Unternehmerlohn.

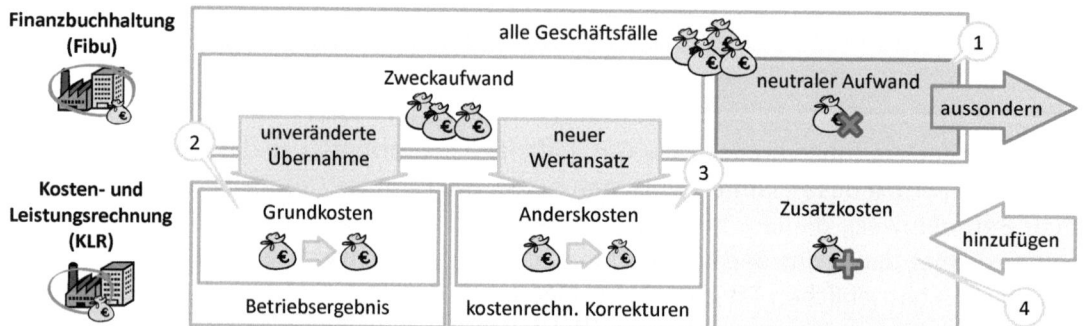

Abbildung 52: schematische Darstellung der Vorgehensweise

## Wie wird was verrechnet?

| Konten | Rechnungskreis I Finanzbuchführung (Erfolgsbereich) | | Rechnungskreis II Kosten- und Leistungsrechnung (Abgrenzungsbereich) | | | | | |
| | Aufwendungen | Erträge | unternehmensbezogene Abgrenzungen | | kostenrechnerische Korrekturen | | Kosten-/Leistungsbereich | |
| | | | Aufwendungen | Erträge | Aufwendungen | Erträge | Kosten | Leistungen |
|---|---|---|---|---|---|---|---|---|
| Umsatzerlöse | | 22.030.800 | | | | | | 22.030.800 |
| Zinserträge | | 97.338 | | 97.338 | | | | |
| Materialaufwand | 5.449.444 | | | | | | 5.449.444 | *betrieblich bedingt* |
| Abschreibungen | 1.714.293 | | | | 1.714.293 | | | |
| Personalaufwand | 10.349.496 | | | | | | 10.349.496 | |
| betriebsfremder Aufwand | 287.080 | | 287.080 | | | | | |
| betriebsfremder Ertrag | | 538.275 *betriebsfremd* | | 538.275 *anderer Ansatz* | | | | |
| kalk. Abschreibung | | | | | | 771.432 | 771.432 | |
| kalk. Unternehmerlohn | | | | | | 396.000 | 396.000 | |
| **Summe** | **17.800.314** | **22.666.414** | **287.080** | **635.614** | **1.714.293** | **1.167.432** | **16.966.372** | **22.030.800** |
| Saldo | 4.866.100 | | | 348.534 | | 546.861 | 5.064.428 | |
| **gesamt** | **22.666.414** | **22.666.414** | **635.614** | **635.614** | **1.714.293** | **1.714.293** | **22.030.800** | **22.030.800** |

| Gesamtergebnis | neutrales Ergebnis | kostenrechnerische Korrekturen | Betriebsergebnis |
|---|---|---|---|
| **4.866.100** | **348.534** | **-546.861** | **5.064.428** |
| unternehmensbezogen | betriebsfremd | anderer Ansatz | betrieblich bedingt |

*\* alle Angaben in €*

*Tabelle 20: Verrechnung der einzelnen Kosten*

> **HINWEIS ZUM SALDO**
> Steht der Saldo auf der **Aufwandsseite** (linke Seite) so sind die Erträge größer als die Aufwendungen;
> es wurde ein **Gewinn** erwirtschaftet ☺. Steht der Saldo jedoch auf der **Ertragsseite** (rechte Seite) so
> sind die Aufwendungen größer und es wurde ein **Verlust** eingefahren ☹.

# 5.2 Kostenartenrechnung

In der Kostenartenrechnung werden die Kosten von den Aufwendungen und
die Leistungen von den Erträgen abgegrenzt, d.h. es werden nur die durch die
eigentliche betriebliche Tätigkeit angefallenen Kosten sowie Leistungen in einer
Abrechnungsperiode (z. B. Monat oder Quartal) erfasst und gegliedert.

### Ziel der Kostenartenrechnung

Die betrieblich angefallenen Kosten werden erfasst, um das betriebliche Periodenergebnis
zu ermitteln. Durch die Erfassung ist eine Weiterverrechnung der Kosten in der Kostenstel-
len- und Kostenträgerrechnung möglich.

## Aufgaben der Kostenartenrechnung

| Aufgabe | Merkmale |
|---|---|
| Dokumentation | alle Kosten und Leistungen im Unternehmen werden erfasst, in Einzel-, Gemein- und Sondereinzelkosten gegliedert und nach ihrer Abhängigkeit von der Beschäftigung in fixe und variable Kosten aufgeteilt |
| Entscheidung | auf Grundlage der Dokumentation erfolgt die Planung von Kosten und Leistungen für Kostenstellen, Kostenträger und Kostenarten |
| Ergebnisermittlung | errechnet das Betriebsergebnis und zeigt, ob das Ziel erfüllt wurde |
| Kalkulationsfunktion | ermittelt die Daten für die Vorkalkulation und führt eine Analyse der Ursachen für Abweichungen in der Nachkalkulation durch |
| Kontrollfunktion | die Dokumentation wird zur Analyse der geplanten Größen und deren Ursache und Abweichung genutzt (wird mit Kennzahlen wie z. B. Rentabilität oder relativer Deckungsbeitrag durchgeführt) |
| Steuerungsfunktion | liefert durch die Bereitstellung und Analyse der Daten Grundlagen für Entscheidungen und Alternativen zur Unternehmenssteuerung |

*Tabelle 21: Aufgaben der Kostenartenrechnung*

## 5.2.1 Gliederung der Kostenarten

In der Kostenrechnung werden die angefallenen Kosten je nach ihrer Bedeutung als Kostenart bezeichnet. Man kann sie wie folgt untergliedern:

**nach Art der verbrauchten Produktionsfaktoren:**
- Kosten für Betriebsmittel (z. B. Abschreibungen, Wartungskosten)
- Kosten für Dienstleistungen (z. B. Kosten einer Gebäudereinigung)
- Kosten für Material (z. B. Rohstoffe wie Holz oder Stahl)
- Kosten für Personal (z. B. Löhne und Gehälter der Mitarbeiter)

**nach betrieblichen Funktionsbereichen:**
- Kosten der Beschaffung (z. B. Bestellkosten für Wareneinkäufe)
- Kosten der Fertigung (z. B. Kosten für RHB-Stoffe, Werkzeuge, Löhne)
- Kosten des Vertriebs (z. B. Kosten für Verpackungen)
- Kosten der Verwaltung (z. B. Gehälter für Mitarbeiter der Buchhaltung)

**in Abhängigkeit von der Beschäftigung:**
- variable Kosten fallen nur bei Beschäftigung an (z. B. Materialkosten)
- fixe Kosten fallen unabhängig von der Beschäftigung an (z. B. Miete)

**nach Art der Verrechnung für Zwecke der Kalkulation:**
- Einzelkosten sind direkt auf die einzelnen Kostenträger verrechenbar (z. B. Materialkosten)
- Gemeinkosten sind nicht direkt auf die einzelnen Kostenträger verrechenbar und werden anteilig verteilt (z. B. Mietkosten für Lagerräume)
- Sondereinzelkosten sind nicht pro Stück, aber auftragsbezogen erfassbar, dazu zählen Kosten für z. B. Spezialwerkzeuge

**Grundkosten, Anderskosten und Zusatzkosten:**
- Grundkosten werden in voller Höhe aus der Finanzbuchhaltung übernommen
- Anderskosten haben einen anderen Ansatz in der Kosten- und Leistungsrechnung als in der Finanzbuchhaltung, z. B. kalkulatorische Abschreibungen
- Zusatzkosten verursachen in der Finanzbuchhaltung keinen Aufwand und werden zusätzlich verrechnet, z. B. kalkulatorischer Unternehmerlohn

 *Siehe auch Seite 116.*

## 5.2.2 Kalkulatorische Kosten

Sie sind Kosten, denen kein oder kein gleicher Aufwand gegenübersteht und stimmen daher nicht mit den echten Geldströmen überein. Sie werden zu den Kosten hinzugerechnet, um den erwarteten Gewinn bereits in die Produktkalkulation einfließen zu lassen bzw. um eine vergleichbare Kostenstruktur zu erzeugen. Kalkulatorische Kosten werden in Zusatzkosten und Anderskosten unterteilt.

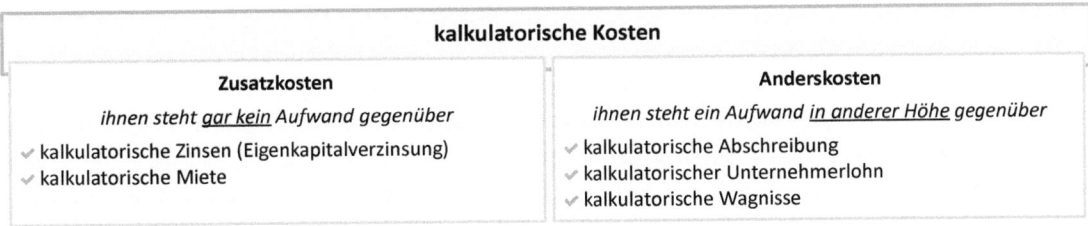

| kalkulatorische Kosten | |
|---|---|
| **Zusatzkosten** | **Anderskosten** |
| *ihnen steht gar kein Aufwand gegenüber* | *ihnen steht ein Aufwand in anderer Höhe gegenüber* |
| ✓ kalkulatorische Zinsen (Eigenkapitalverzinsung)<br>✓ kalkulatorische Miete | ✓ kalkulatorische Abschreibung<br>✓ kalkulatorischer Unternehmerlohn<br>✓ kalkulatorische Wagnisse |

*Abbildung 53: Einteilung der kalkulatorischen Kosten*

### kalkulatorische Zinsen (kalkulatorische Eigenkapitalverzinsung)

Die Verzinsung des vom Unternehmer eingebrachten, betriebsnotwendigen Kapitals, anstelle einer Geldanlage bei der Bank. Sie werden nicht real ausbezahlt, deshalb werden sie als Zusatzkosten berücksichtigt.

| | |
|---|---|
| **kalkulatorische Zinsen [€] =** <br> betriebsnotwendiges Kapital · Zinssatz [Dezimalform = 0,...] | *die Verzinsung des betriebs-* <br> *notwendigen Kapitals* |
| **betriebsnotwendiges Kapital [€] =** <br> betriebsnotwendiges Vermögen – Abzugskapital | *das Kapital, das zur Ausfüh-* <br> *rung der betrieblichen Tätig-* <br> *keit notwendig ist* |
| **betriebsnotwendiges Vermögen [€] =** <br>  betriebsnotwendiges Anlagevermögen <br> + betriebsnotwendiges Umlaufvermögen | *das Vermögen, das zur Aus-* <br> *führung der betrieblichen* <br> *Tätigkeit notwendig ist* |

---

**Beispiel 75: kalkulatorische Zinsen**

betriebsnotwendiges Anlagevermögen: 38.260.667 €; betriebsnotwendiges Umlaufvermögen: 2.342.713 €; Abzugskapital: 16.646.692 €; Zinssatz: 12 % (= 0,12)

| | |
|---|---|
|  betriebsnotwendiges Anlagevermögen (z. B. Gebäude, Maschinen) | 38.260.667 € |
| + betriebsnotwendiges Umlaufvermögen (z. B. Vorräte, Forderungen) | 2.342.713 € |
| = **betriebsnotwendiges Vermögen** | **40.603.380 €** |
| – Abzugskapital (z. B. Verbindlichkeiten) | -16.646.692 € |
| = **betriebsnotwendiges Kapital** | **23.956.688 €** |

kalkulatorische Zinsen: betriebsnotwendiges Kapital · Zinssatz = 23.956.688 € · 0,12 = 2.874.802,56 €

→ *Die kalkulatorischen Zinsen betragen **2.874.802,56 €**.*

## kalkulatorische Miete

Die kalkulatorische Miete wird auf Produktionsstätten, Lagerhallen oder Verwaltungsgebäude veranschlagt, die betrieblich genutzt werden, sich aber im Privatbesitz des Unternehmers befinden. Da hierbei keine tatsächlichen Mietzahlungen fließen, handelt es sich um <u>Zusatzkosten</u>.

## kalkulatorische Abschreibung

Die tatsächliche Abnutzung des Anlagevermögens wird bereits bei der Verkaufspreiskalkulation beachtet. Die Abschreibung erfolgt vom Wiederbeschaffungswert (der Wert, den die Anlage hätte, wenn sie nach der Nutzung neu beschafft würde). Da sie von den tatsächlichen Abschreibungen abweichen, handelt es sich um <u>Anderskosten</u>.

| | |
|---|---|
| **kalkulatorische Abschreibung [€] =** <br> $\dfrac{\text{Wiederbeschaffungswert}}{\text{tatsächliche Nutzungsdauer}}$ | *Abnutzung des Anlagevermögens* <br> *vom Wiederbeschaffungswert über* <br> *den Zeitraum der tatsächlichen* <br> *Nutzungsdauer* |

---

**Beispiel 76: kalkulatorische Abschreibung**

Wiederbeschaffungswert: 150.000 €; tatsächliche Nutzungsdauer: 15 Jahre

kalkulatorische Abschreibung: $\dfrac{\text{Wiederbeschaffungswert}}{\text{tatsächliche Nutzungsdauer}} = \dfrac{150.000\ €}{15\ \text{Jahre}} = 10.000\ €/\text{Jahr}$

→ *Die kalkulatorische Abschreibung beträgt **10.000 €/Jahr**.*

---

 *Siehe auch unter 4.7 Abschreibung auf Seite 103.*

## *kalkulatorischer Unternehmerlohn*

Die vollhaftenden Geschäftsführer und Einzelunternehmer bekommen kein in der Finanzbuchhaltung verbuchbares Gehalt. Nach § 121 Abs. 1 HGB steht ihnen ein Gewinnanteil von 4 % ihres Kapitalanteils zu, der verbleibende Gewinn ist unter allen Gesellschaftern gleichmäßig zu verteilen. Der Unternehmer möchte für seine Arbeitsleistung eine marktübliche Vergütung erhalten, daher wird der Lohn in die Verkaufspreise einkalkuliert. Da sie von der tatsächlichen Lohnzahlung abweicht, handelt es sich um <u>Anderskosten</u>.

## *kalkulatorische Wagnisse*

Nicht alle Wagnisse lassen sich versichern. Sie werden mit dem Betriebsgewinn abgegolten, d.h. im Schadensfall gehen sie zu Lasten des Gewinns. Da sie von der tatsächlichen Versicherungszahlung abweicht, handelt es sich um <u>Anderskosten</u>.

---

**Wagniszuschlag [%] =**
$\dfrac{\text{geschätzter oder eingetretener Verlust}}{\text{Bezugsgröße}} \cdot 100\ \%$

*Ausgleich gegen nicht versicherbare Vorkommnisse*

---

| Wagnisart | Absicherung für | Bezugsgröße |
|---|---|---|
| Anlagewagnis | Schäden oder Ausfall von Maschinen und Anlagen | Anschaffungswert |
| Beständewagnis | Verlust, Qualitätsminderung, Verderb (z. B. bei Obst) | Herstell- bzw. Bezugskosten |
| Fertigungswagnis | Ausschuss oder Nacharbeit | Herstellkosten |
| Gewährleistungswagnis | Verkaufspreisnachlass, Ersatzlieferung, Garantieleistung | Umsatz zu Selbstkosten |
| Vertriebswagnis | Forderungsausfälle nicht zahlungsfähiger Kunden | Umsatz zu Selbstkosten |

*Tabelle 22: verschiedene Wagnisse und deren Bezugsgröße*

> **Beispiel 77: Zuschlag für das Beständewagnis**
>
> Aufgrund von Schwund, Ausschuss und Qualitätsmängel ist bei den Lagervorräten ein Ausfall von 10.000 €
> entstanden. Der Wareneinsatz betrug in dieser Zeit 500.000 €.
>
> Wagniszuschlag: $\dfrac{\text{eingetretener Verlust}}{\text{Wareneinsatz}} \cdot 100\ \% = \dfrac{10.000\ \text{€}}{500.000\ \text{€}} \cdot 100\ \% = 2\ \%$
>
> → *Es wird ein Wagniszuschlag von **2 %** auf die Wareneinsätze in der Kalkulation verrechnet.*

## 5.2.3 Kostenbegriffe

Je nach Art der Kosten werden sie in folgende Kostenbegriffe unterschieden:

- Die variablen Kosten pro Stück ($k_{var}$) bleiben bei steigender Produktionsmenge pro Stück unverändert, z. B. Materialkosten pro Stück.

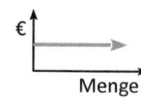

**variable Kosten pro Stück $k_{var}$ [€] =**
$\dfrac{\text{gesamte variable Kosten } (K_{var})}{\text{Produktionsmenge } (x)}$

- Die fixen Kosten pro Stück ($k_{fix}$) sind ein Anteil der fixen Gesamtkosten pro Stück. Sie werden mit steigender Produktionsmenge kleiner, da sich die fixen Gesamtkosten auf eine größere Menge verteilen.

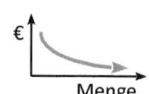

**fixe Kosten pro Stück $k_{fix}$ [€] =**
$\dfrac{\text{gesamte Fixkosten } (K_{fix})}{\text{Produktionsmenge } (x)}$

- Die gesamten Kosten pro Stück ($k_{ges}$) werden auch als Stückkosten bezeichnet und bestehen aus fixen und variablen Stückkosten. Sie werden mit steigender Produktionsmenge kleiner, da sich die Gesamtkosten auf eine größere Menge verteilen.

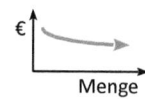

**gesamte Kosten pro Stück $k_{ges}$ (Stückkosten) [€] =**
$\dfrac{\text{Gesamtkosten } (K_{ges})}{\text{Produktionsmenge } (x)}$

- Die Gesamtkosten ($K_{ges}$) sind alle Kosten, die für die Leistungserstellung in der Abrechnungsperiode anfallen. Sie nehmen mit steigender Produktionsmenge zu.

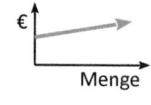

**Gesamtkosten $K_{ges}$ [€] =**
fixe Gesamtkosten ($K_{fix}$) + variable Gesamtkosten ($K_{var}$)

- Die fixen Gesamtkosten ($K_{fix}$) sind beschäftigungs<u>unabhängig</u> d.h. sie fallen auch dann an, wenn nicht produziert wird (z. B. Miete, Abschreibung). Sie bleiben bei steigender Produktionsmenge unverändert.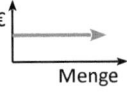

- Die variablen Gesamtkosten ($K_{var}$) sind beschäftigungs<u>abhängig</u>, d.h. sie fallen nur an, wenn produziert wird (z. B. Löhne, Material). Sie nehmen mit steigender Produktionsmenge zu.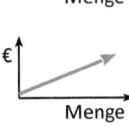

> **variable Gesamtkosten $K_{var}$ [€] =**
> variable Stückkosten ($k_{var}$) · Menge (x)

- Die Mischkosten bestehen aus fixen und variablen Kostenanteilen (z. B. Stromkosten: fixe Grundgebühr, variable Kosten für den verbrauchten Strom).

- Die Leerkosten sind Kosten der nicht genutzten Kapazität. Sie sollten minimiert werden.

- Die Nutzkosten sind die Kosten der genutzten Kapazität zur Herstellung eines Stücks.

> **BEACHTEN SIE:**
> K = <u>Groß</u>buchstaben für <u>Gesamt</u>kosten z. B. $K_{ges}$
> k = <u>Klein</u>buchstaben für Kosten <u>pro Stück</u> z. B. $k_{ges}$
> x = für Menge z. B. Stück

## Kostenverläufe

Kosten können je nach Art einen unterschiedlichen Verlauf haben:

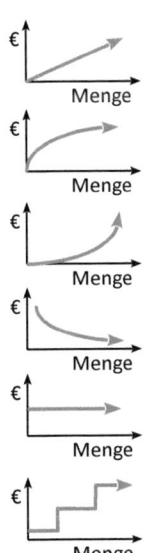

- proportionale Kosten steigen gleichmäßig (proportional) mit der Mengenänderung, z. B. Kosten für Materialaufwand
- degressive Kosten steigen im Verhältnis zur Mengenänderung geringer (unterproportional) z. B. langsam steigende Einkaufssumme durch Mengenrabatt beim Materialeinkauf
- progressive Kosten steigen im Verhältnis zur Mengenänderung stärker (überproportional) z. B. Überstundenzuschläge
- regressive Kosten sinken bei steigender Mengenänderung z. B. fallender Fixkostenanteil
- fixe Kosten bleiben bei steigender Produktionsmenge unverändert (z. B. Miete, Abschreibung).
- intervallfixe bzw. sprungfixe Kosten bleiben innerhalb eines Beschaffungsintervalls konstant, d.h. die Kosten sind solange fix, bis eine bestimmte Kapazität überschritten wird, machen dann einen Sprung und bleiben danach wieder fix, z. B. Mietkosten für eine weitere Maschine

# 5.3 Kostenstellenrechnung

Die Gesamtkosten werden nach Kostenarten aufgetrennt. Einzelkosten werden direkt auf die Kostenträger verrechnet, Gemeinkosten werden nach ihrer Verursachung auf die Kostenstellen verrechnet. Die Kostenstellenrechnung zeigt die Leistungsbeziehungen im Unternehmen und errechnet so den jeweiligen Zuschlagssatz für jede Kostenstelle.

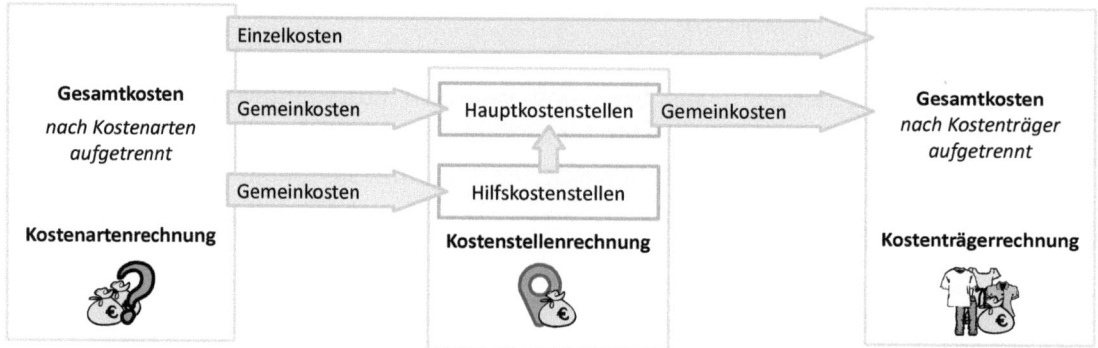

*Abbildung 54: Zusammenhang zwischen Kostenarten-, Kostenstellen- und Kostenträgerrechnung*

## 5.3.1 Gliederung der Kostenstellen

Bei der Gliederung muss lediglich darauf geachtet werden, dass genau festgestellt werden kann, wer oder was die Kosten verursacht hat. Nachfolgend eine beispielhafte Gliederung nach Funktionen:

- allgemeine Kostenstelle (Leistungen für den gesamten Betrieb z. B. Kantine)
- Materialstelle (z. B. Lager, Wareneingang)
- Fertigungsstelle (z. B. Weberei, Näherei)
- Verwaltungsstelle (z. B. Buchhaltung)
- Vertriebsstelle (z. B. Versand, Werbung)

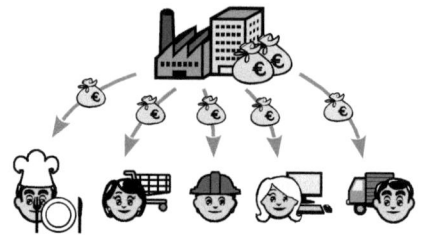

| Kostenstelle | Merkmale |
|---|---|
| Hauptkostenstelle | angefallene Kosten können direkt auf die Kostenträger verrechnet werden |
| Hilfskostenstelle | geben ihre Leistungen nicht an Produkte, sondern an andere Kostenstellen ab; werden im BAB auf die Hauptkostenstellen umgelegt |

*Tabelle 23: Arten von Kostenstellen und ihre Merkmale*

# 5.3.1 Betriebsabrechnungsbogen

Der Betriebsabrechnungsbogen (BAB) ist eine tabellarische Auflistung, über die der Betriebserfolg ermittelt werden kann.

## Aufgaben eines Betriebsabrechnungsbogens:

- berechnet die Abweichung der Istgemeinkostenzuschlagssätze von den Normalgemeinkostenzuschlagssätze (Kostenüberdeckung bzw. Kostenunterdeckung)
- erfasst die innerbetriebliche Leistungsverrechnung
- ermittelt die Istgemeinkostenzuschlagssätze für die Kalkulation
- ermöglicht eine kostenstellenbezogene Kostenkontrolle
- verteilt die Gemeinkosten auf die einzelnen Kostenstellen

*Vorgehensweise zur Berechnung eines Betriebsabrechnungsbogens:*

1. Alle angefallenen Gemeinkosten der Abrechnungsperiode (z. B. Monat oder Quartal) werden erfasst und in den Betriebsabrechnungsbogen (BAB) aufgenommen.

2. Anhand von Belegen werden die primären Gemeinkosten (verursachte Gemeinkosten der Hauptkostenstellen) nach dem Verursachungsprinzip (nach dem tatsächlichen Verbrauch) direkt auf die Hauptkostenstellen verrechnet.

> **Beispiel 78: Verteilung der primären Gemeinkosten nach dem Verursachungsprinzip**
>
> Energiekosten: 2.464.000 €; Gesamtenergieverbrauch: 19.463.994 kW/h; Verbrauch der Hilfskostenstelle Instandhaltung: 4.796 kW/h
>
> Energiekosten Instandhaltung:
> $$\frac{\text{Energiekosten}}{\text{Gesamtverbrauch}} \cdot \text{Verbrauch Instandhaltung} = \frac{2.646.000 \text{ €}}{19.463.994 \text{ kW/h}} \cdot 4.796 \text{ kW/h} = 651,98 \text{ €}$$
>
> → *Die Energiekosten für die Hilfskostenstelle Instandhaltung betragen **651,98 €**.*

3. Die sekundären Gemeinkosten (in den Hilfskostenstellen entstandene Kosten) werden auf die Hauptkostenstellen umgelegt (Umlegung der Hilfskostenstellen auf die Hauptkostenstellen).

4. Die Gemeinkosten und die Kosten je Kostenstelle werden addiert.

5. Zur Bildung der Istgemeinkostenzuschläge sind Bezugsgrößen erforderlich. Für die Materialstelle sind dies die Materialeinzelkosten und für die Fertigungsstelle die Fertigungslöhne. Für Verwaltung und Vertrieb ist die Bezugsgröße die Herstellkosten des Umsatzes (HKU). Mit den Bezugsgrößen und den Gemeinkostensummen können nun die einzelnen Zuschlagssätze gebildet werden.

| | |
|---|---|
| **Herstellkosten der Produktion (HKP) *[€]* =**<br><br>  Materialeinzelkosten (Fertigungsmaterial)<br>+ Materialgemeinkosten<br>+ Fertigungseinzelkosten (Fertigungslöhne)<br>+ Fertigungsgemeinkosten<br>+ Sondereinzelkosten der Fertigung | *alle Kosten, die bei der Produktion bzw. Herstellung der Erzeugnisse entstanden sind* |
| **Herstellkosten des Umsatzes (HKU) *[€]* =**<br><br>  Materialeinzelkosten (Fertigungsmaterial)<br>+ Materialgemeinkosten<br>+ Fertigungseinzelkosten (Fertigungslöhne)    *Herstellkosten der*<br>+ Fertigungsgemeinkosten            *Produktion (HKP)*<br>+ Sondereinzelkosten der Fertigung<br>+ Bestandsminderung an Erzeugnissen (aus dem Lager verkauft)<br>− Bestandsmehrung an Erzeugnissen (ins Lager eingelagert) | *alle Kosten, die bis zum Verkauf entstanden sind (Produktionsmenge ≠ Absatzmenge!)* |

6. Über die Bezugsgrößen und den Gemeinkostensummen werden die einzelnen Istgemeinkostenzuschläge errechnet.

| | |
|---|---|
| **Materialgemeinkostenzuschlagssatz *[%]* =**<br><br>$\dfrac{\text{Materialgemeinkosten}}{\text{Materialeinzelkosten}} \cdot 100\,\%$ | *Zuschlagssatz für das Material, basierend auf den Materialeinzelkosten* |
| **Fertigungsgemeinkostenzuschlagssatz *[%]* =**<br><br>$\dfrac{\text{Fertigungsgemeinkosten}}{\text{Fertigungslöhne bzw. Fertigungseinzelkosten}} \cdot 100\,\%$ | *Zuschlagssatz für die Fertigung, basierend auf den Fertigungslöhnen bzw. Fertigungseinzelkosten* |
| **Verwaltungsgemeinkostenzuschlagssatz *[%]* =**<br><br>$\dfrac{\text{Verwaltungsgemeinkosten}}{\text{Herstellkosten des Umsatzes (HKU)}} \cdot 100\,\%$ | *Zuschlagssatz für die Verwaltung, basierend auf den Herstellkosten des Umsatzes (HKU)* |
| **Vertriebsgemeinkostenzuschlagssatz *[%]* =**<br><br>$\dfrac{\text{Vertriebsgemeinkosten}}{\text{Herstellkosten des Umsatzes (HKU)}} \cdot 100\,\%$ | *Zuschlagssatz für den Vertrieb, basierend auf den Herstellkosten des Umsatzes (HKU)* |

---

**Beispiel 79: Materialgemeinkostenzuschlagssatz** *(Istgemeinkostenzuschlagssatz)*    *Summenwert der Kostenstelle aus BAB*

Materialgemeinkosten: 425.808 €; Materialeinzelkosten: 5.006.604 €

Materialgemeinkostenzuschlagssatz: $\dfrac{\text{Materialgemeinkosten}}{\text{Materialeinzelkosten}} \cdot 100\,\% = \dfrac{425.808\ €}{5.006.604\ €} \cdot 100\,\% = 8,5\,\%$

→ *Der Materialgemeinkostenzuschlagssatz für die Materialstelle beträgt **8,5 %**.*

 *Siehe auch unter 5.3.3 Innerbetriebliche Leistungsverrechnung ab Seite 129.*

## 5.3.2  Normalkostenrechnung

Die Normalkostenrechnung versucht die Nachteile der Istkostenrechnung durch Schwankungen der Werte zu minimieren.

7. Da die tatsächlich angefallenen Kosten pro Periode schwanken, wird als Grundlage für eine konstante Kalkulation ein Durchschnittssatz (Normalgemeinkostenzuschlagssatz) aus den vergangenen Perioden ermittelt, der auch zugleich eine Kostenkontrolle ist.

| | |
|---|---|
| **Normalgemeinkostenzuschlagssatz [%] =** $\dfrac{\text{Gemeinkostenzuschläge (in \%) der einzelnen Monate}}{\text{Anzahl der Gemeinkostenzuschläge}}$ | *Durchschnittssatz aus vergangenen Perioden, um eine konstante Kalkulation zu ermöglichen* |

---

**Beispiel 80: Normalgemeinkostenzuschlagssatz**

Gemeinkostenzuschlagssätze der Materialstelle von Januar bis Juni 2017 (6 Monate):
8,4 %; 7,7 %; 9,7 %; 10,5 %; 8,6 %; 7,9 %

$$\text{Normalgemeinkostenzuschlagssatz:} \quad \frac{8,4\,\% + 7,7\,\% + 9,7\,\% + 10,5\,\% + 8,6\,\% + 7,9\,\%}{6} = \frac{52,8\,\%}{6} = 8,8\,\%$$

→ *Der Normalgemeinkostenzuschlagssatz für die Materialstelle beträgt **8,8 %**.*

---

8. Die Normalgemeinkosten ergeben sich aus der Multiplikation des Normalgemeinkostenzuschlagssatzes mit den Zuschlagsgrundlagen, wie z. B. die Materialeinzelkosten, Fertigungslöhne oder Herstellkosten des Umsatzes (HKU).

| | |
|---|---|
| **Normalgemeinkosten [€] =** Normalgemeinkostenzuschlagssatz · Bezugsgröße | *diese Kosten hätten anfallen dürfen (entspricht den Sollkosten)* |

9. Die Istgemeinkosten werden mit den Normalgemeinkosten verglichen:

- Bei einer Kostenunterdeckung sind die Normalkosten kleiner (<) als die Istkosten. Die tatsächlichen Kosten (Istkosten) sind <u>größer</u> als angenommen. Es wurden nicht alle Kosten gedeckt, dadurch wurde ein <u>Verlust</u> erzielt ☹.

- Bei einer Kostenüberdeckung sind die Normalkosten größer (>) als die Istkosten. Die tatsächlichen Kosten (Istkosten) sind <u>geringer</u> als angenommen. Es wurden alle Kosten gedeckt, dadurch wurde ein <u>Gewinn</u> erzielt ☺.

| **Normalkosten < Istkosten**  | **Normalkosten > Istkosten**  |
|---|---|
| Die tatsächlichen Kosten (Istkosten) sind größer als angenommen. Es wurden nicht alle Kosten gedeckt. → **Kosten<u>unter</u>deckung (es wurde ein <u>Verlust</u> erzielt)** | Die tatsächlichen Kosten (Istkosten) sind geringer als angenommen. Es wurden alle Kosten gedeckt. → **Kosten<u>über</u>deckung (es wurde ein <u>Gewinn</u> erzielt)**  |

*Abbildung 55: Bedeutung einer Kostenunterdeckung und Kostenüberdeckung*

**Beispiel 81: Betriebsabrechnungsbogen (BAB)**

| | Material | Fertigung | Verwaltung | Vertrieb |
|---|---|---|---|---|
| Materialgemeinkosten | 277.902,28 € | 2.240.333,10 € | 1.148.354,89 € | 531.991,97 € |
| + Hilfslöhne | 44.100,00 € | 90.720,00 € | 15.120,00 € | 22.680,00 € |
| + Gehälter | 32.280,00 € | 40.350,00 € | 121.050,00 € | 61.870,00 € |
| + Raumkosten | 15.236,00 € | 121.888,00 € | 14.064,00 € | 9.376,00 € |
| + Energiekosten | 4.608,76 € | 195.000,00 € | 5.926,18 € | 3.338,53 € |
| + Instandhaltung | 23.749,44 € | 114.294,18 € | 57.147,09 € | 31.171,14 € |
| + kalkulatorische Abschreibung | 28.102,40 € | 301.265,00 € | 19.752,40 € | 17.073,40 € |
| + kalkulatorische Zinsen | 16.861,44 € | 180.759,00 € | 11.851,44 € | 10.244,04 € |
| = primäre Gemeinkosten | 442.840,32 € | 3.284.609,28 € | 1.393.266,00 € | 687.745,08 € |
| | | | | |
| Normalgemeinkosten | 442.840,32 € | 3.284.609,28 € | 1.393.266,00 € | 687.745,08 € |
| Zuschlagsgrundlage | Materialeinzelkosten | Fertigungslöhne | Herstellkosten des Umsatzes | |
| | 5.006.604,00 € | 7.250.808,00 € | 16.622.825,78 € | 16.622.825,78 € |
| Normalzuschlagssatz | 8,85 % | 45,3 % | 8,38 % | 4,14 % |
| Gemeinkostensumme (Istkosten) | 425.808,00 € | 3.098.688,00 € | 1.421.700,00 € | 694.692,00 € |
| Istgemeinkostenzuschlagssatz | 8,5 % | 42,74 % | 8,55 % | 4,18 % |
| Kostendeckung | 17.032,32 € | 185.921,28 € | -28.434,00 € | -6.946,92 € |

Berechnung des Normalzuschlagssatzes: $\dfrac{442.840,32\ €}{5.006.604,00\ €} \cdot 100\ \% = 8,85\ \%$

Berechnung des Istgemeinkostenzuschlagssatzes: $\dfrac{425.808,00\ €}{5.006.604,00\ €} \cdot 100\ \% = 8,5\ \%$

Berechnung Kostendeckung: Normalgemeinkosten − Istkosten = 442.840,32 € − 425.808,00 € = 17.032,32 €

Herstellkosten des Umsatzes:
Materialeinzelkosten + Materialgemeinkosten + Fertigungseinzelkosten + Fertigungslöhne + Sondereinzel-kosten der Fertigung + Bestandsminderung − Bestandsmehrung
= 442.840,32 € + 5.006.604,00 € + 3.284.609,28 € + 7.250.808,00 € + 425.388,00 € + 374.649,14 € − 162.072,96 € = 16.622.825,78 €

→ Es wurde in der Materialkostenstelle eine Kostenüberdeckung (Gewinn) in Höhe von **17.032,32 €** erzielt.

**BEACHTEN SIE**
*Bei der Berechnung der Herstellkosten des Umsatzes (HKU) werden eventuelle Bestandsminderun-gen (wurden aus dem Lager verkauft) addiert und Bestandsmehrungen (wurden ins Lager produ-ziert) subtrahiert, weil die Kosten der abgesetzten Produkte ermittelt werden.*

## 5.3.3 Innerbetriebliche Leistungsverrechnung

In vielen Unternehmen tauschen die einzelnen Kostenstellen Leistungen untereinander aus. Um die Wirtschaftlichkeit der einzelnen Kostenstellen besser zu kontrollieren, werden empfangene und abgegebene Leistungen über verrechnete Kosten berechnet.

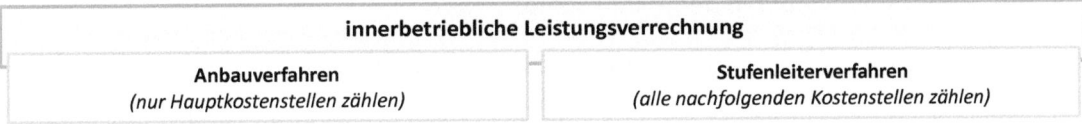

| innerbetriebliche Leistungsverrechnung | |
|---|---|
| **Anbauverfahren** *(nur Hauptkostenstellen zählen)* | **Stufenleiterverfahren** *(alle nachfolgenden Kostenstellen zählen)* |

*Abbildung 56: Methoden der innerbetrieblichen Leistungsverrechnung*

### Anbauverfahren

Es wird nur der Verbrauch von Leistungen der Hauptkostenstellen beachtet. Die Gemeinkosten werden über Verteilungsschlüsseln auf die Hauptkostenstellen umgelegt.

**Beispiel 82: Anbauverfahren** *(nur Hauptkostenstellen zählen)*

| | Hilfskostenstellen | | Hauptkostenstellen | |
|---|---|---|---|---|
| | Stromerzeugung | Instandhaltung | Weberei | Näherei |
| primäre Kosten | 2.464.000,00 € | 147.840,00 € | 17.772.480,00 € | 35.370.720,00 € |
| abgegebene Leistungen | 9.000 kW/h | | | |
| empfangene Leistungen | | 4.796 kW/h | 7.850.854 kW/h + | 11.608.344 kW/h |
| | 26 h | | 67 h + | 132 h |

Verrechnungspreis Strom: $\dfrac{2.464.000\ €}{19.459.198\ kWh} = 0{,}13\ €/kWh$

Verrechnungspreis pro Stunde Instandhaltung: $\dfrac{147.840\ €}{199\ h} = 742{,}17\ €/h$

> Nur die **Hauptkostenstellen** zählen. Der Verbrauch der Hilfskostenstellen wird <u>nicht</u> beachtet.

Die empfangenen Leistungen der Hauptkostenstellen werden mit den ermittelten Verrechnungspreisen multipliziert, um die Umlagekosten zu bestimmen. Daraus ergeben sich folgende Zahlen:

| | Weberei | Näherei |
|---|---|---|
| Stromkosten | 994.105,94 € | 1.469.894,06 € *(0,13 €/kWh · 11.608.344 kWh)* |
| Instandhaltungskosten | 49.873,73 € | 97.966,27 € *(742,17 €/h · 132 h)* |

Die errechneten Werte werden nun in die nachfolgende Tabelle eingesetzt und die Hilfskostenstellen auf die Hauptkostenstellen umgelegt:

| | Hilfskostenstellen | | Hauptkostenstellen | |
|---|---|---|---|---|
| | Stromerzeugung | Instandhaltung | Weberei | Näherei |
| primäre Kosten | 2.464.000,00 € | 147.840,00 € | 17.772.480,00 € | 35.370.720,00 € |
| + Umlage Stromerzeugung | | | 994.105,94 € | 1.469.894,06 € |
| + Umlage Instandhaltung | | | 49.873,73 € | 97.966,27 € |
| = **Summe Gemeinkosten** | | | **18.816.459,67 €** | **36.938.580,33 €** |

*Werden beide Hauptkostenstellen addiert, so ergibt sich ein Wert von 55.755.040,00 €.*

## Stufenleiterverfahren

Beim Stufenleiterverfahren (mehrstufiger BAB) werden alle Leistungen berücksichtigt, die an die <u>nachfolgenden Kostenstellen</u> (nach rechts) abgegeben werden (Leistungen nach links werden nicht berücksichtigt). Die Kostenstelle, die die wenigsten Leistungen von den anderen erhält, sollte daher in der ersten Spalte stehen.

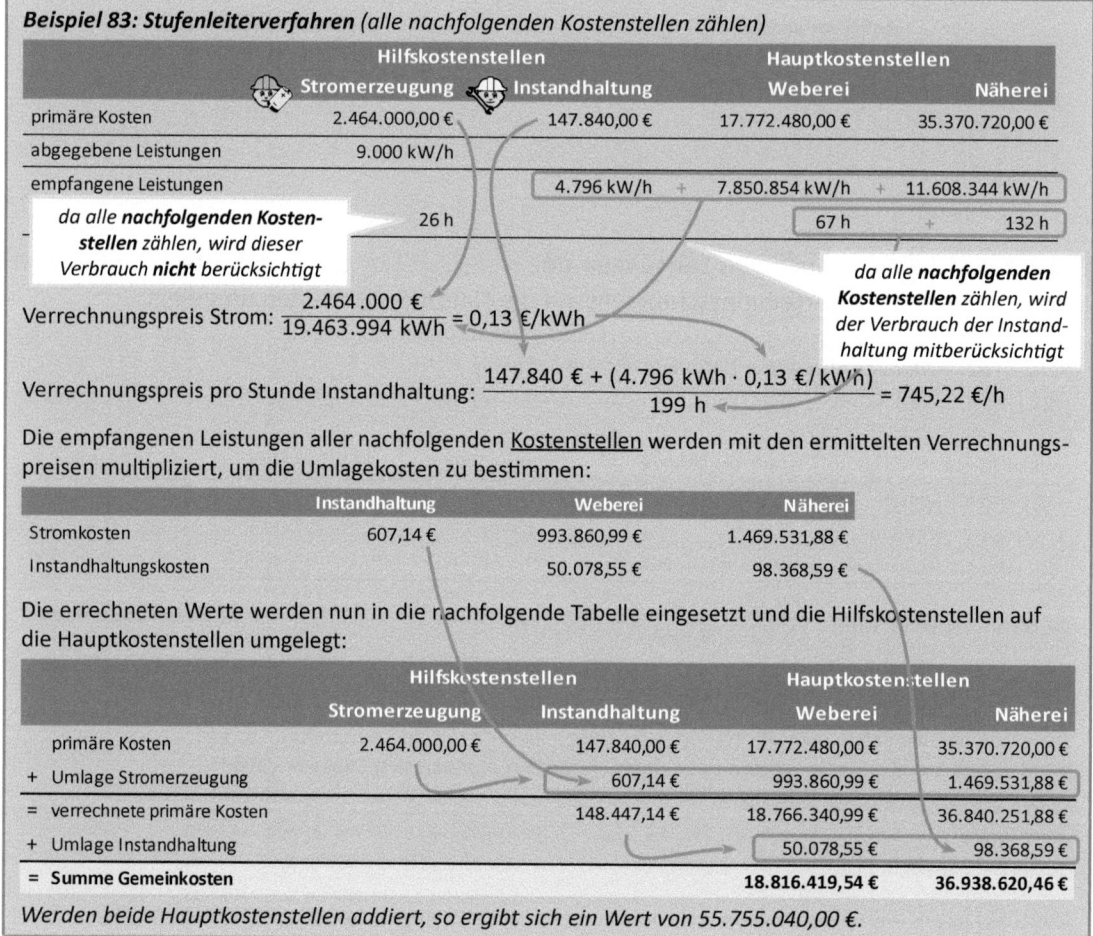

**Beispiel 83: Stufenleiterverfahren** *(alle nachfolgenden Kostenstellen zählen)*

|  | Hilfskostenstellen | | Hauptkostenstellen | |
|---|---|---|---|---|
|  | Stromerzeugung | Instandhaltung | Weberei | Näherei |
| primäre Kosten | 2.464.000,00 € | 147.840,00 € | 17.772.480,00 € | 35.370.720,00 € |
| abgegebene Leistungen | 9.000 kW/h |  |  |  |
| empfangene Leistungen |  | 4.796 kW/h + | 7.850.854 kW/h + | 11.608.344 kW/h |
|  | 26 h |  | 67 h + | 132 h |

*da alle **nachfolgenden Kosten-stellen** zählen, wird dieser Verbrauch **nicht** berücksichtigt*

*da alle **nachfolgenden Kostenstellen** zählen, wird der Verbrauch der Instand-haltung mitberücksichtigt*

Verrechnungspreis Strom: $\dfrac{2.464.000\ €}{19.463.994\ kWh} = 0,13\ €/kWh$

Verrechnungspreis pro Stunde Instandhaltung: $\dfrac{147.840\ € + (4.796\ kWh \cdot 0,13\ €/kWh)}{199\ h} = 745,22\ €/h$

Die empfangenen Leistungen aller nachfolgenden <u>Kostenstellen</u> werden mit den ermittelten Verrechnungspreisen multipliziert, um die Umlagekosten zu bestimmen:

| | Instandhaltung | Weberei | Näherei |
|---|---|---|---|
| Stromkosten | 607,14 € | 993.860,99 € | 1.469.531,88 € |
| Instandhaltungskosten |  | 50.078,55 € | 98.368,59 € |

Die errechneten Werte werden nun in die nachfolgende Tabelle eingesetzt und die Hilfskostenstellen auf die Hauptkostenstellen umgelegt:

|  | Hilfskostenstellen | | Hauptkostenstellen | |
|---|---|---|---|---|
|  | Stromerzeugung | Instandhaltung | Weberei | Näherei |
| primäre Kosten | 2.464.000,00 € | 147.840,00 € | 17.772.480,00 € | 35.370.720,00 € |
| + Umlage Stromerzeugung |  | 607,14 € | 993.860,99 € | 1.469.531,88 € |
| = verrechnete primäre Kosten |  | 148.447,14 € | 18.766.340,99 € | 36.840.251,88 € |
| + Umlage Instandhaltung |  |  | 50.078,55 € | 98.368,59 € |
| = **Summe Gemeinkosten** |  |  | **18.816.419,54 €** | **36.938.620,46 €** |

*Werden beide Hauptkostenstellen addiert, so ergibt sich ein Wert von 55.755.040,00 €.*

## Verrechnungssatzverfahren

Der Leistungsaustausch der Hilfskostenstellen an die Hauptkostenstellen wird über feste Verrechnungssätze verrechnet.

**Umlagekosten [€] =**
Verrechnungssatz · Leistungseinheit

## *Bildung von Kostenschlüsseln*

Sie werden für eine verursachungsgemäße Verrechnung der Gemeinkosten benötigt:

- Mengenschlüssel beziehen sich auf Größen und Einheiten, z. B. Stempelzeiten
- Wertschlüssel beziehen sich auf Geldbeträge, z. B. Umsatz

# 5.4  Kostenträgerrechnung

Die Kostenträgerrechnung (Kalkulation) basiert auf der Kostenarten- und Kostenstellenrechnung. Sie wird für die Angebots- und Nachkalkulation verwendet und entscheidet rechnerisch über die Annahme von Aufträgen und bestimmt die Verkaufspreisuntergrenze.

## *Aufgaben der Kalkulation*

| Kalkulationsart | Merkmale |
|---|---|
| Vorkalkulation | Angebotskalkulation: Ermittlung der Angebotspreise auf Normalkostenbasis bzw. Prüfung, ob ein Zusatzauftrag angenommen werden soll (Deckungsbeitragsrechnung) |
| Zwischenkalkulation | mitlaufende Kalkulation: Ermittlung der Istkosten und Vergleich mit den Sollkosten (Normalkosten) |
| Nachkalkulation | Überprüfung der Angebotskalkulation: tatsächliche Werte (Ist) werden mit den Normalkosten (Soll) der Vorkalkulation verglichen |

*Tabelle 24: Kalkulationsarten und deren Aufgaben*

## 5.4.1  Kostenträgerstückrechnung

## *Vorwärtskalkulation*

Das Schema der Vorwärtskalkulation zeigt die Verkaufspreisentstehung eines Produktes von den Herstellkosten über die Selbstkosten bis hin zum Bruttoverkaufspreis (Kalkulation aus Sicht des Produzenten). Es wird oben mit den Fertigungsmaterialkosten begonnen und nacheinander alle weiteren Positionen aufaddiert (+).

| | |
|---|---|
| **Materialgemeinkosten [€] =** <br> Fertigungsmaterial · Materialgemeinkostenzuschlagssatz | *Zuschlag für die Materialgemeinkosten* |
| **Materialkosten [€] =** <br> Fertigungsmaterial + Materialgemeinkosten | *Kosten des Materials* |
| **Fertigungsgemeinkosten [€] =** <br> Fertigungsmaterial · Fertigungsgemeinkostenzuschlagssatz | *Zuschlag für die Fertigungsgemeinkosten* |
| **Fertigungskosten [€] =** <br> Fertigungslöhne <br> + Fertigungsgemeinkosten <br> + Sondereinzelkosten der Fertigung | *Kosten der Fertigung (dazu zählen auch eventuelle Sondereinzelkosten der Fertigung)* |
| **Herstellungskosten [€] =** <br> Materialkosten + Fertigungskosten | *Kosten der Herstellung* |
| **Verwaltungsgemeinkosten [€] =** <br> Herstellungskosten · Verwaltungsgemeinkostenzuschlagssatz | *Zuschlag für die Verwaltung* |
| **Vertriebsgemeinkosten [€] =** <br> Herstellungskosten · Vertriebsgemeinkostenzuschlagssatz | *Zuschlag für den Vertrieb* |
| **Selbstkosten des Auftrages [€] =** <br> Herstellungskosten <br> + Verwaltungsgemeinkosten <br> + Vertriebsgemeinkosten <br> + Sondereinzelkosten des Vertriebes | *Kosten des kompletten Auftrages (dazu gehören auch Verwaltungs- und Vertriebsgemeinkosten sowie eventuelle Sondereinzelkosten des Vertriebes)* |
| **Gewinnzuschlag [€] =** <br> Selbstkosten des Auftrages · Gewinnzuschlagssatz | *Zuschlag für den Gewinn* |
| **Barverkaufspreis [€] =** <br> Selbstkosten des Auftrages + Gewinnzuschlag | *Preis, bestehend aus den Selbstkosten und Gewinnzuschlag* |
| **Kundenskonto [€] =** <br> Barverkaufspreis · Kundenskontosatz | *Rabatt bei Barzahlung* |
| **Vertreterprovision [€] =** <br> Barverkaufspreis · Vertreterprovisionssatz | *Provision (erfolgsabhängiges Entgelt) für Handelsvertreter* |
| **Zielverkaufspreis [€] =** <br> Barverkaufspreis + Kundenskonto + Vertreterprovision | *Preis, der alle Vertriebskosten beinhaltet* |
| **Kundenrabatt [€] =** <br> Zielverkaufspreis · Kundenrabattsatz | *Preisnachlass für den Kunden* |
| **Listenverkaufspreis (Nettopreis) [€] =** <br> Zielverkaufspreis + Kundenrabatt | *Preis inklusive Kundenrabatt, jedoch ohne Mehrwertsteuer* |
| **Bruttoverkaufspreis [€] =** <br> Listenverkaufspreis · Mehrwertsteuersatz (19 % = 0,19) | *Preis inklusive Mehrwertsteuer* |

**Beispiel 84: Vorwärtskalkulation eines Kleides**

Fertigungsmaterial: 20,54 €; Materialgemeinkostenzuschlagssatz: 8,46 %; Fertigungslöhne: 51,13 €; Fertigungsgemeinkostenzuschlagssatz: 42,74 %; Sondereinzelkosten (Fertigung): 2,64 €; Verwaltungsgemeinkostenzuschlagssatz: 8,77 %; Vertriebsgemeinkostenzuschlagssatz: 4,29 %; Sondereinzelkosten (Vertrieb): 2,35 €; Gewinnzuschlagssatz: 15 %; Kundenskontosatz: 2 %; Vertreterprovisionssatz: 3 %; Kundenrabattsatz: 8 %

|  |  |  |  |  |  |
|---|---|---|---|---|---|
| Fertigungsmaterial |  | 20,54 € |  |  |  |
| + Materialgemeinkosten | 8,46 % | 1,74 € |  |  | $= 20{,}54 \cdot 8{,}46 : 100$ |
| = **Materialkosten** |  | **22,28 €** |  |  | $= 20{,}54 + 1{,}74$ |
| Fertigungslöhne |  | 51,13 € |  |  |  |
| + Fertigungsgemeinkosten | 42,74 % | 21,85 € |  |  | $= 51{,}13 \cdot 42{,}74 : 100$ |
| + Sondereinzelkosten der Fertigung |  | 2,64 € |  |  |  |
| = **Fertigungskosten** |  | **75,62 €** |  |  | $= 51{,}13 + 21{,}85 + 2{,}64$ |
| = **Herstellungskosten** |  | **97,90 €** |  |  | $= 22{,}28 + 75{,}62$ |
| + Verwaltungsgemeinkosten | 8,77 % | 8,59 € |  |  | $= 97{,}90 \cdot 8{,}77 : 100$ |
| + Vertriebsgemeinkosten | 4,29 % | 4,20 € |  |  | $= 97{,}90 \cdot 4{,}29 : 100$ |
| + Sondereinzelkosten des Vertriebes |  | 2,35 € |  |  |  |
| = **Selbstkosten des Auftrags** |  | **113,04 €** |  |  | $= 97{,}90 + 8{,}59 + 4{,}20 + 2{,}35$ |
| + Gewinnzuschlag | 15 % | 16,96 € |  |  | $= 113{,}04 \cdot 15 : 100$ |
| = **Barverkaufspreis** |  | **130,00 €** | $= 95\,\%^1$ |  | $= 113{,}04 + 16{,}96$ |
| + Kundenskonto | 2 % | 2,74 € | $= 2\,\%^1$ |  | $= 130{,}00 : 95 \cdot 2$ |
| + Vertreterprovision | 3 % | 4,11 € | $= 3\,\%^1$ |  | $= 130{,}00 : 95 \cdot 3$ |
| = **Zielverkaufspreis** |  | **136,85 €** | $= 100\,\%^1$ | $= 92\,\%^1$ | $= 130{,}00 + 2{,}74 + 4{,}11$ |
| + Kundenrabatt | 8 % | 11,90 € |  | $= 8\,\%^1$ | $= 136{,}85 : 92 \cdot 8$ |
| = **Listenverkaufspreis (Nettopreis)** |  | **148,75 €** | $= 100\,\%^2$ | $= 100\,\%^1$ | $= 136{,}85 + 11{,}90$ |
| + Mehrwertsteuer | 19 % | 28,26 € | $= 19\,\%^2$ |  | $= 148{,}75 \cdot 19 : 100$ |
| = **Bruttoverkaufspreis** |  | **177,01 €** | $= 119\,\%^2$ |  | $= 148{,}75 + 28{,}26$ |

**HINWEIS**

[1]*Der Barverkaufspreis entspricht 95 % des Zielverkaufspreises. Man spricht hier von **im Hundert** (i.Hd.), d.h. der Zielverkaufspreis entspricht 100 %, von denen dann (aus Kundensicht) die 3 % Provision und 2 % Skonto abgezogen werden (100 % − 3 % − 2 % = 95 %).*

[2]*Der Listenverkaufspreis entspricht 100 %. Hinzu kommen noch 19 % MwSt. Der Bruttoverkaufspreis ist demnach 119 % (100 % + 19 %). Man spricht hier von **auf Hundert** (a.Hd.), d.h. der Bruttoverkaufspreis entspricht 119 %, von denen dann (aus Unternehmersicht) die 19 % Mehrwertsteuer abgezogen werden.*

## Rückwärtskalkulation

Es wird <u>unten</u> mit dem Brutto- bzw. Listenverkaufspreis begonnen und nacheinander alle weiteren Positionen <u>subtrahiert</u> (−). Je nach gegebenen Daten können unterschiedliche Positionen errechnet werden, z. B. die Materialkosten oder die Fertigungslöhne (Kalkulation aus Sicht des Kunden).

**Beispiel 85: Rückwärtskalkulation eines Kleides auf die Materialeinzelkosten**

| | | | |
|---|---:|---:|---|
| Bruttoverkaufspreis | | 177,01 € | |
| − Mehrwertsteuer | 19 % | 28,26 € | $= 177{,}01 \cdot 19 : 119$ |
| **= Listenverkaufspreis (Nettopreis)** | | **148,75 €** | $= 177{,}01 - 28{,}26$ |
| − Kundenrabatt | 8 % | 11,90 € | $= 148{,}75 \cdot 8 : 100$ |
| **= Zielverkaufspreis** | | **136,85 €** | $= 148{,}75 - 11{,}90$ |
| − Vertreterprovision | 3 % | 4,11 € | $= 136{,}85 \cdot 3 : 100$ |
| − Kundenskonto | 2 % | 2,74 € | $= 136{,}85 \cdot 2 : 100$ |
| **= Barverkaufspreis** | | **130,00 €** | $= 136{,}85 - 4{,}11 - 2{,}74$ |
| − Gewinnzuschlag | 15 % | 16,96 € | $= 130{,}00 \cdot 15 : 115$ |
| **= Selbstkosten des Auftrags** | | **113,04 €** | $= 130{,}00 - 16{,}96$ |
| − Sondereinzelkosten des Vertriebes | | 2,35 € | |
| − Vertriebsgemeinkosten | 4,29 % | 4,20 € | $= (113{,}04 - 2{,}35) : (100 + 4{,}29 + 8{,}77) \cdot 4{,}29$ |
| − Verwaltungsgemeinkosten | 8,77 % | 8,59 € | $= (113{,}04 - 2{,}35) : (100 + 4{,}29 + 8{,}77) \cdot 8{,}77$ |
| **= Herstellungskosten** | | **97,90 €** | $= 113{,}04 - 2{,}35 - 4{,}20 - 8{,}59$ |
| − Sondereinzelkosten der Fertigung | | 2,64 € | |
| − Fertigungslöhne | | 51,13 € | |
| − Fertigungsgemeinkosten | 42,74 % | 21,85 € | $= 51{,}13 \cdot 42{,}74 : 100$ |
| **= Materialkosten** | | **22,28 €** | $= 97{,}90 - 2{,}64 - 51{,}13 - 21{,}85$ |
| − Materialgemeinkosten | 8,46 % | 1,74 € | $= 22{,}28 \cdot 8{,}46 : 108{,}46$ |
| **= Fertigungsmaterial** | | **20,54 €** | $= 22{,}28 - 1{,}74$ |

## Vorkalkulation

Die Vorkalkulation wird <u>vor der eigentlichen Leistungserstellung</u> durchgeführt. Die Einzelkosten werden geschätzt und ungefähr angegeben, die Gemeinkosten werden mit ihren entsprechenden Zuschlagssätzen angegeben. So kann bereits hier eine erste Aussage über die Auftragsannahme getroffen werden. Grundlage ist hierbei das bekannte Kalkulationsschema der Vorwärtskalkulation. Es wird <u>oben</u> mit dem Fertigungsmaterial begonnen und Schritt für Schritt die weiteren Kosten dazu gerechnet.

 *Die Vorkalkulation entspricht in ihrem Aufbau dem der Vorwärtskalkulation auf Seite 131.*

## Nachkalkulation

Sie wird <u>nach der Leistungserstellung</u> mit den tatsächlich angefallenen Kosten durchgeführt und zeigt eventuelle Abweichungen zwischen Normal- und Ist-kosten. Sind Abweichungen vorhanden, muss nach den Ursachen gesucht und Gegenmaßnahmen ergriffen werden, da sie zu Lasten des Gewinns gehen.

Es wird <u>oben</u> bei den <u>tatsächlichen Materialkosten</u> begonnen und bis zu den Selbstkosten gerechnet. Anschließend wird <u>unten</u> beim <u>Listenverkaufspreis</u> begonnen und hoch bis zum Barverkaufspreis gerechnet. Der Differenzbetrag zwischen Selbstkosten und Barverkaufs-preis ist der Gewinn oder Verlust, falls falsch kalkuliert wurde.

---

**Beispiel 86: Nachkalkulation eines Kleides**

tatsächliche Kosten: Fertigungsmaterial: 22,59 €; Materialgemeinkostenzuschlagsatz: 8,79 %; Fertigungs-löhne: 48,56 €; Fertigungsgemeinkostenzuschlagsatz: 45,34 %; Sondereinzelkosten (Fertigung): 2,38 €; Verwaltungsgemeinkostenzuschlagsatz: 8,5 %; Vertriebsgemein-kostenzuschlagsatz: 4,2 %; Sondereinzelkosten (Vertrieb): 1,83 €; Vertreter-provisionssatz: 4 %; Zielverkaufspreis: 130,00 €

| | | Vorkalkulation | | Nachkalkulation | |
|---|---|---|---|---|---|
| Fertigungsmaterial | | | 20,54 € | | 22,59 € |
| + Materialgemeinkosten | 8,46 % | 1,74 € | | 8,79 % | 1,99 € |
| = **Materialkosten** | | | **22,28 €** | | **24,58 €** |
| Fertigungslöhne | | | 51,13 € | | 48,57 € |
| + Fertigungsgemeinkosten | 42,74 % | 21,85 € | | 45,34 % | 22,02 € |
| + Sondereinzelkosten der Fertigung | | | 2,64 € | | 2,38 € |
| = **Fertigungskosten** | | | **75,62 €** | | **72,98 €** |
| = **Herstellungskosten** | | | **97,90 €** | | **97,56 €** |
| + Verwaltungsgemeinkosten | 8,77 % | 8,59 € | | 8,5 % | 8,29 € |
| + Vertriebsgemeinkosten | 4,29 % | 4,20 € | | 4,2 % | 4,10 € |
| + Sondereinzelkosten des Vertriebes | | | 2,35 € | | 1,83 € |
| = **Selbstkosten des Auftrags** | | | **113,04 €** | | **111,78 €** |
| + Gewinnzuschlag | 15 % | 16,96 € | | 9,33 % | 10,42 € |
| = **Barverkaufspreis** | | | **129,99 €** | | **122,20 €** |
| + Kundenskonto | 2 % | 2,74 € | | 2 % | 2,60 € |
| + Vertreterprovision | 3 % | 4,11 € | | 4 % | 5,20 € |
| = **Zielverkaufspreis** | | | **136,83 €** | | **130,00 €** |

Gewinnspanne: $\dfrac{\text{erzielter Gewinn}}{\text{Selbstkosten des Auftrags}} \cdot 100\,\% = \dfrac{10,42\ €}{111,78\ €} \cdot 100\,\% = 9,33\,\%$

→ *Durch die veränderten Kosten sowie dem geringeren Zielverkaufspreis hat sich die Gewinnspanne von ursprünglich 15 % auf **9,33 %** verringert.*

## 5.4.2 Kostenträgerzeitrechnung

Es lassen sich die Herstellungskosten sowie die Selbstkosten ermitteln und sie zeigen auf diese Weise die Umsatzergebnisse der verschiedenen Erzeugnisse in einer Periode, z. B. pro Monat, pro Quartal oder auch für das komplette Wirtschaftsjahr.

**Beispiel 87: Schema und Beispiel einer Kostenträgerzeitrechnung** *(für Monat Juni)*

| | | 👗 Kleid | 👙 Bikini | 👖 Hose | 👕 T-Shirt |
|---|---|---|---|---|---|
| Fertigungsmaterial | | 1.725.360 € | 730.080 € | 1.172.376 € | 535.788 € |
| + Materialgemeinkosten | *8,46 %* | 146.160 € | 62.640 € | 99.864 € | 45.144 € |
| = **Materialkosten** | | **1.871.520 €** | **792.720 €** | **1.272.240 €** | **580.932 €** |
| Fertigungslöhne | | 4.294.920 € | 961.200 € | 745.560 € | 452.628 € |
| + Fertigungsgemeinkosten | *42,74 %* | 1.835.400 € | 410.400 € | 318.744 € | 193.644 € |
| + Sondereinzelkosten | | 221.760 € | 103.680 € | 36.936 € | 28.512 € |
| = **Fertigungskosten** | | **6.352.080 €** | **1.475.280 €** | **1.101.240 €** | **674.784 €** |
| = **Herstellkosten der Produktion (HKP)** | | **8.223.600 €** | **2.268.000 €** | **2.373.480 €** | **1.255.716 €** |
| + Bestandsminderung | *zur Vereinfachung finden in hier* | | 0 € | 0 € | 0 € |
| − Bestandsmehrung | *keine Bestandsveränderungen statt* | | 0 € | 0 € | 0 € |
| = **Herstellkosten des Umsatzes (HKU)** | | **8.223.600 €** | **2.268.000 €** | **2.373.480 €** | **1.255.716 €** |
| + Verwaltungsgemeinkosten | *8,77 %* | 721.560 € | 198.720 € | 207.936 € | 110.484 € |
| + Vertriebsgemeinkosten | *4,29 %* | 352.800 € | 97.200 € | 101.232 € | 53.460 € |
| + Sondereinzelkosten | | 197.400 € | 252.720 € | 291.384 € | 232.848 € |
| = **Selbstkosten** | | **9.495.360 €** | **2.816.640 €** | **2.974.032 €** | **1.652.508 €** |
| Umsatzerlöse | | 10.920.000 € | 3.240.000 € | 3.420.000 € | 1.900.800 € |
| − Selbstkosten | | -9.495.360 € | -2.816.640 € | -2.974.032 € | -1.652.508 € |
| = **Umsatzergebnis** | | **1.424.640 €** | **423.360 €** | **445.968 €** | **248.292 €** |

## 5.4.3 Kalkulationsverfahren

Kalkulationsverfahren sind Verfahren, mit denen die angefallenen Kosten für die Herstellung auf die einzelnen produzierten Einheiten (z. B. pro Stück) umgelegt werden.

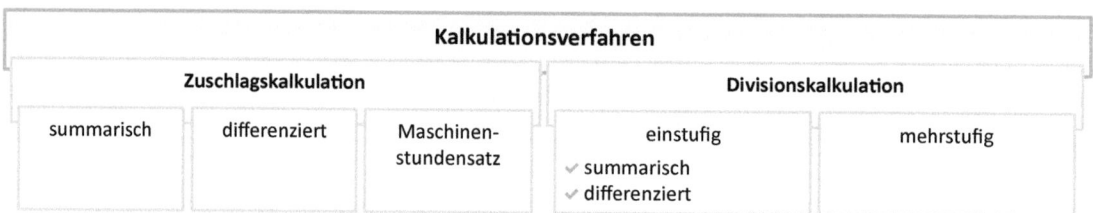

*Abbildung 57: Überblick über die Kalkulationsverfahren*

## 5.4.3.1   Zuschlagskalkulation

Die Kalkulation wird mit Zuschlagssätzen durchgeführt und kommt oft in der Serienferti-gung zum Einsatz.

| Zuschlagskalkulation | | |
|---|---|---|
| summarische Zuschlagskalkulation | differenzierte Zuschlagskalkulation | Maschinenstundensatz |

*Abbildung 58: Überblick über die Verfahren der Zuschlagskalkulation*

## summarische Zuschlagskalkulation

Es wird nur <u>ein</u> Gemeinkostenzuschlagssatz gebildet, der entweder als Basis die Ferti-gungsmaterialkosten oder die Fertigungslöhne hat. Diese Kalkulationsmethode ist sehr ungenau und wird daher selten verwendet.

| | |
|---|---|
| **Gemeinkostenzuschlagssatz auf Basis der Fertigungsmaterial-kosten [%] =** $\dfrac{\text{Gemeinkosten}}{\text{Fertigungsmaterialkosten}} \cdot 100\,\%$ | *als Basis für den Gemeinkosten-zuschlagssatz wird das Fertigungs-material herangezogen* |
| **Gemeinkostenzuschlagssatz auf Basis der Fertigungslöhne [%] =** $\dfrac{\text{Gemeinkosten}}{\text{Fertigungslöhne}} \cdot 100\,\%$ | *als Basis für den Gemeinkosten-zuschlagssatz werden die Ferti-gungslöhne herangezogen* |

---

**Beispiel 88: Gemeinkostenzuschlagssatz auf Basis der Fertigungslöhne**

Fertigungsgemeinkosten: 1.048.747,28 €; Fertigungslöhne: 2.453.784,00 €

Fertigungsgemeinkostenzuschlagssatz: $\dfrac{\text{Gemeinkosten}}{\text{Fertigungslöhne}} \cdot 100\,\% = \dfrac{1.048.747,28\ €}{2.453.784,00\ €} \cdot 100\,\% = 42,74\,\%$

→ *Der Fertigungsgemeinkostenzuschlagssatz beträgt **42,74 %**.*

---

## differenzierte Zuschlagskalkulation

Für <u>jede Kostenstelle</u> wird ein <u>eigener</u> Zuschlagssatz verwendet, der die Berechnungen genauer macht.

## Maschinenstundensatzrechnung

Sie dient zur Ermittlung der Kosten, die <u>pro einer Stunde Laufzeit</u> auf einer Maschine anfallen. Es werden nur die Kosten berücksichtigt, die dieser Maschine zuzuordnen sind. Die maschinenabhängigen Kosten werden so von den Fertigungsgemeinkosten getrennt und können auf die einzelnen Kostenträger je nach Inanspruchnahme der Maschine verrechnet werden.

1. Zuerst wird die Maschinenlaufzeit pro Betrachtungszeitraum ermittelt. Dazu wird die gesamte Laufzeit (z. B. jährliche Laufzeit) auf den Betrachtungszeitraum heruntergerechnet (z. B. Stunden pro Monat).

> **Maschinenlaufstunden pro Monat *[Stunden pro Monat]* =**
> $$\frac{\text{Zeit der vollen Nutzung (Laufstunden pro Jahr)}}{\textbf{12 Monate (da 1 Jahr = 12 Monate)}}$$
> *diese Zeit steht die Maschine pro Monat zur Verfügung*

> **Beispiel 89: Maschinenlaufstunden pro Monat**
>
> Die Maschine läuft 24 Stunden pro Arbeitstag an 261 Tagen im Jahr
>
> Maschinenlaufstunden: $\dfrac{24 \text{ Stunden} \cdot 261 \text{ Arbeitstage}}{12 \text{ Monate}} = 522 \text{ Stunden pro Monat}$
>
> → *Die Maschine steht **522 Stunden** (522 h) pro Monat zur Verfügung.*

2. Als nächster Schritt werden alle maschinenabhängigen Kosten ermittelt und in fixe sowie variable Maschinenkosten eingeteilt.

| fixe Maschinenkosten | variable Maschinenkosten |
|---|---|
| *sinken bei steigender Beschäftigung, da sie sich auf mehrere Stunden verteilen und so der Anteil pro Stunde kleiner wird* | *ändern sich nicht, sie bleiben pro Stunde immer gleich, nur die Summe steigt mit zunehmender Beschäftigung* |
| • Energiekosten (Grundgebühr)<br>• kalkulatorische Abschreibung<br>• kalkulatorische Zinsen<br>• Platzkosten (Miete)<br>• Reparatur und Wartung (teilweise fix) | • Betriebsstoffkosten<br>• Energiekosten (Stromkosten pro kWh)<br>• Reparatur und Wartung (teilweise variabel)<br>• Werkzeugkosten |

*Tabelle 25: fixe und variable Maschinenkosten*

3. Bei gleichen Beschäftigungsgraden werden die einzelnen Kosten berechnet und addiert (es wird nicht in fixe und variable Kosten unterschieden). Die so ermittelten Gesamtkosten werden anschließend durch die Maschinenlaufstunden geteilt.

> **Maschinenlaufstundensatz *[€ pro Stunde]* =**
> $$\frac{\text{Summe der maschinenabhängigen Fertigungsgemeinkosten}}{\text{Maschinenlaufstunden}}$$
> *Kosten, die bei einer Stunde Laufzeit der Maschine anfallen*

**Beispiel 90: Berechnung des Maschinenstundensatzes bei gleichbleibender Beschäftigung**

Anschaffungskosten 90.000 €; Nutzungsdauer: 10 Jahre; kalkulatorische Zinsen: 8 % (= 0,08); Energieverbrauch: 35 kWh; Energiepreis: 0,10 €/kWh; Stromgrundgebühr: monatlich 252 €; Platzbedarf: 15 m²; kalkulatorische Gebäudeabschreibung: monatlich 180 €/m²; Reparatur und Wartung: jährlich 12.000 € (50 % fix); Werkzeugkosten: monatlich 3.000 €; Betriebsstoffkosten: monatlich 1.250 €

| maschinenabhängige Kostenarten | fixe Kosten | variable Kosten | Bemerkungen |
|---|---|---|---|
| kalkulatorische Abschreibung | 600 € | | nur fixe Kosten |
| + kalkulatorische Zinsen | 360 € | | nur fixe Kosten |
| + Energiekosten | 252 € | 1.827 € | Grundgebühr fix; Rest variabel |
| + Platzkosten | 2.700 € | | nur fixe Kosten |
| + Reparatur und Wartung | 500 € | 500 € | jeweils 50 % fix |
| + Werkzeugkosten | | 3.000 € | nur variable Kosten |
| + Betriebsstoffkosten | | 1.250 € | nur variable Kosten |
| = maschinenabhängige Fertigungsgemeinkosten | 4.412 € | 6.577 € | gesamte Kosten: 10.989 € |

Kosten pro Stunde bei 522 h/Monat:            8,45 € (4.412 € : 522 h)

Maschinenstundensatz: $\dfrac{10.989\ €}{522\ h}$ = 21,05 €/h

> Maschinenlaufzeit
> (aus Punkt 1, Beispiel 89)

→ Der Maschinenstundensatz beträgt **21,05 €/h**.

4. Bei unterschiedlichen Beschäftigungsgraden wird in fixe und variable Kostenbestandteile unterschieden. Die fixen Kostenbestandteile fallen immer an, während die variablen Kosten nur dann anfallen, wenn die Maschine arbeitet, z. B. Werkzeugkosten.

**Beispiel 91: Berechnung des Maschinenstundensatzes bei unterschiedlicher Beschäftigung**

gleiche Ausgangsdaten wie in Beispiel 90

| maschinenabhängige Kostenarten | fixe Kosten | variable Kosten | Bemerkungen |
|---|---|---|---|
| kalkulatorische Abschreibung | 600 € | | nur fixe Kosten |
| + kalkulatorische Zinsen | 360 € | | nur fixe Kosten |
| + Energiekosten | 252 € | 1.827 € | Grundgebühr fix; Rest variabel |
| + Platzkosten | 2.700 € | | nur fixe Kosten |
| + Reparatur und Wartung | 500 € | 500 € | jeweils 50 % fix |
| + Werkzeugkosten | | 3.000 € | nur variable Kosten |
| + Betriebsstoffkosten | | 1.250 € | nur variable Kosten |
| = maschinenabhängige Fertigungsgemeinkosten | 4.412 € | 6.577 € | gesamte Kosten: 10.989 € |

Kosten pro Stunde bei 522 h/Monat:            8,45 € (4.412 € : 522 h)

12,60 €  (6.577 € : 522 h)

bleiben immer gleich

| Maschinenauslastung | bei 348 Stunden | bei 522 Stunden | bei 626 Stunden |
|---|---|---|---|
| fixe Kosten pro Stunde | 12,68 € (4.412 € : 348 h) | 8,45 € (4.412 € : 522 h) | 7,05 € (4.412 € : 626 h) |
| + variable Kosten pro Stunde | 12,60 € | 12,60 € | 12,60 € |
| = Maschinenstundensatz | 25,28 € | 21,05 € | 19,65 € |

## Restfertigungsgemeinkosten

Sind maschinenunabhängige Kosten wie z. B. Hilfslöhne, Gehälter oder Werbung.

| | |
|---|---|
| **Restfertigungsgemeinkostenzuschlagssatz [%] =** $\dfrac{\text{Restfertigungsgemeinkosten}}{\text{Fertigungslöhne}} \cdot 100\ \%$ | *Zuschlagssatz für maschinenunabhängige Kosten* |

## 5.4.3.2 Divisionskalkulation

Bei der Divisionskalkulation werden die gesamten Kosten durch die produzierte Menge dividiert, um so den Anteil der Kosten pro Einheit zu ermitteln. Sie ist aber nur dort sinnvoll, wo auch die Kosten für genau ein Produkt bestimmbar sind.

Abbildung 59: Überblick über die Verfahren der Divisionskalkulation

## einstufige Divisionskalkulation

Hat der Betrieb nur eine Fertigungsstelle, so kann diese Kalkulation verwendet werden. Es wird davon ausgegangen, dass alle hergestellten Produkte auch verkauft werden (Produktionsmenge = Absatzmenge).

- Bei der summarischen Divisionskalkulation werden die Gesamtkosten einer Periode durch die Produktionsmenge in dieser Zeit dividiert, um die Selbstkosten pro Einheit (z. B. pro Stück, pro Kilogramm) zu ermitteln.

| | |
|---|---|
| **Selbstkosten pro Einheit (Stückkosten) [€] =** $\dfrac{\text{Gesamtkosten der Periode}}{\text{Produktionsmenge der Periode}}$ | *Selbstkosten für eine Einheit (Stück)* |

> **Beispiel 92: summarische Divisionskalkulation**
>
> Gesamtkosten im Juni: 474.768,00 €; Produktionsmenge im Juni: 4.200 St.
>
> Selbstkosten pro St.: $\dfrac{\text{Gesamtkosten der Periode}}{\text{Produktionsmenge der Periode}} = \dfrac{474.768,00\ €}{4.200\ St.} = 113,04\ €/St.$
>
> → *Die Selbstkosten betrugen im Juni **113,04 €/St.**.*

- Bei der differenzierenden Divisionskalkulation wird in verschiedene Kostengruppen unterteilt. Um die Selbstkosten pro Stück zu ermitteln, werden diese pro hergestelltes Stück addiert.

| | |
|---|---|
| **Selbstkosten pro Stück (Stückkosten) [€] =** | *Selbstkosten für eine Einheit (Stück)* |

  Materialkosten pro Stück
+ Personalkosten pro Stück
+ Verwaltungskosten pro Stück
+ Vertriebskosten pro Stück
+ sonstige Kosten pro Stück

---

**Beispiel 93: differenzierende Divisionskalkulation**

Materialkosten pro Stück: 22,28 €; Personalkosten pro Stück: 51,13 €; Verwaltungskosten pro Stück: 8,59 €; Vertriebskosten pro Stück: 4,20 €; sonstige Kosten pro Stück: 26,84 €

| | |
|---|---:|
| Materialkosten pro Stück | 22,28 € |
| + Personalkosten pro Stück | 51,13 € |
| + Verwaltungskosten pro Stück | 8,59 € |
| + Vertriebskosten pro Stück | 4,20 € |
| + sonstige Kosten pro Stück | 26,84 € |
| **= Selbstkosten pro Stück** | **113,04 €** |

→ *Die Selbstkosten pro Stück betragen **113,04 €**.*

---

## mehrstufige Divisionskalkulation

Die Kosten werden in Herstell-, Verwaltungs- und Vertriebskosten aufgeteilt, wobei ein Produkt auch mehrere Kostenstellen durchlaufen kann. Die Kosten werden dementsprechend dazuaddiert. Die Produktionsmenge ist nicht gleich der Absatzmenge, d.h. nicht alles, was produziert wird, wird auch verkauft.

**Selbstkosten pro Einheit (Stückkosten) [€] =**

$$\frac{\text{Herstellkosten}_1}{\text{Produktionsmenge}_1} + \frac{\text{Herstellkosten}_2}{\text{Produktionsmenge}_2} + \frac{\text{Herstellkosten}_n}{\text{Produktionsmenge}_n} + \frac{\text{Verwaltungs- und Vertriebskosten}}{\text{Absatzmenge}}$$

---

**Beispiel 94: Veränderung der Selbstkosten bei der mehrstufigen Divisionskalkulation**

Daten für Juni: Herstellkosten: 411.180 €; Vertriebs- und Verwaltungskosten: 63.588 €; Produktionsmenge: 4.200 St.; Absatzmenge: 4.200 St.

Selbstkosten pro Stück$_{\text{August}}$:

$$\frac{\text{Herstellkosten}}{\text{Produktionsmenge}} + \frac{\text{Verwaltungs- und Vertriebskosten}}{\text{Absatzmenge}} = \frac{411.180 \ €}{4.200 \ \text{St.}} + \frac{63.588 \ €}{4.200 \ \text{St.}}$$

= 97,90 €/St. + 15,14 €/St. = 113,04 €/St.

→ *siehe Fortsetzung des Beispiels auf der nächsten Seite*

**Fortsetzung Beispiel 94: Veränderung der Selbstkosten bei der mehrstufigen Divisionskalkulation**

Im **August** trat eine Absatzschwäche auf, so dass unter sonst gleichen Bedingungen 25 % der produzierten Menge auf Lager genommen werden musste.

abgesetzte Menge im August: 4.200 St. · 0,75 = 3.150 St.      *100 % − 25 % = 75 % = 0,75*

Selbstkosten pro Stück$_{August}$:

$$\frac{\text{Herstellkosten}}{\text{Produktionsmenge}} + \frac{\text{Verwaltungs- und Vertriebskosten}}{\text{Absatzmenge}} = \frac{411.180\ €}{4.200\ \text{St.}} + \frac{63.588\ €}{3.150\ \text{St.}}$$

= 97,90 €/St. + 20,19 €/St. = 118,09 €/St.

Erhöhung der Stückkosten: $\dfrac{(\text{Preis}_{August} - \text{Preis}_{Juni})}{\text{Preis}_{Juni}} \cdot 100\% = \dfrac{(118,09\ € - 113,04\ €)}{113,04\ €} \cdot 100\% = 4,5\%$

→ *Die Produktion, die im August zum Teil auf Lager genommen werden musste, erhöhte die Stückkosten um **4,5 %** auf **118,09 €** pro Stück.*

## 5.4.3.3   Handelskalkulation

Im Groß- und Einzelhandel wird eine abgewandelte Form der Zuschlagskalkulation verwendet.

- Bei der Differenzbetrachtung werden ausgehend vom bekannten Einkaufs- und Listenverkaufspreis die <u>maximalen Handlungskosten</u> errechnet.

- Bei der progressiven Berechnung wird ausgehend vom Einkaufpreis der <u>Listenverkaufspreis</u> errechnet.

- Bei der retrograden Berechnung wird ausgehend vom Bruttolistenverkaufspreis der <u>maximale Einkaufspreis</u> errechnet.

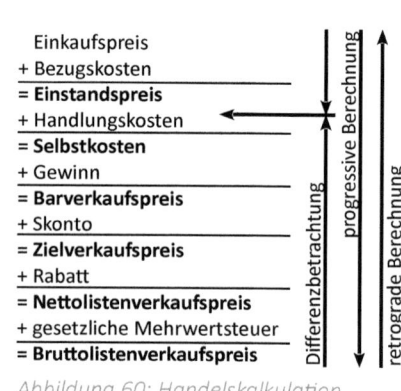

*Abbildung 60: Handelskalkulation*

| | |
|---|---|
| **Nettoverkaufspreis [€] =** <br> Einstandspreis + Handlungskosten | *bestehend aus dem Einkaufspreis der Ware zuzüglich den Selbstkosten des Händlers* |
| **Kalkulationszuschlagssatz [%] =** <br> $\dfrac{\text{Handlungskosten}}{\text{Einkaufspreis}} \cdot 100\%$ | *prozentualer Aufschlag auf den Einstandspreis, um den Listenverkaufspreis zu errechnen* |
| **Kalkulationsfaktor [Zahl] =** <br> $\dfrac{\text{Nettoverkaufspreis}}{\text{Einstandspreis}}$ | *ergibt sich aus dem Kalkulationszuschlagssatz und erleichtert die Kalkulationsberechnung* |
| **Handelsspanne (Marge) [%] =** <br> $\dfrac{\text{Handlungskosten}}{\text{Nettoverkaufspreis}} \cdot 100\%$ | *prozentuale Differenz zwischen Nettoverkaufspreis und Einkaufspreis* |

---

**Beispiel 95: Nettoverkaufspreis, Kalkulationszuschlagssatz, Kalkulationsfaktor, Handelsspanne**

Einstandspreis: 130,00 €; Handlungskosten: 18,75 €

Nettoverkaufspreis: Einstandspreis + Handlungskosten = 130,00 € + 18,75 € = 148,75 €

Kalkulationszuschlagssatz: $\frac{\text{Handlungskosten}}{\text{Einstandspreis}} \cdot 100\% = \frac{18,75\ €}{130,00\ €} \cdot 100\% = 14,42\%$

Kalkulationsfaktor: $\frac{\text{Nettoverkaufspreis}}{\text{Einstandspreis}} = \frac{148,75\ €}{130,00\ €} = 1,1442$

Handelsspanne: $\frac{\text{Handlungskosten}}{\text{Nettoverkaufspreis}} \cdot 100\% = \frac{18,75\ €}{148,75\ €} \cdot 100\% = 12,61\%$

→ *Der Nettoverkaufspreis beträgt **148,75 €**, der Kalkulationszuschlagssatz beträgt **14,42 %**, der Kalkulationsfaktor beträgt **1,1442** und die Handelsspanne beträgt **12,61 %**.*

---

# 5.5 Kostenrechnungssysteme

Kostenrechnungssysteme erfassen und werten die angefallenen Kosten aus.

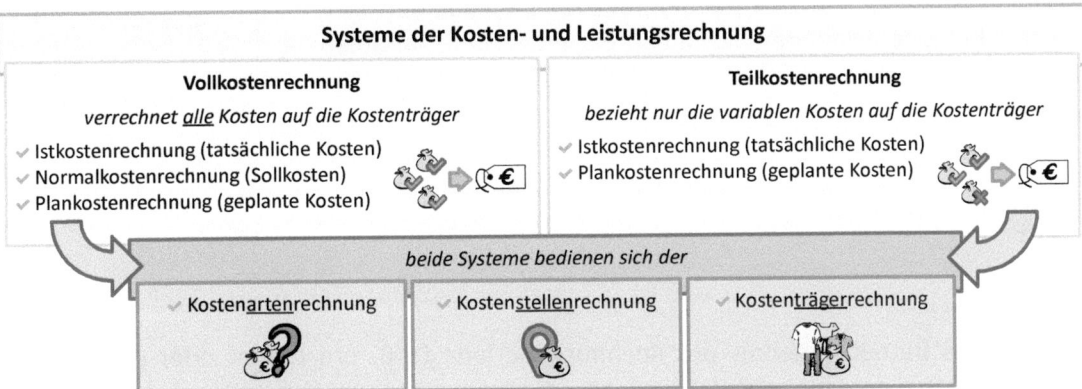

Abbildung 61: Überblick über die Systeme der Kosten- und Leistungsrechnung

## 5.5.1 Vollkostenrechnung

Bei der Vollkostenrechnung werden <u>alle Kosten</u> berücksichtigt und verrechnet, egal ob sie beschäftigungsabhängig sind oder nicht. Sie bietet so die Grundlage für die Betriebsergebnisrechnung als Kosten-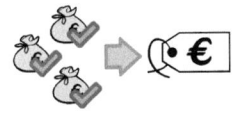kontrolle und ermittelt die langfristige Verkaufspreisuntergrenze. Da alle Kosten berücksichtigt werden, ist sie für die kurzfristige Entscheidung über die Annahme eines Zusatzauftrages nicht geeignet.

**Beispiel 96: Vollkostenrechnung pro Rechnungsperiode** *(für Monat Juni)*

| | 👗 Kleid | 👙 Bikini | 👖 Hose | 👕 T-Shirt | 👚 Bluse | Summe |
|---|---|---|---|---|---|---|
| Verkaufserlöse | 910.000 € | 270.000 € | 285.000 € | 158.400 € | 212.500 € | 1.835.900 € |
| − Einzelkosten | -536.620 € | -170.640 € | -187.188 € | -104.148 € | -162.000 € | -1.160.596 € |
| − Gemeinkosten | -254.660 € | -64.080 € | -60.648 € | -33.561 € | -57.125 € | -470.074 € |
| = **Betriebsergebnis** | **118.720 €** | **35.280 €** | **37.164 €** | **20.691 €** | -6.625 € | **205.230 €** |

→ *Das Betriebsergebnis beträgt im Monat Juni insgesamt **205.230 €** (Gewinn). Die Produktgruppe Bluse weist jedoch einen Verlust auf (-6.625 €), der das gesamte Betriebsergebnis schmälert.*

## 5.5.2 Teilkostenrechnung

Es werden nur die <u>beschäftigungsabhängigen Kosten</u> (variable Kosten oder Einzelkosten) auf die Kostenträger verrechnet, um so eine Verrechnung von fixen Kosten bzw. Gemeinkosten zu vermeiden.

Liegt der Verkaufspreis höher als die variablen Kosten, so kann ein Deckungsbeitrag erzielt werden, der zur Deckung der fixen Kosten beiträgt. Liegt der Verkaufspreis unter den variablen Kosten, so erzielt das Produkt einen Verlust, da nicht einmal die eigenen Kosten gedeckt werden.

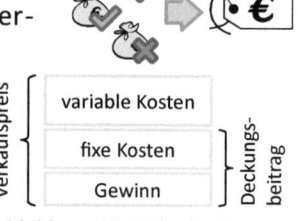

*Abbildung 62: Teile des Verkaufspreises*

### 5.5.2.1 Deckungsbeitragsrechnung als Stückrechnung

### Teilkostenrechnung pro Rechnungsperiode

Es wird das Betriebsergebnis pro Rechnungsperiode (z. B. pro Monat oder pro Quartal) ermittelt. Dabei wird in variable Einzel- bzw. Gemeinkosten und fixe Kosten aufgeteilt.

**Beispiel 97: Teilkostenrechnung pro Rechnungsperiode** *(für Monat Juni)*

| | 👗 Kleid | 👙 Bikini | 👖 Hose | 👕 T-Shirt | 👚 Bluse | Summe |
|---|---|---|---|---|---|---|
| Verkaufserlöse | 910.000 € | 270.000 € | 285.000 € | 158.400 € | 212.500 € | 1.835.900 € |
| − variable Einzelkosten | -536.620 € | -170.640 € | -187.188 € | -104.148 € | -162.000 € | -1.160.596 € |
| − variable Gemeinkosten | -165.130 € | -39.420 € | -34.884 € | -19.899 € | -34.375 € | -293.708 € |
| = **Deckungsbeitrag** | **208.250 €** | **59.940 €** | **62.928 €** | **34.353 €** | **16.125 €** | **381.596 €** |
| − fixe Kosten | | | | | | -176.366 € |
| = **Betriebsergebnis** | | | | | | **205.230 €** |

→ *Das Betriebsergebnis beträgt im Monat Juni immer noch **205.230 €** (Gewinn). Die Produktgruppe Bluse trägt nun mit 16.125 € zur Deckung der fixen Kosten bei (vergleiche auch Beispiel 96).*

# Teilkostenrechnung pro Stück

Es wird der Gewinn pro Stück ermittelt.

| | |
|---|---|
| **Deckungsbeitrag pro Stück *[€]* =**<br>Verkaufspreis – variable Kosten | *Gewinn pro Stück nach Abzug der variablen Kosten (z. B. Materialkosten)* |
| **Gewinn pro Stück *[€]* =**<br>Deckungsbeitag pro Stück – fixe Kosten pro Stück | *Gewinn pro Stück nach Abzug der fixen Kosten pro Stück (z. B. anteilige Miete, anteilige Abschreibung)* |

---

***Beispiel 98: Teilkostenrechnung pro Stück***

Verkaufspreis pro Kleid: 130,00 €; variable Kosten: 97,90 €; fixe Kosten: 15,14 €

| | |
|---|---:|
| Verkaufspreis | 130,00 € |
| – variable Kosten | -97,90 € |
| **= Deckungsbeitrag pro Stück** | **32,10 €** |
| – fixe Kosten pro Stück | -15,14 € |
| **= Gewinn pro Stück** | **16,96 €** |

→ *Der Gewinn pro Kleid beträgt **16,96 €**.*

---

# Interpretation des Deckungsbeitrages

| | |
|---|---|
| **Deckungsbeitrag pro Stück *[€]* =**<br>Verkaufspreis (e) – variable Kosten ($k_{var}$) | *Gewinn pro Stück nach Abzug der variablen Kosten (z. B. Materialkosten)* |

| Preis < $k_{var}$  | Preis = $k_{var}$  | Preis > $k_{var}$  |
|---|---|---|
| Es werden nicht einmal die variablen Kosten pro Stück gedeckt. Dadurch wird auch kein Deckungsbeitrag erzielt, der die fixen Kosten deckt. | Die variablen Kosten pro Stück werden genau gedeckt, es wird jedoch kein Deckungsbeitrag erzielt, der die fixen Kosten deckt. | Es wird ein Deckungsbeitrag erzielt, der die fixen Kosten deckt. Sind die fixen Kosten bereits gedeckt, so wird ein Gewinn erzielt. |
| → <u>Verlust</u> wird erzielt  | → absolute <u>Preisuntergrenze</u> | → <u>Gewinn</u> wird erzielt  |

*Abbildung 63: Interpretation des Deckungsbeitrages*

---

***Zusatzaufträge***
*Zusatzaufträge werden zu Stückpreisen angenommen, die niedriger als die aktuellen Listenpreise sind, um die Kapazitäten besser auszulasten und das Betriebsergebnis zu verbessern. Sie sollten aber nur dann angenommen werden, wenn dafür auch freie Kapazitäten vorhanden sind und der Stückpreis über den variablen Stückkosten liegt.*

## 5.5.2.2 Deckungsbeitragsrechnung als Periodenrechnung

Vom Deckungsbeitrag einer Abrechnungsperiode werden die fixen Kosten subtrahiert, um das Ergebnis der Abrechnungsperiode (z. B. pro Monat oder pro Quartal) zu erhalten.

| | |
|---|---|
| **Deckungsbeitrag der Abrechnungsperiode [€] =**<br>Umsatzerlöse$_{Abrechnungsperiode}$ − variable Kosten$_{Abrechnungsperiode}$ | *Deckungsbeitrag der Abrechnungsperiode nach Abzug der variablen Kosten der Abrechnungsperiode (z. B. Materialkosten)* |
| **Ergebnis der Abrechnungsperiode [€] =**<br>Deckungsbeitrag$_{Abrechnungsperiode}$ − fixe Kosten$_{Abrechnungsperiode}$ | *Ergebnis der Abrechnungsperiode nach Abzug der fixen Kosten der Abrechnungsperiode (z. B. anteilige Miete, anteilige Abschreibung)* |

---

**Beispiel 99: Deckungsbeitragsrechnung als Periodenrechnung** *(für Monat Juni)*

Verkaufspreis: 130,00 €; variable Kosten: 97,90 €; fixe Kosten der Abrechnungsperiode: 105.980 €; Absatzmenge: 7.000 St.

| | | |
|---|---:|---|
| Verkaufspreis | 910.000,00 € | *= 130,00 €/St. · 7.000 St.* |
| − variable Kosten | -685.300,00 € | *= 97,90 €/St. · 7.000 St.* |
| **= Deckungsbeitrag der Abrechnungsperiode** | **224.700,00 €** | |
| − fixe Kosten der Abrechnungsperiode | -105.980,00 € | |
| **= Gewinn der Abrechnungsperiode** | **118.720,00 €** | |

→ *Das Ergebnis der Abrechnungsperiode Juni beträgt* **118.720,00 €** *(Gewinn).*

---

## 5.5.2.3 Gewinnschwelle

Die Gewinnschwelle (Break-Even-Point) ist die Verkaufsmenge, bei der der <u>Umsatz gleich den Kosten</u> ist, d.h. der Gewinn beträgt an diesem Punkt 0 €. Die Umsatz- und Kostenkurve schneiden sich an diesem Punkt. Mit jedem weiteren Stück, das ab dieser Menge verkauft wird, steigt der Betriebserfolg.

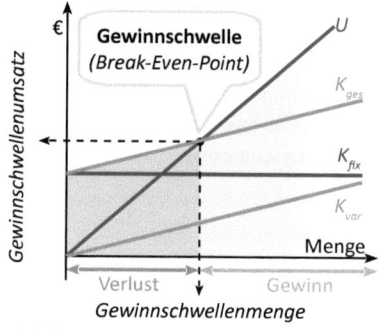

*Abbildung 64: Gewinnschwelle (Break-Even-Point)*

| | |
|---|---|
| **Break-Even-Point *[Stück]* =**<br>$\dfrac{\text{gesamte Fixkosten}}{\text{Stückdeckungsbeitrag}}$<br>*alternative Formel:*<br>$K(x) = U(x) \rightarrow K_{fix} + (k_{var} \cdot x) = p \cdot x$ | *Menge, bei der der Umsatz gleich den Kosten ist und der Gewinn 0 € beträgt* |

➡ *Siehe auch unter Kostenfunktion auf Seite 158.*

---

*Beispiel 100: Deckungsbeitragsrechnung als Periodenrechnung*

gesamte Fixkosten der Abrechnungsperiode: 5.299,00 €; Stückdeckungsbeitrag: 32,10 €

$$\text{Break-Even-Point: } \frac{\text{gesamte Fixkosten}}{\text{Stückdeckungsbeitrag}} = \frac{5.299,00 \text{ €}}{32,10 \text{ €/St.}} = 165,0778... \text{ St.} \approx 166 \text{ St.*}$$

→ *Es müssen mindestens **166 Stück** verkauft werden, damit die gesamten Fixkosten gedeckt sind.*

---

***\*HINWEIS***
*Kommt als Break-Even-Point eine <u>Dezimalzahl</u> heraus, so ist diese auf die <u>nächsthöhere Ganzzahl</u> <u>aufzurunden</u>, da in der Regel nur ganze (volle) Stücke produziert werden können.*

---

## Umsatzfunktion

Die Umsatzfunktion stellt den Verlauf der Umsatzerlöse (Umsatzeinnahmen) in Abhängigkeit des Verkaufspreises pro Stück und der Absatzmenge dar.

| | |
|---|---|
| **Umsatz [€] =**<br>Verkaufspreis pro Stück · Absatzmenge | *Umsatz in Abhängigkeit von Verkaufspreis pro Stück und Absatzmenge* |

## Deckungsgrad

Der Deckungsgrad gibt den prozentualen Anteil des Deckungsbeitrages pro 100 € Umsatz bzw. 1 € Umsatz an.

| | |
|---|---|
| **Deckungsgrad; Deckungsfaktor; Deckungsbeitragsspanne [%] =**<br>$\frac{\text{Stückdeckungsbeitrag}}{\text{Verkaufspreis}} \cdot 100 \text{ \%}$ | *Umsatz in Abhängigkeit von Verkaufspreis pro Stück und Absatzmenge* |

---

*Beispiel 101: Deckungsgrad*

Verkaufspreis: 130,00 €; variable Stückkosten: 97,90 €

Stückdeckungsbeitrag: Verkaufspreis − variable Stückkosten = 130,00 € − 97,90 € = 32,10 €

$$\text{Deckungsgrad: } \frac{\text{Stückdeckungsbeitrag}}{\text{Verkaufspreis}} \cdot 100\% = \frac{32,10 \text{ €}}{130,00 \text{ €}} \cdot 100\% = 24,6938... \approx 24,7 \text{ \%}$$

→ *Pro 1 € Umsatz werden **24,7 %** Deckungsbeitrag erzielt (entspricht ≈ 0,25 €), bzw. pro 100 € Umsatz stehen 24,69 € zur Deckung der Fixkosten zur Verfügung.*

## 5.5.2.4 mehrstufige Deckungsbeitragsrechnung

Oft kann ein Teil der fixen Kosten einzelnen Kostenträgern bzw. ganzen Kostenträgergruppen zugerechnet werden. Die mehrstufige Deckungsbeitragsrechnung zeigt somit die Einnahmen und Kosten der jeweiligen Produkte und damit das Betriebsergebnis insgesamt und für jedes einzelne Produkt.

**Beispiel 102: mehrstufige Deckungsbeitragsrechnung** (für Monat Juni)

| | Kleid | Bikini | Hose | T-Shirt | Bluse | Summe |
|---|---|---|---|---|---|---|
| Umsatzerlöse | 910.000 € | 270.000 € | 285.000 € | 158.400 € | 212.500 € | 1.835.900 € |
| − variable Kosten | -685.300 € | -189.000 € | -197.790 € | -104.643 € | -173.875 € | -1.350.608 € |
| **= Deckungsbeitrag I** | **224.700 €** | **81.000 €** | **87.210 €** | **53.757 €** | **38.625 €** | **485.292 €** |
| − erzeugnisfixe Kosten | -74.186 € | -32.004 € | -35.032 € | -23.146 € | -31.675 € | -196.043 € |
| **= Deckungsbeitrag II** | **150.514 €** | **48.996 €** | **52.178 €** | **30.611 €** | **6.950 €** | **289.249 €** |
| − erzeugnisgruppenfixe Kosten | -31.794 € | -13.716 € | -15.014 € | -11.314 € | | -40.044 € |
| **= Deckungsbeitrag III** | **118.720 €** | **35.280 €** | **37.164 €** | | **26.247 €** | **249.205 €** |
| − unternehmensfixe Kosten | | | | | | -176.366 € |
| **= Betriebsergebnis** | | | | | | **72.839 €** |

erzeugnisgruppenfixe Kosten gelten für T-Shirt und Bluse

30.611 € + 6.950 € − 11.314 €

→ Das Betriebsergebnis beträgt im Monat Juni **72.839 €** (Gewinn).

## Deckungsbeitragsrechnung einer Einprodukt-Unternehmung

Sie ermittelt die Gewinnschwelle und das Betriebsergebnis bei Einprodukt-Unternehmen.

| | |
|---|---|
| **Deckungsbeitrag gesamt [€] =**<br>Umsatzerlöse − variable Kosten | *Überschuss nach Abzug der variablen Kosten, der zur Fixkostendeckung dient* |
| **Umsatzerlöse [€] =**<br>Verkaufspreis · Absatzmenge | *Umsatz in Abhängigkeit von Verkaufspreis pro Stück und Absatzmenge* |
| **Betriebsergebnis [€] =**<br>Deckungsbeitrag gesamt − Fixkosten | *Überschuss nach Abzug der Fixkosten (Ergebnis der betrieblichen Tätigkeit)* |

**Beispiel 103: mehrstufige Deckungsbeitragsrechnung einer Einprodukt-Unternehmung** (für Monat Juni)

Verkaufspreis: 17,00 €; variable Stückkosten: 13,91 €; verkaufte Menge: 12.500 St.; fixe Kosten: 45.250 €

| | | |
|---|---|---|
| Umsatzerlöse | 212.500,00 € | = 17,00 € · 12.500 St. |
| − variable Kosten | -173.875,00 € | = 13,91 € · 12.500 St. |
| **= Deckungsbeitrag gesamt** | **38.625,00 €** | |
| − fixe Kosten | -45.250,00 € | |
| **= Deckungsbeitrag II** | **-6.625,00 €** | (→ ☹) |

→ Die verkaufte Menge von 12.500 Stück reicht **nicht** aus, um die Fixkosten zu decken. Es wird ein **Verlust** von -6.625,00 € erwirtschaftet.

---

**Fortsetzung Beispiel 103: mehrstufige Deckungsbeitragsrechnung einer Einprodukt-Unternehmung**

Stückdeckungsbeitrag: Stückerlös − variable Kosten = 17,00 € − 13,91 € = 3,09 €

Break-Even-Point: $\dfrac{\text{gesamte Fixkosten}}{\text{Stückdeckungsbeitrag}} = \dfrac{45.250\,\text{€}}{3,09\,\text{€}} = 14.644,01...\,\text{Stück} \approx 14.645\,\text{Stück}$ (→ aufrunden!)

→ Es müssen mindestens **14.645 Stück** verkauft werden, damit die gesamten Fixkosten gedeckt sind.

---

## Deckungsbeitragsrechnung eines Mehrprodukte-Unternehmen

Sie ermittelt die Gewinnschwelle bei Mehrprodukte-Unternehmen. Für jedes Produkt wird der erwartete Deckungsbeitrag aufgrund des zu erwartenden Absatzes ermittelt.

| | |
|---|---|
| **Deckungsbeitrag pro 1 € Umsatz [€] =** $\dfrac{\text{Summe Gesamtdeckungsbeitrag}}{\text{Gesamtumsatz}}$ | zeigt den Deckungsbeitrag, der durch 1 € Umsatz erzielt wird |
| **Deckungsbeitragssatz [%] =** $\dfrac{\text{Summe Gesamtdeckungsbeitrag}}{\text{Gesamtumsatz}} \cdot 100\,\%$ | zeigt den prozentualen Anteil des Deckungsbeitrages am Umsatz |
| **Umsatz zur Deckung der Fixkosten [€] =** $\dfrac{\text{gesamte Fixkosten}}{\text{Deckungsbeitrag pro 1 € Umsatz}}$ | dieser Umsatz ist nötig, damit alle Fixkosten gedeckt werden („Mindestumsatz") |

---

**Beispiel 104: Deckungsbeitragsrechnung einer Mehrprodukte-Unternehmung** (für Monat Juni)

gesamte Fixkosten: 280.062 €

| | Kleid | Bikini | Hose | T-Shirt | Bluse | Summe |
|---|---|---|---|---|---|---|
| Verkaufspreis | 130,00 € | 15,00 € | 25,00 € | 16,00 € | 17,00 € | |
| variable Stückkosten | 97,90 € | 10,50 € | 17,35 € | 10,57 € | 13,91 € | |
| erwarteter Absatz | 7.000 St. | 18.000 St. | 11.400 St. | 9.900 St. | 12.500 St. | |
| | | | | | | |
| Stückdeckungsbeitrag | 32,10 € | 4,50 € | 7,65 € | 5,43 € | 3,09 € | |
| Umsatz | 910.000 € | 270.000 € | 285.000 € | 158.400 € | 212.500 € | 1.835.900 € |
| Gesamtdeckungsbeitrag | 224.700 € | 81.000 € | 87.210 € | 53.757 € | 38.625 € | 485.292 € |

Berechnungsschema für die Blusen:

Stückdeckungsbeitrag: Verkaufspreis − variable Stückkosten = 17,00 € − 13,09 € = 3,09 €

Umsatz: Verkaufspreis · erwarteter Absatz = 17,00 € · 12.500 St. = 212.500 €

Gesamtdeckungsbeitrag = Stückdeckungsbeitrag · erwarteter Absatz = 3,09 € · 12.500 St. = 38.625 €

Deckungsbeitrag pro 1 € Umsatz: $\dfrac{\text{Summe Gesamtdeckungsbeitrag}}{\text{Gesamtumsatz}} = \dfrac{485.292\,\text{€}}{1.835.900\,\text{€}} = 0,2643346... \approx 0,26433$

Umsatz zur Deckung der Fixkosten: $\dfrac{\text{gesamte Fixkosten}}{\text{Deckungsbeitag pro 1 € Umsatz}} = \dfrac{280.062\,\text{€}}{0,26433} = 1.059.636,78\,\text{€}$

→ Es muss ein Umsatz von **1.059.6364,78 €** erzielt werden, damit alle Fixkosten gedeckt sind.

## Beurteilung der einzelnen Deckungsbeiträge

Bevor ein verlustbehaftetes Produkt aus dem Produktionsprogramm genommen wird, sollte zuerst geprüft werden, ob es einen Deckungsbeitrag erwirtschaftet. Wird dieses Produkt entfernt, fällt dieser Deckungsbeitrag weg, der nun von den anderen Produkten mitgetragen werden muss. Dies wirkt sich in den meisten Fällen negativ auf das Betriebsergebnis aus, wenn sich die Fixkosten durch den Wegfall des Produktes nicht vermindern.

**Beispiel 105: Beurteilung der einzelnen Deckungsbeiträge**

|  | Kleid | Bikini | Hose | T-Shirt | Bluse | Summe |
|---|---|---|---|---|---|---|
| Umsatzerlöse | 910.000 € | 270.000 € | 285.000 € | 158.400 € | 212.500 € | 1.835.900 € |
| − variable Kosten | -685.300 € | -189.000 € | -197.790 € | -104.643 € | -173.875 € | -1.350.608 € |
| − fixe Kosten | -105.980 € | -45.720 € | -50.046 € | -33.066 € | -45.250 € | -280.062 € |
| = Gewinn | 118.720 € | 35.280 € | 37.164 € | 20.691 € | -6.625 € | 205.230 € |

Die Blusen sollen wegen des negativen Ergebnisses aus dem Produktionsprogramm genommen werden:

|  | Kleid | Bikini | Hose | T-Shirt | Summe |
|---|---|---|---|---|---|
| Umsatzerlöse | 910.000 € | 270.000 € | 285.000 € | 158.400 € | 1.623.400 € |
| − variable Kosten | -685.300 € | -189.000 € | -197.790 € | -104.643 € | -1.176.733 € |
| = Deckungsbeitrag | 224.700 € | 81.000 € | 87.210 € | 53.757 € | 446.667 € |
| − fixe Kosten |  |  |  |  | -280.062 € |
| = Gewinn |  |  |  |  | 166.605 € |

*die Fixkosten bleiben meist erhalten*

→ *Der Gewinn verringert sich auf **166.605 €**, da die Blusen einen Deckungsbeitrag von 38.625 € (205.230 € − 166.605 €) erwirtschaften.*

## 5.5.3 Betriebsergebnisrechnung

Sie ermittelt das Betriebsergebnis der Abrechnungsperiode (z. B. pro Monat oder pro Quartal) für jedes einzelne Produkt und für den gesamten Betrieb.

**Beispiel 106: Betriebsergebnisrechnung** *(für Monat Juni)*

|  | Kleid | Bikini | Hose | T-Shirt | Bluse | Summe |
|---|---|---|---|---|---|---|
| Umsatzerlöse | 910.000 € | 270.000 € | 285.000 € | 158.400 € | 212.500 € | 1.835.900 € |
| − variable Herstellkosten | -666.820 € | -180.360 € | -194.712 € | -102.267 € | -171.000 € | -1.315.159 € |
| − variable Vertriebskosten | -16.450 € | -21.060 € | -24.282 € | -19.404 € | -22.500 € | -103.696 € |
| = Deckungsbeitrag | 226.730 € | 68.580 € | 66.006 € | 36.729 € | 19.000 € | 417.045 € |
| − fixe Herstellkosten | -18.480 € | -8.640 € | -3.078 € | -2.376 € | -2.875 € | -35.449 € |
| − fixe Verwaltungskosten | -60.130 € | -16.560 € | -17.328 € | -9.207 € | -15.250 € | -118.475 € |
| − fixe Vertriebskosten | -29.400 € | -8.100 € | -8.436 € | -4.455 € | -7.500 € | -57.891 € |
| = Deckungsbeitrag | 118.720 € | 35.280 € | 37.164 € | 20.691 € | -6.625 € | 205.230 € |

→ *Das Betriebsergebnis im Juni beträgt **205.230 €**, wobei die Blusen einen Verlust von -6.625 € einbringen.*

## 5.5.4 Optimales Produktionsprogramm

Das optimale Produktionsprogramm richtet sich nach dem höchsten absoluten Stückdeckungsbeitrag. Eventuell vorhandene Mindestverpflichtungen aus Kundenverträgen dürfen nicht vernachlässigt werden und sollten daher vorrangig behandelt werden.

### ohne Kapazitätsengpass

Das Produkt mit dem höchsten absoluten Stückdeckungsbeitrag wird in der maximalen Stückzahl produziert, ehe das Produkt mit dem zweit höchsten Stückdeckungsbeitrag folgt.

### mit Kapazitätsengpass

Das Produktionsprogramm richtet sich nach der Kapazität der Engpassmaschine (die Maschine mit der geringsten Kapazität).

**Vorgehensweise zur Ermittlung des optimalen Produktionsprogramms:**

1. Ermittlung der Maschine, die den Engpass darstellt.
2. Für jedes Produkt wird der relative Deckungsbeitrag für <u>eine Zeiteinheit Belegung</u> der Engpassmaschine (z. B. Stunde) ermittelt und eine Rangfolge gebildet.

| | |
|---|---|
| **Produktionsmenge pro Zeiteinheit *[Stück pro Zeiteinheit]* =** $\dfrac{\text{Produktionsmenge pro Jahr}}{\text{Produktionsstunden pro Jahr}}$ | *Menge, die pro Zeiteinheit (z. B. pro Stunde) produziert werden kann* |
| **absoluter Deckungsbeitrag pro Stück *[€]* =** $\dfrac{\text{Gesamtdeckungsbeitrag}}{\text{absetzbare Menge pro Jahr}}$ | *Deckungsbeitrag bezogen auf ein Stück* |
| **relativer Deckungsbeitrag pro Zeiteinheit *[€ pro Zeiteinheit]* =** absoluter Deckungsbeitrag pro Stück · Produktionsmenge pro Zeiteinheit | *Deckungsbeitrag bezogen auf eine Zeiteinheit der Belegung* |

> *UNTERSCHEIDUNG ABSOLUTER UND RELATIVER DECKUNGSBEITRAG*
>
> *Der **absolute Deckungsbeitrag** ist bezogen auf den Verkaufspreis und macht eine Aussage über die absolute Vorteilhaftigkeit des betreffenden Kalkulationsobjekts (je Stück).*
>
> *Der **relative Deckungsbeitrag** ist bezogen auf eine bestimmte Einheit (bspw. pro Stunde). Er weicht vom absoluten Deckungsbeitrag ab und zeigt so die relative Vorteilhaftigkeit des betreffenden Kalkulationsobjekts in Bezug auf diese Einheit. So kann über ihn ermittelt werden, welches Produkt den meisten Deckungsbeitag pro Stunde erwirtschaftet.*

**Beispiel 107: Ermittlung des relativen Deckungsbeitrages und der Rangfolge**

| Produkt | max. Produktionsmenge pro Jahr | Absatzmenge pro Jahr | Gesamtdeckungsbeitrag |
|---|---|---|---|
| Kleid | 168.000 St. | 84.000 St. | 2.696.400 € |
| Bikini | 558.360 St. | 216.000 St. | 972.000 € |
| Hose | 346.680 St. | 136.800 St. | 1.046.520 € |
| T-Shirt | 272.520 St. | 118.800 St. | 645.084 € |
| Bluse | 450.000 St. | 150.000 St. | 463.500 € |

Maschinenkapazität: 12.528 Produktionsstunden

Durch den Engpass mit 12.528 Produktionsstunden im Jahr ergibt sich folgende Tabelle:

| Produkt | max. Prod.-menge pro Jahr | Prod.-stunden pro Jahr | Prod.-menge pro Std. | Absatz-menge pro Jahr | Gesamt-deckungs-beitrag | absoluter DB pro Stück | relativer DB pro Stunde | Rang-folge |
|---|---|---|---|---|---|---|---|---|
| Kleid | 168.000 St. | 12.528 h | 13 St./h | 84.000 St. | 2.696.400 € | 32,10 €/St. | 417,30 €/h | 1 |
| Bikini | 558.360 St. | 12.528 h | 45 St./h | 216.000 St. | 972.000 € | 4,50 €/St. | 202,50 €/h | 3 |
| Hose | 346.680 St. | 12.528 h | 28 St./h | 136.800 St. | 1.046.520 € | 7,65 €/St. | 214,20 €/h | 2 |
| T-Shirt | 272.520 St. | 12.528 h | 22 St./h | 118.800 St. | 645.084 € | 5,43 €/St. | 119,46 €/h | 4 |
| Bluse | 450.000 St. | 12.528 h | 36 St./h | 150.000 St. | 463.500 € | 3,09 €/St. | 111,24 €/h | 5 |

Produktionsmenge pro Stunde: 450.000 St. : 12.528 h = 36 St./h

absoluter Deckungsbeitrag je Stück: 463.500 € : 150.000 St. = 3,09 €/St.

relativer Deckungsbeitrag je Stunde: 36 St. · 3,09 €/St. = 111,24 €/h

3. Das optimale Produktionsprogramm wird bestimmt, in dem das Produkt mit dem höchsten relativen Stückdeckungsbeitrag in der maximalen absetzbaren Stückzahl produziert wird. In der verbleibenden Zeit wird das Produkt mit dem zweit höchsten relativen Stückdeckungsbeitrag usw. produziert, bis die Kapazität der Maschine erreicht ist.

| **Maschinenstunden pro Produkt *[Stunden]* =** | *Anzahl der Stunden, die dieses Produkt auf der Maschine für diese Menge benötigen würde* |
|---|---|
| $\dfrac{\text{Produktionsmenge bzw. Absatzmenge}}{\text{Produktionsmenge je Stunde}}$ | |

**Beispiel 108: Bestimmung des optimalen Produktionsprogramms**

Maschinenkapazität: 12.528 Produktionsstunden

| Pro-dukt | Absatzmenge pro Jahr | tatsächl. Prod. menge pro Jahr | Prod.menge pro Std. | Maschinenstun-den je Sorte | Restzeit | *Berechnung der Rest-zeit* |
|---|---|---|---|---|---|---|
| Kleid | 84.000 St. | 84.000 St. | 13 St./h | 6.461,5 h | 6.066,5 h | *(12.528 - 6.461,5)* |
| Hose | 136.800 St. | 136.800 St. | 28 St./h | 4.885,7 h | 1.180,8 h | *(6.461,5 - 4.885,7)* |
| Bikini | 216.000 St. | 53.136 St. | 45 St./h | 1.180,8 h | 0,0 h | |

→ *Die Kleider und Hosen werden jeweils in der absetzbaren Menge hergestellt. Die Herstellung benötigt dafür 11.347,2 Stunden (6.461,5 h + 4.885,7 h). Für die Bikinis stehen daher nur noch 1.180,8 Stunden zur Verfügung (12.528 h – 11.347,2 h). In dieser Zeit lassen sich 53.136 St. (45 St./h · 1.180,8 h) herstellen. Die T-Shirts und Blusen werden gar nicht hergestellt.*

4. Für das nun aufgestellte optimale Produktionsprogramm wird der Gesamtdeckungsbeitrag errechnet, indem für jedes produzierte Produkt der Deckungsbeitrag ermittelt wird, der anschließend aufaddiert (kumuliert) wird.

> **Gesamtdeckungsbeitrag [€] =**
> Produktionsmenge · absoluter Deckungsbeitrag pro Stück

**Beispiel 109: Ermittlung des Gesamtdeckungsbeitrages**

| Produkt | Produktionsmenge pro Jahr | absoluter DB pro Stück | Gesamtdeckungsbeitrag |
|---|---|---|---|
| Kleid | 84.000 St. | 32,10 €/St. | 2.696.383,95 € |
| Hose | 136.800 St. | 7,65 €/St. | 1.046.516,94 € |
| Bikini | 53.136 St. | 4,50 €/St. | 239.112,00 € |
| **gesamt** | **273.935 St.** | | **3.982.012,89 €** |

→ *Das optimale Produktionsprogramm weist einen Deckungsbeitrag von **3.982.012,89 € auf**.*

---

*HINWEIS*
*Bei der Erstellung des optimalen Produktionsprogramms ist nicht nur auf die maximal absetzbaren Stückzahlen der „guten" Produkte zu achten, sondern auch auf eventuelle Mindestmengen von anderen Produkten, die zu produzieren sind. Das heißt, dass auch vom „schlechtesten" Produkt eine bestimmte Menge hergestellt werden muss. In so einem Fall empfiehlt es sich, die dafür benötigte Kapazität zuerst von der maximalen Kapazität abzuziehen, bevor man das optimale Produktionsprogramm ermittelt.*

## 5.5.5  Eigenfertigung oder Fremdbezug

Bei der Frage nach Eigenfertigung oder Fremdbezug sollte nicht nur nach Kostenpunkten entschieden werden. Auch qualitative Kriterien sind zu berücksichtigen.

| Gründe für die Eigenfertigung | Gründe für den Fremdbezug |
|---|---|
| • Geheimhaltung des technischen Wissens<br>• externe Beschaffung auf Grund unzureichender Qualität oder fehlenden Lieferanten unmöglich<br>• unabhängig von anderen<br>• Nutzung der vorhandenen Kapazitäten | • besseres technisches Wissen<br>• personelle, maschinelle oder räumliche Engpässe<br>• Schutzrechte (z. B. Patente)<br>• Risikominderung durch den technischen Fortschritt |

*Tabelle 26: Gründe für die Eigenfertigung oder den Fremdbezug*

**Beispiel 110: Eigenfertigung oder Fremdbezug**

Maschinenmiete: 24.000 €/Halbjahr; Personalkosten: 7.000 €/Quartal; Stückpreis Eigenfertigung: 12 €;

Berechnungsbeispiel 1: Bedarf: 180 Stück/Monat; Dauer: 9 Monate; Stückpreis Fremdbezug: 48 €

| Eigenfertigung | | | Fremdbezug | |
|---|---|---|---|---|
| Stückkosten | 19.440 € | (180 St. · 9 · 12 €) | Bedarf · Dauer · Stückpreis | |
| + Maschinenmiete | 48.000 € | (2 · 24.000 €) | 180 St./Monat · 9 Monate · 48 € = | 77.760 € |
| + Personalkosten | 21.000 € | (3 · 7.000 €) | | |
| = **Kosten Eigenfertigung** | **88.440 €** | | **Kosten Fremdbezug** | **77.760 €** |

→ *Bei einer Bedarfsperiode von **9** Monaten und 180 Stück/Monat ist der **Fremdbezug** günstiger.*

Berechnungsbeispiel 2: Bedarf: 240 Stück/Monat; Dauer: 12 Monate; Stückpreis Fremdbezug: 46 €

| Eigenfertigung | | | Fremdbezug | |
|---|---|---|---|---|
| Stückkosten | 34.560 € | (240 St. · 12 · 12 €) | Bedarf · Dauer · Stückpreis | |
| + Maschinenmiete | 48.000 € | (2 · 24.000 €) | 240 St./Monat · 12 Monate · 46 € = | 132.480 € |
| + Personalkosten | 28.000 € | (4 · 7.000 €) | | |
| = **Kosten Eigenfertigung** | **110.560 €** | | **Kosten Fremdbezug** | **132.480 €** |

→ *Bei einer Bedarfsperiode von **12** Monaten und 240 Stück/Monat ist die **Eigenfertigung** günstiger.*

# 5.6  Plankostenrechnung

Die Plankostenrechnung ermöglicht durch Soll-Ist-Vergleiche, Abweichungsanalysen und frühzeitiges Gegensteuern ein Unternehmen zielgerichtet zu lenken. Sie dient somit der Kostenkontrolle und basiert zum Teil auf Zukunftsdaten.

- Die Plankostenrechnung liefert die Daten, die sich an den vorgegebenen Zielen orientieren (»Es sollen im nächsten Monat 522 Stunden produziert werden, das würde 1.603.670 € an Kosten verursachen.«).

- Die Normalkostenrechnung liefert die Daten, die sich aufgrund geänderten Bedingungen ergeben haben (»Es können im nächsten Monat nur 350 Stunden produziert werden, das würde dann 1.093.361,11 € an Kosten verursachen.«).

- Die Istkostenrechnung liefert aktuelle Ist-Daten aus der Vergangenheit (»Es konnten die 350 Stunden produziert werden, es vielen dabei jedoch nur 1.016.825,83 € an Kosten an.«).

| Plankostenrechnung | |
|---|---|
| starre Plankostenrechnung | flexible Plankostenrechnung |

*Abbildung 65: Methoden der Plankostenrechnung*

## Starre Plankostenrechnung

Sie legt die zukünftig zu erwartenden Plankosten für eine bestimme Planbeschäftigung fest. Die Plankosten ergeben sich aus der geplanten Menge und dem geplanten Verkaufspreis, jedoch ohne die Aufteilung der Kosten in fixe und variable Teile. Sie ist ein schnelles und einfaches Verfahren, aber in der Praxis oft unbrauchbar.

| | |
|---|---|
| **Plankostensatz [€/h] =** $\dfrac{\text{Plankosten}}{\text{Planbeschäftigung}}$ | *wird für jeden Kostenträger ermittelt und gibt die geplanten Kosten je Zeiteinheit der Planbeschäftigung an* |
| **verrechnete Plankosten [€] =** Plankostensatz · Istbeschäftigung | *diese Kosten hätten auf Grundlage der Planung entstehen dürfen* |
| **Gesamtabweichung [€] =** verrechnete Plankosten – Istkosten | *Istkosten (tatsächliche Kosten) werden mit den verrechneten Plankosten (Sollkosten) verglichen* <br> → *positives Ergebnis = Kostenüberdeckung (Gewinn ☺)* <br> → *negatives Ergebnis = Kostenunterdeckung (Verlust ☹)* |

**Beispiel 111: starre Plankostenrechnung**

Plankosten: 1.630.670 €; Planbeschäftigung: 522 h; Istbeschäftigung: 350 h; Istkosten: 1.016.825,83 €

Plankostensatz: $\dfrac{\text{gesamte Plankosten}}{\text{Planbeschäftigung}} = \dfrac{1.630.670 \text{ €}}{522 \text{ h}} = 3.123,89 \text{ €/h}$

verrechnete Plankosten: Plankostensatz · Istbeschäftigung = 3.123,89 €/h · 350 h = 1.093.361,11 €

Abweichung: verrechnete Plankosten – Istkosten = 1.093.361,11 € – 1.016.825,83 € = 76.535,28 €  (→ ☺)

→ *Da die Istkosten kleiner sind, ist ein **Gewinn** in Höhe von **76.535,28 €** entstanden.*

## Flexible Plankostenrechnung

Für jede Kostenstelle werden die Plankosten über die erwartete Planbeschäftigung bestimmt. Voraussetzung ist die Trennung der Kosten in variable und fixe Kosten.

### Vorgehensweise bei der flexiblen Plankostenrechnung:

1. Zu Beginn werden die Planbeschäftigung und die Plankosten bestimmt. Für das nachfolgende Beispiel der flexiblen Plankostenrechnung betragen die Planbeschäftigung 522 h und die Plankosten 1.630.670 € (davon sind 280.062 € fixe und 1.350.608 € variable Kosten). Die Istbeschäftigung beträgt 350 h und die Istkosten betragen 1.016.825,83 €.

2. Als zweiter Schritt wird der Plankostenverrechnungssatz errechnet. Er gibt die geplanten Kosten je Zeiteinheit der Planbeschäftigung (z. B. pro Stunde) an.

| | |
|---|---|
| **Plankostenverrechnungssatz bei Planbeschäftigung [€/h] =** $\dfrac{\text{Plankosten}}{\text{Planbeschäftigung}}$ | *gibt die geplanten Kosten je Zeiteinheit (z. B. pro Stunde) der Planbeschäftigung an* |

> **Beispiel 112: Plankostenverrechnungssatz**
>
> Plankosten: 1.630.670 €; Planbeschäftigung: 522 h
>
> Plankostenverrechnungssatz: $\dfrac{\text{Plankosten}}{\text{Planbeschäftigung}} = \dfrac{1.630.670\ €}{522\ h} = 3.123,89\ €/h$
>
> → *Der Plankostenverrechnungssatz beträgt **3.123,89 €/h**.*

3. Im nächsten Schritt werden die verrechneten Plankosten bei Istbeschäftigung ermittelt. Meistens weicht die Istbeschäftigung von der Planbeschäftigung ab. Diese Kosten hätten auf Grundlage der Istbeschäftigung entstehen dürfen.

| | |
|---|---|
| **verrechnete Plankosten bei Istbeschäftigung [€] =** Plankostenverrechnungssatz · Istbeschäftigung | *diese Kosten hätten bei der Istbeschäftigung entstehen dürfen* |

> **Beispiel 113: verrechnete Plankosten bei Istbeschäftigung**
>
> Plankostenverrechnungssatz: 3.123,89 €/h; Istbeschäftigung: 350 h
>
> verrechnete Plankosten: Plankostenverrechnungssatz · Istbeschäftigung =
> 3.123,89 €/h · 350 h = 1.093.361,11 €
>
> → *Die verrechneten Plankosten bei einer Istbeschäftigung von 350 h betragen **1.093.361,11 €**.*

4. Anschließend werden die Sollkosten errechnet. Das sind die Kosten, die bei der Istbeschäftigung anfallen sollen. Sie setzen sich aus fixen und variablen Kosten zusammen, die fixen Kosten bleiben gleich, die variablen Kosten sind beschäftigungsabhängig.

| | |
|---|---|
| **Sollkosten [€] =** fixe Plankosten + ($\dfrac{\text{variable Plankosten}}{\text{Planbeschäftigung}}$ · Istbeschäftigung) | *geplante Kosten, die einem bestimmten Beschäftigungsgrad entsprechen* |

> **Beispiel 114: Sollkosten**
>
> Plankosten: 1.630.670 € (davon fix: 280.062 €; variabel: 1.350.608 €); Planbeschäftigung: 522 h; Istbeschäftigung: 350 h
>
> Sollkosten: fixe Plankosten + ($\dfrac{\text{variable Kosten}}{\text{Planbeschäftigung}}$ · Istbeschäftigung)
>
> = 280.062 € + ($\dfrac{1.350.608\ €}{522\ h}$ · 350 h) = 1.185.642,08 €
>
> → *Die Sollkosten betragen bei einer Istbeschäftigung von 350 h **1.185.642,08 €**.*

5. Liegen die Sollkosten vor, werden die Abweichungen bestimmt. Die Verbrauchsabweichung deckt eine Abweichungen im Verbrauch auf, z. B. durch einen hohen Ausschuss.
   - ein positives Ergebnis bedeutet Einsparung (Gewinn ☺)
   - ein negatives Ergebnis bedeutet einen Mehrverbrauch (Verlust ☹)

| Verbrauchsabweichung [€] = | Abweichungen haben ihre Ursachen im Verbrauch |
|---|---|
| Sollkosten − Istkosten | |

**Beispiel 115: Verbrauchsabweichung**

Sollkosten: 1.185.642,08 €; Istkosten: 1.016.825,83 €

Verbrauchsabweichung: Sollkosten − Istkosten = 1.185.642,08 € − 1.016.825,83 € = 168.816,24 € (→ ☺)

→ Es wurde eine Materialeinsparung von **168.816,24 €** erzielt, was ein **Gewinn** bedeutet.

6. Die Beschäftigungsabweichung beruht auf einer Fehleinschätzung der Beschäftigung.
   - ein positives Ergebnis bedeutet, es wurden zu viele Fixkosten verrechnet (Gewinn ☺)
   - ein negatives Ergebnis bedeutet, es wurden zu wenig Fixkosten verrechnet (Verlust ☹)

| Beschäftigungsabweichung [€] = | beruht auf einer Fehleinschätzung der Beschäftigung |
|---|---|
| verrechnete Plankosten − Sollkosten | |

**Beispiel 116: Beschäftigungsabweichung**

verrechnete Plankosten: 1.093.361,11 €; Sollkosten: 1.185.642,08 €

Beschäftigungsabweichung:
verrechnete Plankosten − Sollkosten = 1.093.361,11 € − 1.185.642,08 € = -92.280,97 € (→ ☹)

→ Es wurden -92.280,97 € zu wenig an Fixkosten verrechnet, was ein **Verlust** bedeutet.

7. Zum Schluss wird die Gesamtabweichung errechnet. Sie zeigt die komplette Abweichung der Istkosten von den Plankosten.
   - ein positives Ergebnis bedeutet insgesamt Gewinn ☺
   - ein negatives Ergebnis bedeutet insgesamt Verlust ☹

| Gesamtabweichung [€] = | komplette Abweichung der Istkosten von den Plankosten |
|---|---|
| verrechnete Plankosten bei Istbeschäftigung − Istkosten | |

**Beispiel 117: Gesamtabweichung**

verrechnete Plankosten: 1.093.361,11 €; Istkosten: 1.016.825,83 €

Gesamtabweichung:
verrechnete Plankosten − Istkosten = 1.093.361,11 € − 1.016.825,83 € = 76.535,28 € (→ ☺)

→ Es ergibt sich insgesamt ein **Gewinn** von **76.535,28 €**.

## Kostenfunktion

Die Kostenfunktion stellt den Verlauf der Sollkosten für eine bestimmte Beschäftigung dar.

> **Kostenfunktion [€] =**
>
> fixe Plankosten + ($\frac{\text{variable Plankosten}}{\text{Planbeschäftigung}}$ · Planbeschäftigung)

> **Beispiel 118: Kostenfunktion (angelehnt an das vorherige Beispiel)**
>
> Planbeschäftigung: 522 h; Plankosten: 1.630.670 € (davon fix: 280.062 €; variabel: 1.350.608 €)
>
> Kostenfunktion:
>
> fixe Plankosten + ($\frac{\text{variable Plankosten}}{\text{Planbeschäftigung}}$ · Planbeschäftigung)
>
> = 280.062 € + ($\frac{1.350.608\ €}{522\ h}$ · Planbeschäftigung) = 280.062 € + (2.587,37 €/h · Planbeschäftigung)
>
> → *Die Kostenfunktion lautet **280.062 € + (2.587,37 €/h · Planbeschäftigung)**.*

> **HINWEIS**
>
> *Im Beispiel 114 (Seite 156) würde die Kostenfunktion bei einer Planbeschäftigung von 350 h lauten: 280.062 € + (2.587,37 €/h · 350 h). Wenn man das ausrechnet, kommt man auf Sollkosten von 1.185.642,08 €, die im Beispiel 114 auch errechnet wurden.*

# 5.7  Kostenmanagement

Das Kostenmanagement ist ein Managementprozess, der die Kosten im Unternehmen analysiert und zielgerichtet beeinflusst.

| Kostenmanagement | | | |
|---|---|---|---|
| **Differenzquotient** | **Reagibilitätsgrad** | **Target costing** | **Variatormethode** |
| *beschreibt das Verhältnis der Veränderung einer Größe zu der Veränderung einer zweiten Größe, die von der ersten abhängt* | *zeigt, um wie viel sich die variablen Kosten bei einer Veränderung des Beschäftigungsgrades ändern* | *es wird von einem festen Verkaufspreis die Kostenobergrenze der Fertigung ermittelt* | *beschreibt den prozentualen Anteil der variablen Plankosten an den gesamten Plankosten* |

*Abbildung 66: Überblick über die verschiedenen Kostenmanagemente*

## Differenzquotient

Der Differenzquotient beschreibt das Verhältnis der Veränderung einer Größe zu der Veränderung einer zweiten Größe, die von der ersten Größe abhängt. Bei linearen Kostenfunktionen sind die Grenzkosten (K') gleich den variablen Kosten ($k_{var}$). Sie lassen sich über den Differenzquotient der variablen Kosten berechnen.

| | |
|---|---|
| **variable Kosten in Abhängigkeit der Beschäftigung [€/h] =** <br> $\dfrac{\text{Gesamtkosten}_{\text{Beschäftigung 2}} - \text{Gesamtkosten}_{\text{Beschäftigung 1}}}{\text{Beschäftigungszeit}_2 - \text{Beschäftigungszeit}_1} \rightarrow k_{var} = K'$ | *dieser Wert entspricht dem Differenzquotient* |
| **Fixkosten [€] =** <br> Gesamtkosten$_1$ − (variable Kosten · Beschäftigungszeit$_1$) <br><br> *bzw.  Gesamtkosten$_2$ − (variable Kosten · Beschäftigungszeit$_2$)* | *Anteil der Fixkosten an den Gesamtkosten* |
| **Sollkostenfunktion [€] =** <br> Fixkosten + (variable Kosten · Beschäftigung) | *stellt den Verlauf der Sollkosten für eine bestimmte Beschäftigung dar* |

---

**Beispiel 119: Berechnung der Sollkostenfunktion mit Hilfe des Differenzquotienten**

<u>Juni</u>:  Gesamtkosten: 682.804 €; Beschäftigungszeit: 522 h

<u>Juli</u>:   Gesamtkosten: 748.087 €; Beschäftigungszeit: 585 h

variable Kosten:
$$\frac{\text{Gesamtkosten}_{\text{Juli}} - \text{Gesamtkosten}_{\text{Juni}}}{\text{Beschäftigungszeit}_{\text{Juli}} - \text{Beschäftigungszeit}_{\text{Juni}}} = \frac{748.087\ € - 682.804\ €}{585\ h - 522\ h} = \frac{65.283\ €}{63\ h} = 1.036{,}24\ €/h$$

Fixkosten:
Gesamtkosten$_{\text{Juni}}$ − (variable Kosten · Beschäftigungszeit$_{\text{Juni}}$) = 682.804,00 € − (1.036,24 €/h · 522 h)
= 682.804,00 € − 540.916,29 € = 141.887,71 €

*alternative Berechnung der Fixkosten: Gesamtkosten$_{\text{Juli}}$ − (variable Kosten · Beschäftigungszeit$_{\text{Juli}}$)*
*= 748.087,00 € − (1.036,24 €/h · 585 h) = 748.087,00 € − 606.199,29 € = 141.887,71 €*

Sollkostenfunktion:
Fixkosten + (variable Kosten · Beschäftigung) = 141.887,71 € + (1.036,24 €/h · Beschäftigung)

→ *Die Sollkostenfunktion lautet $K_{soll}$ = 141.887,71 € + (1.036,24 €/h · Beschäftigung).*

---

*HINWEIS*

*Die Berechnung mit dem Differenzquotient ist ähnlich dem Variator. Im Beispiel 119 würde die Kostenfunktion für den Monat Juni 141.887,71 € + (1.036,24 €/h · 522 h) lauten. Wenn man das ausrechnet, kommt man auf die Gesamtkosten von 682.804,00 €, die im Beispiel auch angegeben wurden.*

*Siehe auch unter 5.7 Variatormethode auf Seite 161 und Kostenfunktion auf Seite 158.*

## Reagibilitätsgrad

Der Reagibilitätsgrad, auch Kostenauflösung genannt, zeigt, um wie viel sich die variablen Kosten bei einer Veränderung des Beschäftigungsgrades ändern. Dabei ist <u>nur die Höhe der Änderung zu erfassen</u>, das Vorzeichen oder die Einheit spielen keine Rolle.

- bei einem Reagibilitätsgrad von 1 (R = 1) handelt es sich um proportionale Kosten, d.h. die Kosten und die Beschäftigung ändern sich gleich stark
- bei einem Reagibilitätsgrad zwischen 0 und 1 (0 < R < 1) handelt es sich um degressive Kosten, d.h. die Beschäftigung ändert sich stärker als die Kosten
- bei einem Reagibilitätsgrad größer 1 (R > 1) handelt es sich um progressive Kosten, d.h. die Kosten ändern sich stärker als die Beschäftigung
- bei einem Reagibilitätsgrad von 0 (R = 0) handelt es sich um fixe Kosten, d.h. die Kosten ändern sich nicht

| | |
|---|---|
| **Reagibilitätsgrad R *[Zahl]* =** $\dfrac{\text{prozentuale Kostenänderung}}{\text{prozentuale Beschäftigungsänderung}}$ | *zeigt, um wie viel sich die variablen Kosten bei einer Veränderung des Beschäftigungsgrades ändern* |
| **Beschäftigungsänderung *[%]* =** $\left(\dfrac{\text{neue Beschäftigung}}{\text{alte Beschäftigung}} \cdot 100\,\%\right) - 100\,\%$ | *zeigt die prozentuale Änderung der Beschäftigung* |
| **Kostenänderung *[%]* =** $\left(\dfrac{\text{neue Kosten}}{\text{alte Kosten}} \cdot 100\,\%\right) - 100\,\%$ | *zeigt die prozentuale Änderung der Kosten* |

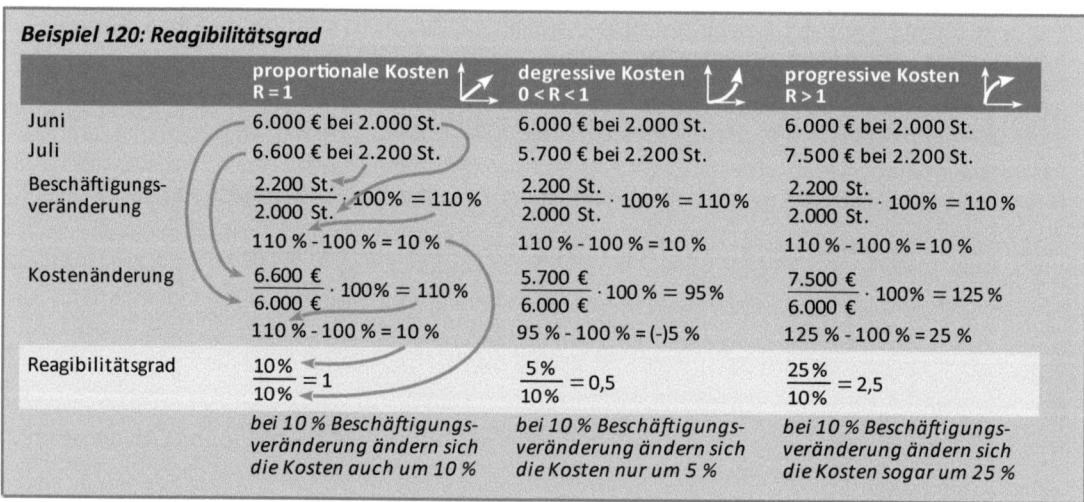

**Beispiel 120: Reagibilitätsgrad**

| | proportionale Kosten R = 1 | degressive Kosten 0 < R < 1 | progressive Kosten R > 1 |
|---|---|---|---|
| Juni | 6.000 € bei 2.000 St. | 6.000 € bei 2.000 St. | 6.000 € bei 2.000 St. |
| Juli | 6.600 € bei 2.200 St. | 5.700 € bei 2.200 St. | 7.500 € bei 2.200 St. |
| Beschäftigungs-veränderung | $\dfrac{2.200\ \text{St.}}{2.000\ \text{St.}} \cdot 100\,\% = 110\,\%$  110 % - 100 % = 10 % | $\dfrac{2.200\ \text{St.}}{2.000\ \text{St.}} \cdot 100\,\% = 110\,\%$  110 % - 100 % = 10 % | $\dfrac{2.200\ \text{St.}}{2.000\ \text{St.}} \cdot 100\,\% = 110\,\%$  110 % - 100 % = 10 % |
| Kostenänderung | $\dfrac{6.600\ €}{6.000\ €} \cdot 100\,\% = 110\,\%$  110 % - 100 % = 10 % | $\dfrac{5.700\ €}{6.000\ €} \cdot 100\,\% = 95\,\%$  95 % - 100 % = (-)5 % | $\dfrac{7.500\ €}{6.000\ €} \cdot 100\,\% = 125\,\%$  125 % - 100 % = 25 % |
| Reagibilitätsgrad | $\dfrac{10\,\%}{10\,\%} = 1$ | $\dfrac{5\,\%}{10\,\%} = 0,5$ | $\dfrac{25\,\%}{10\,\%} = 2,5$ |
| | *bei 10 % Beschäftigungs-veränderung ändern sich die Kosten auch um 10 %* | *bei 10 % Beschäftigungs-veränderung ändern sich die Kosten nur um 5 %* | *bei 10 % Beschäftigungs-veränderung ändern sich die Kosten sogar um 25 %* |

**HINWEIS**
*Der Reagibilitätsgrad ist keine Prozentzahl.*

## Target Costing

Ausgehend von einem festen Verkaufspreis wird die Kostenobergrenze ermittelt, die als Vorgabe für die Produktkosten dient (»Was darf mich das Produkt maximal kosten?«). Sie ist auch im Entscheidungsprozess für oder gegen eine Produktneueinführung hilfreich.

| | |
|---|---|
| **Selbstkosten [€] =**<br>Umsatz – Zielgewinn | *Kosten nach Abzug des gewünschten Gewinns* |
| **erlaubte Fertigungskosten [€] =**<br>Selbstkosten – Zieldeckungsbeitrag – Materialkosten | *Kosten, die die Fertigung maximal verursachen darf (ohne Materialkosten)* |

---

**Beispiel 121: Target Costing**

Verkaufspreis: 130,00 €; Absatzmenge: 84.000 St.; Zielgewinn: 15 % (= 0,15); Materialkosten: 22,28 €; Zieldeckungsbeitrag: 40 % (= 0,4)

| | | |
|---|---|---|
| Umsatz | 10.920.000 € | *= 130 € · 84.000 St.* |
| – Zielgewinn (15 %) | -1.638.000 € | *= 10.920.000 € · 0,15* |
| = **Selbstkosten** | **9.282.000 €** | |
| – Zieldeckungsbeitrag (40 %) | -3.712.800 € | *= 9.282.000 € · 0,4* |
| – Materialkosten | -1.871.520 € | *= 22,28 € · 84.000 St.* |
| = **erlaubte Fertigungskosten** | **3.697.680 €** | |

→ *Die Fertigung darf maximal **3.697.680 €** Kosten verursachen, sonst kann der festgelegte Verkaufspreis von 130,00 € nicht gehalten werden.*

---

## Variatormethode

Der Variator beschreibt den prozentualen Anteil der variablen Plankosten an den gesamten Plankosten. So bedeutet ein Variator von 7, dass 70 % variable und 30 % fixe Kosten sind. Beträgt der Variator 0 (0 % variable Kosten) so handelt es sich nur um Fixkosten. Beträgt der Variator 10 (100 % variable Kosten) so handelt es sich nur um variable Kosten.

Um diesen Prozentsatz ändern sich die Kosten bei einer zehnprozentigen (10 %) Änderung der Beschäftigung. Die Fixkosten bleiben gleich, es ändern sich nur die variablen Kosten. Der Variator muss für jede Kostenstelle und Kostenart separat ermittelt werden.

| | |
|---|---|
| **Variator [Zahl] =**<br>$\dfrac{\text{variable Plankosten}}{\text{gesamte Plankosten}} \cdot 10$ | *beschreibt den Anteil der variablen Plankosten an den gesamten Plankosten* |
| **variable Plankosten [€] =**<br>$\dfrac{\text{Variator} \cdot \text{Plankosten}}{10}$ | *berechnet die variablen Plankosten aus den gesamten Plankosten*<br>→ *Rest sind Fixkosten!* |

**Beispiel 122: Berechnung des Variators**

variable Plankosten: 34.265,00 €; gesamte Plankosten: 39.564,00 €

$$\text{Variator: } \frac{\text{variable Plankosten}}{\text{gesamte Plankosten}} \cdot 10 = \frac{34.265,00\ €}{39.564,00\ €} \cdot 10 = 8,66065109\ldots \approx 8,66$$

→ *Das bedeutet, dass sich die Kosten bei einer zehnprozentigen Änderung der Beschäftigung nur um **8,66 %** ändern. Würde die Beschäftigung um 10 % auf 90 % absinken, würden sich die Kosten hingegen nur um 8,66 %, das entspricht 3.426,50 € (39.564,00 € · 0,0866), auf 36.119,50 € sinken.*

---

**Beispiel 123: Variatormethode**

| Kostenart | Plankosten bei einer Beschäftigung von | | | Variator bei einer Planbeschäftigung von 522 h | |
|---|---|---|---|---|---|
| | 348 h | 522 h | 626 h | | |
| Abschreibung | 27.600 € | 36.000 € | 41.021 € | 7 | → 70 % variabel, 30 % fix |
| Fertigungslöhne | 13.333 € | 20.000 € | 23.985 € | 10 | → 100 % variabel, 0 % fix |
| Hilfslöhne | 2.933 € | 4.000 € | 4.638 € | 8 | → 80 % variabel, 20 % fix |
| Zinsen | 3.500 € | 3.500 € | 3.500 € | 0 | → 0 % variabel, 100 % fix |
| Betriebsstoffe | 37.333 € | 44.800 € | 49.263 € | 5 | → 50 % variabel, 50 % fix |
| davon variabel | 14.933 € | 22.400 € | 26.863 € | | |
| davon fix | 22.400 € | 22.400 € | 22.400 € | | |

<u>Beispielhafte Darstellung der Berechnung des Variators der Betriebsstoffe:</u>

Kosten der benötigten Betriebsstoffe bei 522 Stunden (B$_1$): 44.800 € (K$_1$)

Kosten der benötigten Betriebsstoffe bei 626 Stunden (B$_2$): 49.263 € (K$_2$)

$$\text{variable Kosten je Stunde: } \frac{K_2 - K_1}{B_2 - B_1} = \frac{49.263\ € - 44.800\ €}{626\ h - 522\ h} = \frac{4.463\ €}{104\ h} = 42,91\ €/h$$

| | |
|---|---|
| gesamte Plankosten bei 626 h | 49.263 € |
| − variable Plankosten bei 626 h | 26.863 € = 42,91 €/h · 522 h |
| **= fixe Kosten** | **22.400 €** |

variable Plankosten bei 522 h = variable Kosten je Stunde · Beschäftigung = 42,91 €/h · 522 h = 22.400 €

$$\text{Variator bei 522 h: } \frac{\text{variable Plankosten} \cdot 10}{\text{gesamte Plankosten}} = \frac{22.400\ € \cdot 10}{44.800\ €} = 5$$

$$\text{Variator bei 626 h: } \frac{\text{variable Plankosten} \cdot 10}{\text{gesamte Plankosten}} = \frac{26.863\ € \cdot 10}{49.263\ €} = 5,4$$

---

**HINWEIS**

*Es spielt keine Rolle, ob die variablen Plankosten mit der ersten oder der zweiten Beschäftigung gerechnet werden, es kommt bei beiden der gleiche Fixkostenanteil heraus.*

*Die Fixkosten pro Kostenart sind bei allen Planbeschäftigungsverhältnissen gleich. Sie ändern sich nicht, da sie beschäftigungsunabhängig sind.*

# In dieser Buchreihe sind weiter erhältlich:

**Managementprozesse**
ISBN 9783752869569
9,95 €

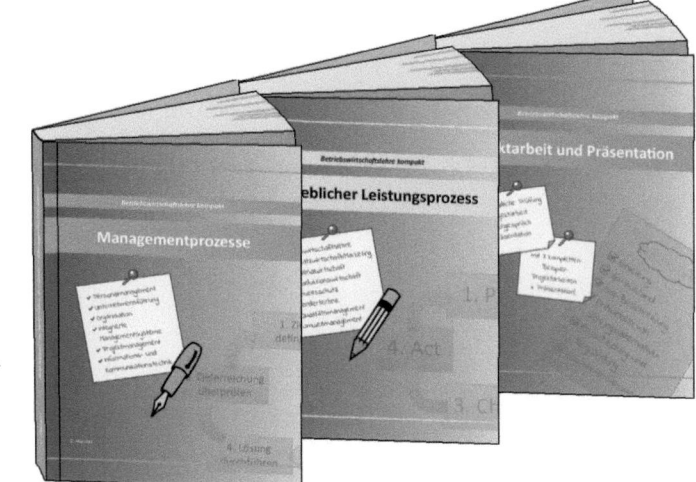

**betrieblicher Leistungsprozess**
ISBN 9783752866179
9,95 €

**Projektarbeit und Präsentation**
ISBN 9783752876635
9,95 €

Alle Bücher sind auch als eBook verfügbar!

# 6 *STEUERRECHT*

*Das Steuerrecht ist ein Recht, das vom Gesetzgeber zur Regelung der Erhebung und Festlegung von Steuern erlassen wurde.*

+ Einkünfte aus Gewerbebetrieb
+ Einkünfte aus selbständiger Arbeit
+ Einkünfte aus nicht selbständiger Arbeit
+ Einkünfte aus Kapitalvermögen
+ Einkünfte aus Vermietung und Verpachtung
+ sonstige Einkünfte nach §22

**= Summe der Einkünfte**

− Altersentlastungsbetrag (ab 65 Jahre)
− Entlastungsbetrag für Alleinerziehende
− Freibetrag fur Land- und Forstwirtschaft

**= Gesamtbetrag der Einkünfte**

# 6.1 Steuereinteilung

Die Rechtsgrundlagen des Steuerrechts bilden Richtlinien, Gesetze, Verwaltungsvorschriften oder Rechtsverordnungen.

Steuern, Gebühren und Beiträge sind öffentlich-rechtliche Abgaben und stellen die Einnahmen des Staates dar. Je nach Steuerart fließen sie dem Bund, den Ländern und Gemeinden zu, die wiederum damit ihren Haushalt (z. B. öffentliche Einrichtungen oder den Bau von Straßen) finanzieren.

- **Steuern** sind im § 3 AO (Abgabenordnung) geregelt und sind Geldleistungen, denen keine besondere Gegenleistung gegenübersteht.
- **Gebühren** sind eine Entgeltabgabe für bestimmte öffentliche Leistungen (Geldleistungen, denen eine besondere Gegenleistung gegenübersteht), wie z. B. Benutzungsgebühr (öffentliches Schwimmbad) oder Verwaltungsgebühr (bei einer Kfz-Zulassung).
- **Beiträge** sind eine Entgeltabgabe für angebotene öffentliche Leistungen, auf deren tatsächliche Nutzung es aber nicht ankommt z. B. Sozialversicherungsbeitrag.

| Gliederung der Steuern | | |
|---|---|---|
| nach Steuerobjekt | nach Überwälzbarkeit | nach Hauptbemessungsgrundlage |

*Abbildung 67: Überblick über die Gliederung der Steuern*

## Gliederung nach Steuerobjekt

### Personensteuern (Subjektsteuern)

Sie berücksichtigen die individuelle Leistungsfähigkeit einer Person z. B. Alter, Höhe des Gesamteinkommens, Familienstand, Kinderzahl usw.

- **Besitzsteuern** werden auf das Einkommen von Personen und Unternehmen erhoben
  - vom <u>Einkommen</u> (Ertragsteuer): Einkommensteuer, Gewerbesteuer, Kirchensteuer, Körperschaftsteuer, Solidaritätszuschlag
  - vom <u>Vermögen</u>: Grundsteuer, Vermögensteuer.
- **Verbrauchsteuern** versteuern bestimmte Waren z. B. Alkopopsteuer, Biersteuer, Energiesteuer, Kaffeesteuer, Stromsteuer, Tabaksteuer, Schaumweinsteuer.

### Sachsteuern (Objektsteuern)

Sie orientieren sich nur an dem zu versteuernden Objekt und beziehen die Leistungsfähigkeit vom Steuerschuldner, wie Einkommens- und Vermögensverhältnisse oder Familienstand <u>nicht</u> mit ein.

- **Realsteuern** werden nach bestimmten äußeren Merkmalen des Steuerobjekts bemessen z. B. Grundsteuer, Gewerbesteuer.
- **Verkehrsteuern** beziehen sich auf wirtschaftliche Verkehrsvorgänge, die erfolgsunabhängig und ohne Betrachtung der persönlichen Belastbarkeit erhoben werden z. B. Umsatzsteuer, Grunderwerbsteuer, Schankerlaubnissteuer, Spielbankabgabe, Versicherungsteuer.

### Aufwandsteuer

Steuern, die an die Einkommensverwendung ansetzen und den Besitz oder das Halten von Gütern versteuern z. B. Jagdsteuer oder Hundesteuer.

## Gliederungen nach Überwälzbarkeit

- Bei **direkten Steuern** (z. B. Einkommensteuer, Körperschaftsteuer, Solidaritätszuschlag, Abgeltungsteuer) ist der Steuerschuldner gleichzeitig der Steuerträger. Das bedeutet, die Steuer wird für den Steuerschuldner unmittelbar erhoben und <u>von ihm selbst</u> an das Finanzamt bezahlt und darf nicht auf Dritte übertragen werden.

- Bei **indirekten Steuern** (z. B. Umsatzsteuer, Verbrauchsteuern) ist der Steuerschuldner nicht der Steuerträger. Das bedeutet, die Steuer wird für den Steuerschuldner unmittelbar erhoben, jedoch wird der Steuerträger <u>auf einen Dritten übertragen</u> (z. B. der Einzelhändler). Der Steuerschuldner bezahlt nicht direkt an das Finanzamt, sondern der Einzelhändler führt die Steuer an das Finanzamt ab.

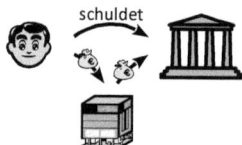

## Gliederung nach Hauptbemessungsgrundlage

- **Ertragsteuern** werden auf einen Vermögenszuwachs durch Zufluss von Geld oder geldwerten Gütern für eine bestimmte Periode (Besteuerungszeitraum) erhoben, z. B. Einkommensteuer, Gewerbesteuer, Körperschaftsteuer.

- **Verkehrsteuern** werden auf die Teilnahme am Rechts- und Wirtschaftsverkehr erhoben, z. B. Grunderwerbsteuer, Schankerlaubnissteuer, Spielbankabgabe, Umsatzsteuer, Versicherungsteuer, Zoll.

- **Substanzsteuern** beziehen sich auf einen bestimmten Vermögensstamm z. B. Erbschaftsteuer, Grundsteuer, Kraftfahrzeugsteuer, Schenkungsteuer, Vermögensteuer.

## *Steuerbescheid*

Er muss bestimmte Bestandteile aufweisen, da er sonst nichtig und unwirksam ist:

- Steuerschuldner
- Steuerart
- Steuerbetrag
- Besteuerungszeitraum
- Schriftform
- erlassende Behörde

> **Besteuerungsgrundlage**
> *Wenn Geld oder geldwerte Güter einer Person zufließen, dann ist der Wert dieses Zuflusses die Besteue-rungsgrundlage, auf die ein Steuersatz angewendet wird und zu einem jeweiligen Ertragssteuerbetrag führt. Sie sind die tatsächlichen oder rechtlichen Verhältnisse, die für die Steuerpflicht und Bemessungs-grundlage der Steuer maßgebend sind, z. B. Einnahmen, Ausgaben, Werbungskosten oder Gewinne.*

# *6.2 Steuerklassen*

Die Wahl der Steuerklasse (StKl) wirkt sich auf die abzuführende Lohnsteuer aus.

- Steuerklasse 1 (StKl I) für Ledige, Verheiratete, Verwitwete oder Geschiedene, bei denen die 3. und 4. Steuerklasse nicht erfüllt ist, ebenfalls zu berücksichtigen sind unbeschränkt Steuerpflichtige mit mindestens einem Kind.
- Steuerklasse 2 (StKl II) für Arbeitnehmer, denen ein Entlastungsbetrag für Al-lein-erziehende zusteht.

- Steuerklasse 3 (StKl III) für verheiratete Arbeitnehmer, wenn beide unbe-schränkt steuerpflichtig sind, nicht dauernd getrennt leben und ein Ehe-gatte keinen Arbeitslohn bezieht.
- Steuerklasse 4 (StKl IV) für verheiratete Arbeitnehmer, die beide einen Ar-beitslohn beziehen, Voraussetzung ist, dass sie zusammen leben und un-beschränkt steuerpflichtig sind.
- Steuerklasse 5 (StKl V), wenn ein Ehepartner einen geringeren Arbeitslohn bezieht.

- Steuerklasse 6 (StKl VI) für Arbeitnehmer, die mehr als ein Dienstverhält-nis ausüben.

# 6.3 Unternehmensbezogene Steuerarten

| unternehmensbezogene Steuerarten | | | | | |
|---|---|---|---|---|---|
| Lohnsteuer *(LSt)* | Einkommen- steuer *(ESt)* | Körperschaft- steuer *(KSt)* | Gewerbesteuer *(GewSt)* | Umsatzsteuer *(USt)* | latente Steuern |

*Abbildung 68: Überblick über die unternehmensbezogenen Steuerarten*

## Bedeutung der Steuerarten

Nicht jede Steuerart stellt für ein Unternehmen auch einen tatsächlichen Aufwand bzw. tatsächliche Kosten dar.

- Steuerarten, die Aufwand und Kosten sind, treten in der aktuellen Periode auf, werden auch dort bezahlt und sind betrieblich bedingt, z. B. Kfz-Steuer für das Dienstfahrzeug oder Grundsteuer für das Betriebsgrundstück.

- Steuerarten, die Aufwand, aber keine Kosten sind, sind in einer früheren Periode aufgetreten, wurden aber in der aktuellen Periode bezahlt, z. B. Gewerbesteuernachzahlung.

- Steuerarten, die weder Aufwand noch Kosten sind, sind ein durchlaufender Posten, d.h. sie werden eingenommen und gleich wieder abgegeben (z. B. abgeführte Umsatzsteuer an das Finanzamt) oder haben mit der betrieblichen Tätigkeit nichts zu tun (z. B. die Einkommensteuer des Geschäftsführers).

## 6.3.1 Lohnsteuer

Wird bei Einkünften aus nicht selbstständiger Arbeit erhoben. Der Arbeitgeber ist verpflichtet, unter Anwendung der Lohnsteuertabelle die Lohnsteuer (LSt) vom Bruttobezug einzubehalten. Der Arbeitnehmer ist der Steuerschuldner, es haftet aber der Arbeitgeber für die Abführung der Lohnsteuer an das Finanzamt. Dem Arbeitnehmer wird die abgeführte Lohnsteuer in seiner persönlichen Einkommensteuerveranlagung als sogenannte Vorauszahlung angerechnet.

# 6.3.2 Einkommensteuer

## Steuerpflicht nach dem Einkommensteuergesetz

Die Steuerpflicht richtet sich im Regelfall nach dem Wohnsitz oder dem gewöhnlichen Aufenthalt und erstreckt sich auf das Welteinkommen (alle im Inland und Ausland erzielten Einkünfte werden zur Einkommensteuer (ESt) herangezogen).

- **beschränkt steuerpflichtig** sind alle Personen, die ein inländisches Einkommen erzielt haben und deren Wohnsitz oder gewöhnlicher Aufenthalt nicht im Inland ist
- **unbeschränkt steuerpflichtig** sind alle natürlichen Personen, die einen Wohnsitz im Inland haben oder sich im Inland aufhalten

> **Unterschied zwischen Wohnsitz und gewöhnlicher Aufenthalt**
>
> **Wohnsitz** → wenn es daraus schließen lässt, das eine Person die Wohnung benutzt oder beibehält (dort, wo sie gemeldet ist).
>
> **gewöhnlicher Aufenthalt** → wo sich eine Person länger als sechs Monate (180 Tage) aufhält (muss nicht dort gemeldet sein). Kurzfristige Unterberechnungen bleiben unberücksichtigt, d.h. beispielsweise ergeben 28 Tage im ersten Quartal und weitere 42 Tage im dritten Quartal insgesamt 70 Tage im Jahr, auch wenn dazwischen eine Pause lag.

## Ermittlung des zu versteuernden Einkommens

```
  Einkünfte aus Land- und Forstwirtschaft
+ Einkünfte aus Gewerbebetrieb
+ Einkünfte aus selbstständiger Arbeit
+ Einkünfte aus nicht selbstständiger Arbeit
+ Einkünfte aus Kapitalvermögen
+ Einkünfte aus Vermietung und Verpachtung
+ sonstige Einkünfte nach § 22 (z. B. Renten, Unterhaltszahlungen)
= Summe der Einkünfte
− Altersentlastungsbetrag (ab 65 Jahre)
− Entlastungsbetrag für Alleinerziehende
− Freibetrag für Land- und Forstwirtschaft
= Gesamtbetrag der Einkünfte
− Verlustabzug
− Sonderausgaben
− außergewöhnliche Belastungen
= Einkommen
− Freibeträge (z. B. Kinderfreibetrag)
= zu versteuerndes Einkommen (Bemessungsgrundlage für die Einkommensteuer)
```

## 6.3.3 Körperschaftsteuer

Die Körperschaftsteuer (KSt) ist eine Steuer auf das Einkommen von juristischen Personen (z. B. GmbH, AG, KGaA, eG) und beträgt aktuell 15 %.

Jahresüberschuss laut Handelsbilanz        oder   Jahresüberschuss laut Steuerbilanz

+ Korrekturen, z. B. bei abweichender Bewertung des Anlage- und Umlaufvermögens
– Korrekturen, z. B. bei abweichender Bewertung des Anlage- und Umlaufvermögens

+ verdeckte Gewinnausschüttungen (z. B. überhöhte Miete oder Gehalt mindern das Einkommen)
+ Gesamtbetrag der Zuwendungen (z. B. Spenden sind in GuV bereits erfasst, werden so neutralisiert)
+ Hinzurechnungen bei Beteiligungen an anderen Kapitalgesellschaften
– Kürzungen bei Beteiligungen an anderen Kapitalgesellschaften
– steuerfreie Einnahmen (z. B. Investitionszulagen)
+ Gewinnzuschläge
– Investitionsabzugsbeträge
= **steuerlicher Gewinn, bzw. Einkommen für die Berechnung des Spendenabzugs**
– abzugsfähige Zuwendungen
= **Gesamtbetrag der Einkünfte**
– Verlustabzug
= **Einkommen**
– Freibeträge für bestimmte Körperschaften
= **zu versteuerndes Einkommen**

## 6.3.4 Gewerbesteuer

Die Gewerbesteuer (GewSt) ist eine Steuer, die auf den Gewerbeertrag eines Gewerbebetriebes erhoben wird.

| | |
|---|---|
| **Gewerbeertrag [€] =**<br>  Gewinn<br>+ Hinzurechnungen<br>– Kürzungen<br>– Freibetrag<br>– Gewerbeverlust aus Vorjahren | *Grundlage für die Berechnung der Gewerbesteuer* |
| **Steuermessbetrag [€] =**<br>Gewerbeertrag · Steuermesszahl (3,5 % = 0,035) | *Rechengröße für die Festsetzung der Gewerbesteuer* |
| **Gewerbesteuer [€] =**<br>Steuermessbetrag · Hebesatz | *Steuer, die auf den Gewerbeertrag erhoben wird* |

**Hebesatz**
*Er wird jährlich von der Gemeinde/Stadt festgelegt und mit dem Steuermessbetrag multipliziert. Er ist ein **Vomhundertsatz** (v.H.), das bedeutet, beträgt ein Hebesatz beispielsweise 420 %, so wird der Steuermessbetrag mit 4,2 (420 % : 100 = 4,2) multipliziert.*

**HINWEIS**
*Ab 2008 gilt eine einheitliche **Steuermesszahl** von **3,5 %.***

---

**Beispiel 124: Berechnungsschema der Gewerbesteuer**

Steuermesszahl: 3,5 % (= 0,035); Hebesatz: 420 (= 4,2)

| | |
|---|---:|
| Gewinn aus Gewerbebetrieb (Gewinn) gemäß EStG bzw. KStG | 2.766.956,48 € |
| + Hinzurechnungen (soweit der Freibetrag von 100.000 € nicht überschritten wird) | 130.046,95 € |
| − Kürzungen | -19.507,04 € |
| − Freibetrag (nur für Einzelunternehmen und Personengesellschaften) | 0,00 € |
| = **Gewerbeertrag vor Verlustabzug** | 2.877.496,39 € |
| − Gewerbeverlust aus Vorjahren | 0,00 € |
| = Gewerbeertrag (abzurunden auf volle 100 €) | 2.877.400,00 € |

Steuermessbetrag: Gewerbeertrag · Steuermesszahl = 2.877.400,00 € · 0,035 = 100.709,00 €

Gewerbesteuer: Steuermessbetrag · Hebesatz = 100.709,00 € · 4,2 = 422.977,80 €

→ *Die Gewerbesteuer beträgt **422.977,80 €.***

---

Hat ein Unternehmen mehrere Betriebsstätten in verschiedenen Gemeinden, so ist der einheitliche Gewerbesteuermessbetrag auf die betroffenen Gemeinden aufzuteilen. Der Maßstab für die Zerlegung ist das Verhältnis aus den in den einzelnen Gemeinden angefallenen Arbeitslöhnen zu den insgesamt angefallenen Arbeitslöhnen.

| | |
|---|---|
| **Gewerbesteuer [€] =** <br> einheitlicher Gewerbesteuermessbetrag · Hebesatz <br><br> bzw. *Zerlegungsanteil · Hebesatz* | *Steuer, die auf den Gewerbeertrag eines Gewerbebetriebes erhoben wird* |
| **Zerlegungsmassstab [Zahl] =** <br> $\dfrac{\text{Lohnsumme des Standortes}}{\text{gesamte Lohnsumme}}$ | *wird benötigt, wenn ein Unternehmen mehrere Betriebsstätten in verschiedenen Gemeinden hat und ist das Verhältnis der Arbeitslöhne in den einzelnen Gemeinden zu den gesamten Arbeitslöhnen* |
| **Zerlegungsanteil [€] =** <br> Zerlegungsmassstab · Gewerbesteuermessbetrag | *abzuführende Steuer an die Gemeinde, basierend auf dem Zerlegungsmassstab* |

**Beispiel 125: Berechnung der Gewerbesteuer über Zerlegungsanteile**

Kleinstadt: Lohnsumme$_1$: 1.921.464,00 €; Hebesatz$_1$: 320 % (= 3,2)

Großstadt: Lohnsumme$_2$: 532.258,00 €; Hebesatz$_2$: 420 % (= 4,2)

Gewerbesteuermessbetrag: 59.713,50 €

gesamte Lohnsumme: Lohnsumme$_1$ + Lohnsumme$_2$ = 1.921.464,00 € + 532.258,00 € = 2.453.722,00 €

<u>Gewerbesteuer Kleinstadt:</u>

Zerlegungsmassstab$_1$: $\dfrac{\text{Lohnsumme}_1}{\text{gesamte Lohnsumme}} = \dfrac{1.921.464,00\ €}{2.453.722,00\ €} = 0{,}78308137\ldots \approx 0{,}78$

Zerlegungsanteil$_1$: Zerlegungsmassstab$_1$ · Gewerbesteuermessbetrag = 0,78 · 59.713,50 € = 46.576,53 €

Gewerbesteuer Kleinstadt: Zerlegungsanteil$_1$ · Hebesatz$_1$ = 46.576,53 € · 3,2 = 149.044,90 €

<u>Gewerbesteuer Großstadt:</u>

Zerlegungsmassstab$_2$: $\dfrac{\text{Lohnsumme}_2}{\text{gesamte Lohnsumme}} = \dfrac{532.258,00\ €}{2.453.722,00\ €} = 0{,}21691862\ldots \approx 0{,}22$

Zerlegungsanteil$_2$: Zerlegungsmassstab$_2$ · Gewerbesteuermessbetrag = 0,22 · 59.713,50 € = 13.136,97 €

Gewerbesteuer Großstadt: Zerlegungsanteil$_2$ · Hebesatz$_2$ = 13.136,97 € · 4,2 = 55.175,274 €

|  |  |
|---|---|
| Gewerbesteuer Kleinstadt | 149.044,90 € |
| + Gewerbesteuer Großstadt | 55.175,27 € |
| = **insgesamt abzuführende Gewerbesteuer** | **204.220,17 €** |

→ Die insgesamt abzuführende Gewerbesteuer beträgt **204.220,17 €**.

## 6.3.5 Umsatzsteuer

Die Umsatzsteuer (USt), auch Mehrwertsteuer (MwSt) genannt, besteuert den Austausch von Lieferungen und Leistungen (= Umsatz) und beträgt aktuell 19 %. Die Bemessungs-grundlage ist der Erlös, den ein Unternehmer für seine Leistungen im Inland erzielt. Der ermäßigte Steuersatz für Lebensmittel und Bücher beträgt 7 %.

**Beispiel 126: Umsatzsteuer/Mehrwertsteuer berechnen** (Bruttopreis bestimmen)

Nettopreis: 148,75 €; Umsatzsteuer: 19 % (= 0,19)

Bruttopreis: Nettopreis · Umsatzsteuer = 148,75 € · (1 + 0,19) = 148,75 € · 1,19 = 177,01 €

alternative Berechnung über den Mehrwertsteuerbetrag, der anschließend zum Nettopreis addiert wird:

Mehrwertsteuerbetrag: 148,75 € · 0,19 = 28,26 €

Bruttopreis: Nettopreis + Mehrwertsteuerbetrag = 148,75 € + 28,26 € = 177,01 €

→ Der Bruttopreis beträgt **177,01 €**.

Da Unternehmen stets »netto« rechnen, muss bei gekauften Gütern die Mehrwertsteuer wieder herausgerechnet (abgezogen) werden.

---

**Beispiel 127: Umsatzsteuer/Mehrwertsteuer herausrechnen** *(Nettopreis bestimmen)*

Bruttopreis: 177,01 €; Umsatzsteuer: 19 % (= 0,19)

$$\text{Nettopreis: } \frac{177,01\ €}{(1+0,19)} = \frac{177,01\ €}{1,19} = 148,75\ €$$

*alternative Berechnung über den Dreisatz:*

*119 % = 117,01 €*

*1 % = 1,4875 €* → *177,01 € : 119*

*100 % = 148,75 €* → *1,4875 € · 100 bzw. (177,01 € : 119) · 100*

→ *Der Nettopreis beträgt **148,75 €**.*

---

## 6.3.6 Latente Steuern

Verborgene Steuerlasten oder -vorteile, die sich aufgrund von Unterschieden im Ansatz und/oder in der Bewertung von Vermögensgegenständen bzw. Schulden zwischen der Steuer- und Handelsbilanz ergeben haben. Sie bauen sich in späteren Geschäftsjahren voraussichtlich ab, was in der Zukunft zu Unterschieden zwischen steuerlichen und handelsbilanziellen Gewinnen führt. Aktive latente Steuern sollen zukünftige Steuervorteile, passive latente Steuern zukünftige Steuerlasten abbilden.

# ABKÜRZUNGSVERZEICHNIS

# GLEICHE BEDEUTUNG, ANDERER NAME

Hier wurde eine Liste mit Begriffen zusammengestellt, die trotz unterschiedlichen Namen jeweils die gleiche Bedeutung haben. Es wurde versucht, in diesem Buch immer nur den unterstrichenen Begriff zu verwenden.

- Abzinsungsfaktor = <u>Barwertfaktor</u>
- Aufzinsungsfaktor = <u>Endwertfaktor</u>
- <u>Einnahmen</u> = Erlös
- <u>Gesamtkapital</u> = Gesamtvermögen = Bilanzsumme
- Gewinn = Überschuss = Einnahmeüberschuss = Einzahlungsüberschuss
- <u>Restwert</u> = Resterlös = Liquidationserlös
- <u>Verkaufspreis</u> = Preis = Absatzpreis

# STICHWORTVERZEICHNIS